【改訂版】

国際セクシュアリティ教育ガイダンス

科学的根拠に基づいたアプローチ

ユネスコ＝編

浅井春夫／艮 香織／田代美江子／福田和子／渡辺大輔＝訳

International technical guidance on sexuality education
An evidence-informed approach [Revised edition]

明石書店

はじめに　～日本語翻訳版の発行によせて

　2009 年にユネスコ（UNESCO）、および国連合同エイズ計画（UNAIDS）、国連人口基金（UNFPA）、ユニセフ（UNICEF）、世界保健機関（WHO）との共同で「国際セクシュアリティ教育ガイダンス」の初版が発表され、その後、日本語翻訳版を発行したのは 2017 年でした。翻訳に取りかかってから長い年月がかかっての発行でしたが、その後多くの方々に手にしていただき、これからの日本の「性教育」には必要不可欠な「指針」として位置づいてきたのではないかと感じています。また「性教育」という言葉に替わって「包括的性教育」や「セクシュアリティ教育」という言葉や概念、およびその意義も広まりつつあるように思います。

　2018 年に発行された改訂版では、上記の機関の他に国連女性機関（UNWOMEN）も加わり、よりジェンダー平等の実現に向けたものとなりました。また、原書の表紙には「Education 2030」のロゴも表示されています。これはSDGs（持続可能な開発目標）という、2015 年 9 月の国連サミットで採択された「持続可能な開発のための 2030 アジェンダ」に記載された 2030 年までに持続可能でよりよい世界を目指す国際目標の中の、目標 4「すべての人々への包摂的かつ公正な質の高い教育を提供し、生涯学習の機会を促進する」ことを実現させるための方策の一つに、この「国際セクシュアリティ教育ガイダンス」も位置づいているということです。

　また、2015 年に韓国の仁川で開催された世界教育フォーラムでは、2030 年に向けて「包括的かつ公平な質の高い教育および万人のための生涯学習」を達成するための課題と戦略を整理したものとして「仁川（インチョン）宣言」を採択しました。そこには「7. 教育における、また、教育を通じた包括性と公平性は、変革的な教育アジェンダの基礎であり、そのために教育における、あらゆる排除や社会的疎外、アクセス、参画、学習成果における格差や不平等に対処することを約束する」ということ、さらには、「8. 我々は、万人のための教育の権利の達成において、男女平等の重要性を認識している。そのため、我々

は、性別に配慮した政策や計画、学習環境を整備し、教員研修やカリキュラムにおいて性別問題を主流化し、学校における性差別や暴力をなくすことを約束する」と記載されています[1]。これらの課題は、そのままこの「国際セクシュアリティ教育ガイダンス」の改訂版にも受け継がれていることが、本書を読んでいただければ理解していただけるでしょう。

一方、この間、日本ではどのような状況だったでしょうか。2019年に発表された世界経済フォーラムによるジェンダーギャップ指数では、改善傾向にある国も見られる中、日本におけるジェンダー格差の状況はまったくといっていいほど改善されていないことが明らかになりました。国連子どもの権利委員会からも2019年に、「思春期の女子および男子を対象とした性と生殖に関する教育が学校の必修カリキュラムの一部として一貫して実施されることを確保すること」[2]などが勧告されています。

しかし、文部科学省が2017年および2018年に告示した新しい学習指導要領では、子どもの性を取り巻く状況が大きく変化しているという認識があるにもかかわらず、性に関する学習内容はそれまでとほとんど変化がないままで、子どもたちの現実や発達要求に応えられるものになっていません。

2018年には、中学3年生の実態に合わせて避妊と人工妊娠中絶を扱った授業が、学習指導要領に記載された内容を超えているといった理由で、地方議会で問題視されたことが、大きく報道されたりもしました。しかしこれは2003年の東京都立七生養護学校（当時）における「こころとからだの学習」に対して議員や教育委員会による「不当な支配」（教育基本法）があった頃とは異なり、子どもたちの実態にあった「包括的性教育」を必要とする世論を喚起するものともなり、「国際セクシュアリティ教育ガイダンス」の認知度とともに、その重要性に対する認識も高めました。また、これを参照した包括的性教育を実践していくゆるやかなネットワークを、日本各地につくるきっかけともなりました。

そのような状況の中で、2018年改訂版の翻訳も待たれていることを実感しつつ、発行から2年という期間で、やっとみなさまのもとにお届けできることとなりました。

本書のタイトルでは、原文の "International Technical Guidance on Sexuality Education" の「Technical」を訳さない形で「国際セクシュアリティ教育ガイダンス」としました。この「Technical」をどのようにタイトルに反映させるかという点について、訳者の間で議論を重ねてきました。ガイダンス全体を通してこの「Technical」の意味を考えたとき、本書の副題にある "An evidence-informed approach"（科学的根拠に基づいたアプローチ）ということが、最も的確に、この「Technical」の意味を表していると考えられます。したがって、一般的な訳語である「技術」あるいは「専門的」という用語では、このガイダンスの示すところを十分に表すことができないと考え、あえて日本語タイトルには入れませんでした。

　また、本書では、副題にもある「evidence」を「科学的根拠」と訳しました。そもそもの訳としては「根拠」や「証拠」となりますが、「evidence-informed」や「evidence-based」では、「科学的」という意味合いが重要となります（原書では「scientific evidence」も文中で使われています）。「informed」と「based」の訳し分けはしませんでしたが、重要なことは、ここでいう「科学的」とは、意識や行動の変化などが正当な手続きを用いた研究において数値によって明らかにされたものだけではなく、授業内外での子どもたちや若者の反応や振る舞い、さらには、教員と生徒との相互作用など、学校内外での諸経験の短期的／長期的な観察とその分析によって見出された子どもたちの変容、つまり経験科学によって明らかにされたものも含むということです。それは「包括的セクシュアリティ教育」が、人による長期にわたる相互的行為である「教育」という営みという特質から来るものでもあります。

　もう一つ重要なこととして、改訂版「ガイダンス」では "comprehensive sexuality education" を "CSE" と略記するほどに、これはひとつながりの名称として定着してきました。初版の「ガイダンス」では、"sexuality education" を "sex education"（性教育）よりも包括的なものとして「セクシュアリティ教育」と訳し[3]、"comprehensive sexuality education" を「包括的なセクシュアリティ教育」や「包括的性教育」と訳しました。日本でもこの「包括的性教育」という言葉が広まりつつあるところですが、これらのことを踏まえて、本書では

"comprehensive sexuality education（CSE）" を「包括的セクシュアリティ教育」と訳すこととしました。

　このような世界的文脈の中で改訂された「国際セクシュアリティ教育ガイダンス」を参照して、「包括的セクシュアリティ教育」を実践することによって、さまざまなジェンダー、セクシュアリティを生きるすべての子どもたちが、安心で安全な環境の中で、他者と対等で平等な関係を築き、自分の人生において性（セクシュアリティ）を豊かに楽しむことができるようになります。そういった学習を子どもたちと共につくっていく手助けを本書ができれば、大変嬉しく思います。

訳 者 一 同

注 ─────────────────────────────

1) 文部科学省「【仮訳】仁川（インチョン）宣言」https://www.mext.go.jp/unesco/002/006/001/shiryo/attach/1360521.htm

2) 児童の権利委員会「日本の第 4 回・第 5 回政府報告に関する総括所見」（CRC/C/JPN/CO/4-5）政府仮訳　https://www.mofa.go.jp/mofaj/files/100078749.pdf　また、本書「『国際セクシュアリティ教育ガイダンス』をいかすために」も参照のこと。

3) ユネスコ『国際セクシュアリティ教育ガイダンス』（明石書店、2017 年）、p.7 の訳注を参照のこと。

序　文

　「国際セクシュアリティ教育ガイダンス」が2009年に最初にリリースされてからほぼ10年が経ちました。その間、グローバルコミュニティは、最も脆弱な人々のニーズが満たされ、誰も置き去りにされていない公正で公平、寛容、オープンで社会的に包摂的な世界を達成するために果敢で変革的な開発アジェンダを受け入れるようになりました。持続可能な開発のための2030アジェンダは、質の高い教育、健康とウェルビーイング（幸福）、ジェンダー平等、人権が本質的に絡み合っていることを私たちに示しています。

　この期間、ますます多くの若者がセクシュアリティ教育への権利を求めて参加し、現在および将来の世代のために政治的コミットメントを果たすよう指導者に促しています。国際人口開発会議（ICPD）の2012年グローバルユースフォーラムでは、若者は政府に「障壁を減らし、適切な予算を割り当てることにより、フォーマルおよびノンフォーマル[訳注1]の環境で包括的セクシュアリティ教育にアクセスできるようにするための環境と政策を作成するように」と明確に呼びかけました。

　若者は、この取り組みに単独で取り組んでいるわけではありません。コミュニティ、親、信仰指導者、教育セクターの関係者と共にあります。かれら[訳注2]は、包括的でライフスキルに基づいた質の高い教育の不可欠な要素として、および、若者が人間関係や性、生殖について意識的、健康的、そして尊重される選択をするために必要な知識やスキル、倫理的価値、態度を育成することをサポートするセクシュアリティ教育をますます支持しています。

　これらの進歩にもかかわらず、あまりにも多くの若者が今でも、身体的、社会的、および感情的な発達に影響を与える不正確、不完全、または道徳的判断を下すような情報を受けながら、幼年期から成人期

に移行しています。この不適切な準備は、搾取やその他の有害な結果に対する子どもや若者の脆弱性を悪化させるだけでなく、社会の義務を負う者が全世代に対する義務を果たすことができていないことも表しています。

　完全に更新されたこの「国際セクシュアリティ教育ガイダンス」の改訂版は、現在の科学的根拠における新しいレビューに基づいており、人権とジェンダー平等の枠組み内でのセクシュアリティ教育の位置づけを再確認しています。それは、ポジティブで、肯定的で、若者の最善の利益に焦点を当てた方法で、性と人間関係についての構造化された学習を促進します。このガイダンスは、効果的なセクシュアリティ教育プログラムの重要な構成要素を概説することにより、各国関係機関が、若者の健康とウェルビーイング（幸福）にポジティブな影響を与える包括的なカリキュラムを設計できるようにしています。

　「ガイダンス」の初版と同様に、この改訂版は自発的に利用されるものであり、最新の科学的根拠に基づいており、各国の状況に応じた効果的なセクシュアリティ教育プログラムの実施をサポートするように設計されています。

　質の高い包括的セクシュアリティ教育に対する若者の要求に応えなければ、2030年に設定された持続可能な開発目標（SDGs）を達成できず、誰も置き去りにしないというコミットメントを達成できないと確信しています。このことを念頭に置いて、私たちはガイダンスを適用する国をサポートすることを約束し、教員や健康教育者、若者育成の専門家、性と生殖に関する健康の擁護者、中でも若者のリーダーなどがこの資料を使用して、国が若者の教育への権利、健康とウェルビーイング（幸福）への権利、そして包摂的でジェンダー平等な社会を達成する権利を認識することを支援できることを願っています。

Audrey Azoulay
Director-General, UNESCO

訳注 ────────────────────────

1　教育と関連づけて使用される場合、「フォーマル教育」とは、「高度に制度化さ
　　れ、年齢によって構造化され、階層的に構成された、小学校から大学に至るま
　　での教育。実際には学校における教育」を指す。「インフォーマル教育」は「あ
　　らゆる人々が、日常的経験や環境とのふれあいから、知識、技術、態度、識見
　　を獲得し蓄積する、生涯にわたる過程。組織的、体系的教育ではなく、習俗的、
　　無意図的な教育機能」である。具体的には、「家庭、職場、遊びの場で学ぶ、家
　　族や友人 の手本や態度から学ぶ、ラジオの聴取、映画・テレビの視聴を通じて
　　学ぶなど」が挙げられる。「ノンフォーマル教育」は「学校教育（フォーマル教
　　育）の枠組みの外で、特定の集団に対して一定の様式の学習を用意する、組織
　　化され、体系化された（この点で インフォーマル教育と区別される）教育活
　　動」を指す（日本生涯教育学会『生涯学習研究e事典』http://ejiten.javea.or.jp/
　　content49dc.html 参照）。

2　本書では、「they」については二元的な性別に限定しないよう、基本的に「か
　　れら」と訳す。

謝　辞

　この「国際セクシュアリティ教育ガイダンス」の改訂版は、国連教育科学文化機関（UNESCO）によって委託されました。ガイダンスの改訂は、包摂、平和および持続可能な開発局のディレクターであるSoo-Hyang Choiのリーダーシップの下、UNESCOのHIV/AIDSグローバルコーディネーターであるChris Castleが提供する全体的な助言と、健康と教育セクションのJoanna Heratによる調整、Jenelle Babb、Cara Delmas、Rita Houkayem、Karin Nilsson、Anna Ewa Ruszkiewicz、Marina Todesco（初版担当）からのサポートを受けて行われました。

　「ガイダンス」全体の更新および追加の記述の内容は、Marcela Rueda GomezとDoortje Braeken（独立コンサルタント）によって作成されました。キーコンセプト、トピック、学習目標に対する具体的な改訂は、Advocates for YouthのNicole Cheetham、Debra Hauser、Nora Gelperinのチームによって開発されました。Paul MontgomeryとWendy Knerr（オックスフォード大学の科学的根拠に基づいた介入センター）は、このガイダンス2018年版の改訂の基となる科学的根拠のレビューを実施しました。原稿の編集と校正は、Jane Coombes（独立コンサルタント）によって行われました。

　我々は特に、スウェーデンとUNAIDSの資金援助に感謝します。また、情報、レビュー、フィードバック、その他の技術支援を提供することで開発プロセスに貴重な貢献をしてくれた、以下の包括的セクシュアリティ教育諮問グループのメンバーに感謝します。Qadeer Baig（元Rutgers WPF）、Doortje Braeken（元International Planned Parenthood Federation）、Shanti Conly（元USAID）、Esther Corona（世界性科学会）、Helen Cahill（メルボルン大学）、Pia Engstrand（スウェーデン国際開発協力庁（Sida））、Nyaradzayi Gumbonzvanda（Rozaria Memorial Trust、

児童婚終結に関するアフリカ連合親善大使）、Nicole Haberland（人口評議会）、Wenli Liu（北京師範大学）、Anna-Kay Magnus-Watson（ジャマイカ教育省）、Peter Mladenhov（Y-Peer）、Sanet Steenkamp（ナミビア教育省）、Remmy Shawa（元Sonke Gender Justice）、Aminata Traoré Seck（セネガル教育省）、Alice Welbourn（Salamander Trust）、Christine Winkelmann（BZgA）。およびUNDPのDiego Antoni、Suki Beavers、Caitlin Boyce、Mandeep Dhaliwal、Natalia Linou、Noella Richard、Tilly Sellers、追加情報はSiri May（OutRight Action International、UNDP外部レビュアー）。プロセス全体への意見とレビューについて、国連の共同出版パートナーからの職員たちに感謝します。UNAIDS事務局。Maria Bakaroudis、Elizabeth Benomar、Ilya Zhukov（以上UNFPA）。Ted Chaiban、Susan Kasedde、Catherine Langevin Falcon、Vivian Lopez、Chewe Luo（以上UNICEF）。Nazneen Damji、Elena Kudravsteva（以上UN Women）。Ian Askew、Venkatraman Chandra-Mouli（以上WHO）。これに加えて、UNESCO本部、健康および教育分野の地域および国内現地事務所スタッフであるChristophe Cornu、Mary Guinn Delaney、Xavier Hospital、Hongyan Li、Yong Feng Liu、Patricia Machawira、Alice Saili、Justine Sass、Ariana Stahmer、Tigran Yepoyan。

また、2016年10月25日から27日までパリのUNESCO本部で開催された国連セクシュアリティ教育に関する関係者の諮問および諮問グループ会議に参加し、その改訂に意見を述べた個人および組織に深い感謝の意を表します。

このガイダンスを共同で公開した国連パートナーは、若者たちのウェルビーイング（幸福）に対する専門的な献身と奉仕によって、セクシュアリティ教育と性と生殖に関する健康の分野で消えることのない功績を残した2人の注目すべき人物、故Douglas Kirby博士（教育・研修・調査（ETR）アソシエーションの元主任研究者で、最初のガイダンスの開発のために広範な研究から情報を提供）、UNFPA事務局長の故Babatunde Osotimehin博士に感謝します。

1　はじめに（イントロダクション）　　19

2　包括的セクシュアリティ教育の理解　　27

3　若者の健康とウェルビーイング（幸福）　　41

6　サポート体制の構築と包括的セクシュアリティ教育 プログラム実践のための計画　161

7　効果的な包括的セクシュアリティ教育プログラムの 実施　179

8　参考資料　203

9　用語集　219

10　付　録　225

AIDS（Acquired immune deficiency syndrome）	後天性免疫不全症候群
CEFM（Child Early and Forced Marriage）	児童・早期・強制婚
CSE（Comprehensive sexuality education）	包括的セクシュアリティ教育
FGM/C（Female Genital Mutilation/Cutting）	女性性器切除／切断
EMIS（Education Management Information System）	教育管理情報システム
GBV（Gender-based violence）	ジェンダーに基づく暴力
HIV（Human immunodeficiency virus）	ヒト免疫不全ウイルス
HPV（Human Papillomavirus）	ヒトパピローマウイルス
ICTs（Information and communication technologies）	情報通信技術
ICPD（International Conference on Population and Development）	人口開発国際会議
ITGSE（International technical guidance on sexuality education）	国際セクシュアリティ教育ガイダンス
LAC（Latin America and the Caribbean）	ラテンアメリカおよびカリブ海沿岸諸国
LGBTI（Lesbian, gay, bisexual, transgender, intersex）	レズビアン、ゲイ、バイセクシュアル、トランスジェンダー、インターセックス
NGO（Non-governmental organization）	非政府組織
PoA（Programme of Action）	行動計画

PEP（Post-exposure prophylaxis）	曝露後予防法
PrEP（Pre-exposure prophylaxis）	曝露前予防法
RCT（Randomized controlled trials）	ランダム化比較試験
SDGs（Sustainable Development Goals）	持続可能な開発目標
SERAT（Sexuality Education Review and Assessment Tool）	セクシュアリティ教育レビューと評価ツール
SRH（Sexual and reproductive health）	性と生殖に関する健康
SRHR（Sexual and reproductive health and rights）	性と生殖に関する健康と権利
STI（Sexually transmitted infections）	性感染症
UNAIDS（Joint United Nations Programme on HIV and AIDS）	HIV/AIDSに関する国際連合プログラム
UNDP（United Nations Development Programme）	国連開発計画
UNESCO（United Nations Educational, Scientific and Cultural Organization）	国連教育科学文化機関
UNFPA（United Nations Population Fund）	国連人口基金
UNICEF（United Nations Children's Fund）	国連児童基金
UN Woman（United Nations Entity for Gender Equality and the Empowerment of Women）	国連男女共同参画機関および女性のエンパワーメント
VMMC（Voluntary medical male circumcision）	自発的な医療男性割礼
WHO（World Health Organization）	世界保健機関
YPLHIV（Young people living with HIV）	HIVと共に生きる若者

はじめに

（イントロダクション）

1

若者のウェルビーイング（幸福）にリスクをもたらす HIV/AIDS、性感染症、意図しない妊娠、ジェンダーに基づく暴力、ジェンダーの不平等がはびこる現代において、包括的セクシュアリティ教育は今でも、安全で有意義な充実した人生を送るために重要な役割を担っている。しかしながら、質の高いカリキュラムに基づいた包括的セクシュアリティ教育がもたらすよい影響についての明白で説得力のある科学的根拠があるにもかかわらず、責任をもって自由に自らのセクシュアリティや関係性についてコントロールし知識に基づいた意思決定をすることを励ます、かれらの人生のための準備（教育）を受けられている子ども・若者はごくわずかだ。

　多くの若者はその成長過程で、セクシュアリティに関して、矛盾する、ネガティブな、時に混乱さえ引き起こすようなメッセージに数多く直面する。こうした状況は、多くの場合、親や教員も含めたおとなたちの困惑や沈黙によって悪化している。多くの社会において、セクシュアリティや性的行動、社会規範について公の場で議論することを阻止する態度や法が、有害な状況を温存させている。例えばそれは、性的関係、家族計画や現代的な避妊技術の使用におけるジェンダー不平等である。

　科学的根拠の要諦は、包括的セクシュアリティ教育が、子ども・若者が正確で年齢に適した知識や態度、スキルを身につけることを可能にするということである。それは、人権尊重、ジェンダー平等と多様性を含む肯定的な価値観、そして、安全で健康的で肯定的な関係性を構築するための態度とスキルである（「第4章　科学的根拠に基づいた包括的セクシュアリティ教育」を参照）。包括的セクシュアリティ教育はまた、若者が、自分と友人、親、教員、周りのおとな、そして自分が所属するコミュニティとの関係性についてよりよく理解し、うまく付き合うために、社会規範や文化的価値観、伝統的信条について熟考することを助けることができるという点でも重要である。

　特に、若者がネットやメディアを通じてあからさまな性的情報に過剰に晒されているということから、若者がかれらの人生の中で責任ある選択をする知識とスキルを保障することの重要性を認識する国々は

増えている。2030 年を目処にした持続可能な開発目標[1]（SDGs）は、誰も取り残されることなく、すべての人が人権とジェンダー平等の実現のために行動することを要求している。教育、ジェンダー平等、健康と福祉における開発目標を実現するために、政治的責任を遂行させることは、あらゆる場で子ども、若者に提供される包括的セクシュアリティ教育の、既存のあるいは新しい多角的なプログラムを拡大する、非常に重要な契機でもある。

　包括的セクシュアリティ教育プログラムは、整えられた学校環境の中で、十分なトレーニングを受け支援された教員により提供されるべきである。というのも、そうする中で、組織的な学習環境が提供されると同時に、それらのプログラムは、子ども・若者が性的に活発になる前に、極めて多くの若者に、セクシュアリティ教育を届ける重要な契機を提供することになるからである。包括的セクシュアリティ教育はまた、多くの場合間違った情報や抑圧、搾取に対して最も弱い立場に置かれている、学校に通っていない子ども・若者たちに対してもアクセス可能なものでなければならない。

1.1 「国際セクシュアリティ教育ガイダンス」の目的と対象

　「国際セクシュアリティ教育ガイダンス」（「ガイダンス」）は、教育や健康などにかかわる政策立案者が、学校内外における包括的セクシュアリティ教育のプログラムや教材を開発し実践することを手助けするために作成されたものである。それは、教育大臣やカリキュラム設計者、学校長、教員を含むスタッフにとって、直ちに関連するものである。非政府組織（NGO）や若者をサポートする人々、若者もまた、主張あるいは説明するツールとして、この文書を使うことができる。例えば、最良な実践のガイドとして決定権のある人と「ガイダンス」を共有したり、SDGsのような、より広範な行動計画の中にそれを組み込んだりといったことである。「ガイダンス」は他にも、学校内外に関係なく、質の高い教育、性と生殖に関する健康（SRH）、思春期の健

1　https://sustainabledevelopment.un.org/post2015/transformingourworld

康やジェンダー平等を含むセクシュアリティ教育プログラムの計画、提供、評価にかかわる、誰にとっても有益な文書である。

> 国の政策やカリキュラムでは、包括的セクシュアリティ教育を表現するとき別の言葉を使用している場合もある。それらは例えば、予防教育、関係性とセクシュアリティ教育、家庭生活教育、HIV教育、ライフスキル教育、健康的生活スタイル、基本的な生命の安全などである。どのような言葉が使われていても、「包括的」とは、ポジティブなセクシュアリティ観と満足のいく性と生殖に関する健康を実現するための学習者の知識とスキル、態度の発達を意味している。また、包括的セクシュアリティ教育プログラムの核となる要素には、人権という確固たる基盤、人間の発達の自然な要素としての幅広いセクシュアリティ概念といった一定の類似点が共有されている。

　「ガイダンス」は、科学的根拠に基づいた、各地域の実情に合わせた、かつ信条や価値観・態度・スキルといった要因を考慮し働きかけるために論理的に設計されたプログラムの必要性を強調している。それがまた、セクシュアリティに関連する健康やウェルビーイング（幸福）に影響しうるのである。

　学校を基盤とした包括的セクシュアリティ教育の質と影響力は、教員の能力、教育的アプローチの方法、教育と学習のための教材の使用といった教授におけるプロセスだけでなく、学校全体の環境にも左右される。これは、校則やその学校の慣行、その他の面において顕在化する。包括的セクシュアリティ教育は、幅の広い、質の高い教育の重要な構成要素であり、すべての学習者の健康とウェルビーイング（幸福）を決定づける重要な役割を果たしている。

　「ガイダンス」は以下を目的としている。

- 包括的セクシュアリティ教育についての明確な理解を促し、包括的セクシュアリティ教育の望ましいポジティブな結果を明らかにすること。
- 子ども・若者に影響を与える性と生殖に関する健康についての問題や懸念についての認識を高めることによって、包括的セクシュアリティ教育プログラムの必要性の理解を促進すること。

- 政策立案者や教育者、カリキュラム開発者を援助する科学的根拠と研究に基づく指針を共有すること。
- 教員と教育者の準備態勢を強化し、質の高い包括的セクシュアリティ教育を提供するための制度上の可能性を拡大すること。
- 教育に携わる各省庁・政府機関に対し、地域や学校レベルの包括的セクシュアリティ教育のためのサポート体制をどのように構築するかの指針を示すこと。
- その地域の文化にあった形で、適切な、科学的根拠に基づいた、年齢や発達段階に適した包括的セクシュアリティ教育のカリキュラム、教材、プログラムを、どのように開発するのかの指針を示すこと。
- 月経やジェンダー平等といった、文化的状況によってはセンシティブなこととしてみなされがちな問題についての認識を、包括的セクシュアリティ教育はどのように高めることができるのかを提示すること。包括的セクシュアリティ教育はまた、児童・早期・強制婚（CEFM）や女性性器切除／切断（FGM/C）といった慣習が有害であるという認識を高めることができる。

　「ガイダンス」は、最新の科学的根拠だけでなく、数多くの国際的な人権に関する文書を確固たる基盤としている。それらの文書は、すべての個人が、教育を受ける権利と最高水準の健康とウェルビーイング（幸福）を獲得する権利を強調している。それらの人権に関する文書には、世界人権宣言、子どもの権利条約、経済的・社会的および文化的権利に関する国際規約、女性差別撤廃条約、障害者権利条約などがある。国際文書に関するさらなる情報は、付録Ⅰ（包括的セクシュアリティ教育（CSE）に関連する国際協定、文書、スタンダード）で参照できる。

　「ガイダンス」は、カリキュラムでもなく、国レベルで包括的セクシュアリティ教育を実施するための詳細な推奨事項を提供するものでもない。むしろ、国際的な最良の実践に基づく枠組みであり、それは、カリキュラム開発者が、その実情にあったカリキュラムを作成し、採用することを支援し、そして、プログラム開発者が質の高いセクシュアリティ教育をデザインし、実践し、モニタリングするうえでの指針となるものである。

「ガイダンス」は、世界中の異なる地域の専門家と実践家たちからの意見を取り入れ、国際的なレベルでの高い質と受容性、主体性を確保するためにデザインされたプロセスの中で開発されたものである。同時に、「ガイダンス」は自発的に利用されるという性格をもつものであるという点に注意すべきである。それは、セクシュアリティ教育が行われる中での各国の異なる状況の多様性や各国の教育課程の内容を決定する政府の権限を認めているからである。

1.2　「ガイダンス」の構成

　「ガイダンス」は7章で構成されている。第1〜4章では包括的セクシュアリティ教育の定義やその合理性が、更新された科学的根拠と共に提示されている。第5章ではキーコンセプトやトピックが年齢ごとの学習目標と共に述べられている。第6章と第7章では、包括的セクシュアリティ教育実施のためのサポート体制の構築方法や、効果的なプログラムを提供するための推奨案が示されている。

　「ガイダンス」で提示されている包括的セクシュアリティ教育のパッケージは、全体として、効果的な包括的セクシュアリティ教育を提供するための指針だけでなく、推奨されるトピックのセットで構成されている。これらに含まれる国際基準は、[包括的セクシュアリティ教育の＝訳者注] 妥当性を確保し、教えられている内容をどのようにモニタリングするかのアイデアを提供し、教育と学習の目標に向けての進捗状況を評価するために、各地域の状況に合わせることができるし、また合わせるべきである。

1.3　なぜ「ガイダンス」改訂版が必要なのか

　「ガイダンス」の初版は、国連合同エイズ計画（UNAIDS）、国連人口基金（UNFPA）、国連児童基金（UNICEF）、世界保健機関（WHO）の協力のもと、UNESCOによって2009年に発行された。その発行以来、「ガイダンス」は、世界中で適用でき、各地域の実情に容易に応用できる、科学的根拠に基づいた資料としての役割を果たしている。それはまた、すべての子ども・思春期を含む若者のための人権に則した質

の高い教育の構成要素としての包括的セクシュアリティ教育を支持するためのツールとして利用されてきた。

　「ガイダンス」の初版が出されて以来、包括的セクシュアリティ教育のフィールドは急速に発展した。包括的セクシュアリティ教育のための科学的根拠がより強化され拡大する一方、多様な教育環境下で包括的セクシュアリティ教育プログラムが実践されたことによって、包括的セクシュアリティ教育への理解は深まり、教訓を得ることもできた。そして現在、SDGsは、セクシュアリティ教育の目的、位置づけ、関連性が理解されるべきであるという新たなグローバル開発の枠組みを提示している。新たな考慮すべき事柄は次々と生まれている。それは、健康促進におけるジェンダーの視点や社会的状況に対する認識を高めること、また、インターネットやソーシャルメディアの影響およびそれらへのアクセスの増大、HIVや性感染症、若年での意図しない妊娠、ジェンダーに基づく暴力といった劣悪な性の健康状態の結果をもたらす脆弱性を減少させる教育の保護的な役割などである。さらに、包括的セクシュアリティ教育は思春期にある若者の健康の改善に介入する重要な要素の一つと認識されるようになった（WHO, 2017b）。

　このような変化を認め、国連女性機関（UN Women）だけでなく、UNESCOと初版時に協力した国連の他機関は、最新の科学的根拠を反映させ、若い学習者の現代的なニーズに応答し、そして、それらのニーズに対処しようとする教育システムと実践者をサポートするために、ガイダンスの内容を再検討し更新したのである。改訂された「ガイダンス」は、有効性が証明された初版の重要な特徴や内容を保持しながら、新たな科学的根拠を提供すると同時に、更新されたキーコンセプトの枠組みとトピック、学習目標を提供している。

1.4　開発過程

　今回の改訂は、科学的根拠の新たなレビューと、また、カリキュラムとカリキュラム枠組みのレビューに基づいている。どちらのレビューも、2016年にUNESCOの委託によってなされたものである。「ガイダンス」の新たな科学的根拠のレビューは、イギリスのオックスフォード大学 Center for Evidence-Based Intervention の Paul Mont-

gomery教授とWendy Knerr教授によって実施された（UNESCO 2016b
参照）。カリキュラムとカリキュラム枠組みのレビューは、米国Advo-
cates for Youthによって実施された（UNESCO, 2017c参照）。どちらの
レポートもオンライン上での閲覧が可能である（www.unesco.org）。

　UNESCOはまた、「ガイダンス」改訂の指揮監督のため助言者を招
集した。包括的セクシュアリティ教育助言者グループは、世界中の教
育、健康、若者の成長、人権、ジェンダー平等などの分野における専
門家によって構成されている。ここには研究者、教育省の職員、若者、
NGOプログラムの実践者や開発パートナーが含まれる。改訂にあ
たっては、さまざまな関係者（ステークホルダー）からの意見を集め、
初版「ガイダンス」の使用者における利用状況と実用性を評価するた
め、改訂のプロセスでは、初版「ガイダンス」の使用者のオンライン
上での調査も行った。各国において対象となるフォーカスグループの
議論、また、国際的な関係者の専門家会議も開催した。その結果とし
て、この改訂版は、世界中の専門家の意見、若者の声、既存の最良な
実践の理解に基づいたものになった（付録Ⅱ：包括的セクシュアリティ教
育諮問グループの参加者のリスト 2016-2017；付録Ⅲ：UNESCO関係者協議およ
び諮問グループ会議の参加者のリストを参照）。

包括的セクシュアリティ
教育の理解

2

この章では、包括的セクシュアリティ教育の新たな定義と説明を提起し、包括的セクシュアリティ教育の進化する分野を理解するための重要な考慮事項を示す。

2.1　包括的セクシュアリティ教育（CSE）とは何か

　包括的セクシュアリティ教育（CSE）はセクシュアリティの認知的、感情的、身体的、社会的諸側面についての、カリキュラムをベースにした教育と学習のプロセスである。それは、子どもや若者たちに、次のようなことをエンパワーメントしうる知識やスキル、態度や価値観を身につけさせることを目的としている。それは、かれらの健康とウェルビーイング（幸福）、尊厳を実現することであり、尊重された社会的、性的関係を育てることであり、かれらの選択が、自分自身と他者のウェルビーイング（幸福）にどのように影響するのかを考えることであり、そして、かれらの生涯を通じて、かれらの権利の保護を理解し確かなものにすることである。

　包括的セクシュアリティ教育は以下の形で、フォーマル、インフォーマル両方の環境において提供される。

科学的に正確であること

　包括的セクシュアリティ教育は、性と生殖に関する健康、セクシュアリティ、行動、態度といったことに関する事実と科学的根拠によって構成される。

徐々に進展すること

　包括的セクシュアリティ教育は、幼少期に始まる継続的な教育であり、それまでの学習に新しい情報を積み上げていくもので、スパイラル型カリキュラムのアプローチを用いるものである。

年齢・成長に即していること

　包括的セクシュアリティ教育の内容は、成長する子どもと若者のニーズと能力の変化に対応している。学習者の年齢と発達に基づいて、

包括的セクシュアリティ教育は、かれらの健康とウェルビーイング（幸福）にとって最も適切な時期に、発達に関連するトピックを取り扱う。それは発達の多様性に対応しており、認知的および感情的な発達が遅れている場合に内容を適応させたり、包括的セクシュアリティ教育および人間関係に関連するメッセージが最も内面化しやすいときに提示されたりする。

カリキュラムベースであること

　包括的セクシュアリティ教育には、生徒の学習をサポートする教育者の努力をガイドするカリキュラムの記述が含まれている。カリキュラムには、重要となる教育目標、学習目標の開発、コンセプトの紹介、論理的な方法での明確で重要なメッセージの伝達が含まれている。これは学校内および学校外のいずれにおいても実施できるものである。

包括的であること

　包括的セクシュアリティ教育は、セクシュアリティについて包括的で正確、科学的根拠に基づき、かつ、各年齢に適した情報を得る機会を提供する。これには、性と生殖の健康に関する問題、例えば、性と生殖に関する解剖学および生理学、前期思春期[訳注1]と月経、生殖、現代的避妊、妊娠および出産、HIVとAIDSを含む性感染症が含まれるが、これらに限定されるものではない。包括的セクシュアリティ教育は、一部の社会的および文化的文脈で難しいとされるトピックも含み、すべての学習者が知っておくべき重要なトピックの全範囲をカバーする。

　また包括的セクシュアリティ教育は、健康とウェルビーイング（幸福）のための分析的なものの見方やコミュニケーション、その他のライフスキルを向上させることにより、学習者のエンパワーメントをサポートする。それは例えば、セクシュアリティ、人権、健康的で尊敬し合う家族生活や対人関係、個人的かつ共有的な価値観、文化的・社会的規範、ジェンダー平等、反差別、性的行動、暴力とジェンダーを基にした暴力（GBV）、同意とからだの保全[訳注2]、児童・早期・強制婚（CEFM）や女性性器切除／切断（FGM/C）のような性的虐待や有害な慣習などに関連するものである。

「包括的」とは、1回限りの授業や介入ではなく、トピックの幅広さと深さ、および教育を通じて学習者に経年的に提供される内容も指す。

人権的アプローチに基づいていること

包括的セクシュアリティ教育は子どもや若者の権利も含む普遍的人権と、健康、教育、情報における平等と非差別に対するすべての人の権利の理解に基づき、またその理解を促進するものである。包括的セクシュアリティ教育において人権的アプローチをとるには、若者たちの意識を高め、若者自身の権利を認識し、他者の権利を認めて尊重し、権利が侵されている人を擁護するように促す必要がある。また、包括的セクシュアリティ教育への平等なアクセスを若者に提供することは、かれらの望みうる最高の健康への権利を尊重するということである。そこには、安全に、強制や暴力なしに責任をもって性的な行動選択をし、それが尊重されるということ、同時に、若者にとって自分たちのケアに必要な情報へのアクセスへの権利が含まれる。

セクシュアリティ教育に関連する国際条約および協定の詳細については、付録Ⅰ「包括的セクシュアリティ教育（CSE）に関連する国際協定、文書、スタンダード」を参照のこと。

ジェンダー平等を基盤にしていること

包括的セクシュアリティ教育は、ジェンダー規範が不平等に影響するさまざまな過程や、これらの不平等がいかに若者の健康やウェルビーイング（幸福）に影響するか、またそれだけでなくHIVや性感染症、早期および意図しない妊娠、ジェンダーを基にした暴力などの問題を防ぐための働きにも影響しうるのかといったことにも取り組む。包括的セクシュアリティ教育は、人々の生活におけるジェンダーの重要性と多様性に関する認識を構築すること、文化的、社会的、生物学的な差異や類似性によって形成されたジェンダー規範を検証すること、共感と理解に基づく尊重し合える公平な関係性をつくりあげることを奨励することによって、ジェンダー平等を実現しようとしている。包括的セクシュアリティ教育のカリキュラム全体にジェンダーの視点を取り込むことは、包括的セクシュアリティ教育がより有効なものにな

るために不可欠である（ジェンダーの概念を理解する方法の詳細については、第9章の用語集を参照のこと）。

文化的関係と状況に適応させること

　包括的セクシュアリティ教育は、特定の環境での文化的構造、規範、行動が人々の選択や関係性に影響を与える方法を調べ、理解し、挑戦する学習者をサポートすることで、人間関係における尊敬と責任を育成する。

変化をもたらすこと

　包括的セクシュアリティ教育は、個人とコミュニティのエンパワーメント、批判的思考スキルの促進、若者の市民権の強化をすることにより、公正で思いやりのある社会の構築に貢献する。そうすることで学習者に性と生殖に関する健康に対するポジティブな価値観と態度を探求および育成させ、自尊心、人権やジェンダー平等の尊重を育成する機会を提供する。さらに、包括的セクシュアリティ教育は、若者が自分の意思決定や行動、および他者に影響を与える可能性のある方法について責任をもてるようにエンパワーメントする。包括的セクシュアリティ教育は、若者が、かれらの民族、人種、社会的経済的立場、移民であるかないか、宗教、障がいがあるかないか、性的指向、ジェンダーアイデンティティやジェンダー表現、生物学的および生理学的性的特徴にかかわらず、他者に尊敬と受容、寛容、共感をもって接することができるようなスキルと態度を構築する。

健康的な選択のためのライフスキルを発達させること

　これには、情報に基づいて熟考し、意思決定できること、効果的にコミュニケーションと交渉を行うこと、自分の主張ができることが含まれる。これらのスキルは、子どもや若者が家族、仲間、友人、恋人、性的パートナーと互いを尊重し健康的な関係性を築くことに役立ちうる。

BOX 1　包括的セクシュアリティ教育におけるセクシュアリティの概念枠組み

　セクシュアリティの概念を定義するのは、容易なことではない。公衆衛生、セクソロジー分野の多くの専門家たちがセクシュアリティの基本的概念について議論し、合意された有効な定義と概念枠組みを提案してきた（Pan American Health Organization/World Health Organization, 2000; WHO, 2006a）。

　「セクシュアリティ」は、身体、感情的な愛着と愛、セックス、ジェンダー、ジェンダーアイデンティティ、性的指向、性的親密さ、快楽と生殖についての理解と、これらの関係性を含む、人間であることの中核として理解される可能性がある。セクシュアリティは複雑で、生涯にわたって進化する生物学的、社会的、心理的、精神的、宗教的、政治的、法的、歴史的、倫理的、文化的な側面が含まれる。
　「セクシュアリティ」という言葉は、それぞれの言語、文化的背景によって意味が異なる。さまざまな言語での多くの変数と意味の多様性を考慮して、以下のセクシュアリティの側面は、包括的セクシュアリティ教育の文脈で考える必要がある。

- セクシュアリティとは、生物学的側面に加えて、対人関係と性的関係における個人的および社会的側面を示している。これは主観的な経験であり、親密性やプライバシーの両方に対する、人間にとって必要なものの一部である。
- 同時に、セクシュアリティは社会構築的なものであり、信条や実践、行動、アイデンティティの可変性の中で最も容易に理解されるものである。「セクシュアリティは個人の実践と文化的価値観と規範のレベルで形成される」（weeks, 2011）。
- セクシュアリティは権力（パワー）と結びついている。権力の根本的な境界線は、自らの身体についてコントロールすることの可能性である。包括的セクシュアリティ教育は、セクシュアリティやジェンダー、権力、およびその政治的、社会的側面の関係性を扱う。これらは特に年長の学習者に適している。
- 性的行動を管理することへの期待は、文化間および文化内で大きく異なる。ある特定の行動は許容可能で望ましいとみなされるが、他の行動は許容できないとみなされる。これは、それらの行動が

起こらない、またはセクシュアリティ教育の文脈での議論から排除されるべきだということを意味するものではない。

・セクシュアリティは一生関係することで、さまざまな形で現れ、身体的、感情的、認知的成熟との相互作用にある。教育は、性に関するウェルビーイング（幸福）を促進し、子どもや若者が人生のさまざまな段階において健康で責任ある関係を築いていくための準備のための主要な手段である。

セクシュアリティの定義と概念的理解の詳細については、Pan American Health Organization（PAHO）およびWHO（2000）を参照のこと。Promotion of Sexual Health. Recommendations for Action. Washington D.C., PAHO http://www1.paho.org/hq/dmdocuments/2008/PromotionSexualHealth.pdf およびWHO. 2006a。セクシュアルヘルスの定義：Report of a technical consultation on sexual health, 28-31 January 2002. Geneva, World Health Organization http://www.who.int/reproductivehealth/topics/sexual_health/sh_definitions/en/

2.2 包括的セクシュアリティ教育の発展的分野におけるその他の重要な考慮事項

包括的セクシュアリティ教育は生殖、リスク、疾病についての教育にとどまらない

若者の生活の中にある多くの矛盾する情報源を考慮すると、それらを学習プロセスに効果的に組み込み、かれらのあらゆるニーズに応えるためには、バランスのとれた包括的なアプローチが必要とされる。包括的セクシュアリティ教育は、生殖や性的行動、リスク、病気の予防に関する内容だけでなく、相互の尊重と平等に基づく愛や人間関係のような、そのポジティブな側面も含む形でセクシュアリティを提示する機会を提供する。

さらに、包括的セクシュアリティ教育には、ジェンダーと権力の不平等、社会経済的要因、人種、HIVの状態、障がい、性的指向とジェンダーアイデンティティなど、人間関係と脆弱性のより広い側面に関連する社会的、文化的要因について継続的な議論を含めることが重要である。

包括的セクシュアリティ教育は幅広いトピックをカバーするが、文脈によっては文化的に注意が必要なものもある。多くの場合、包括的

セクシュアリティ教育のカリキュラムは、責任ある性的行動や健康で公平な人間関係の重要性にも焦点を当てることなく、重要なトピックを省略または回避したり、生殖の「構造（メカニクス）」を強調しすぎたりしている（UNESCO, 2015a）。重要なトピックを省略すると、包括的セクシュアリティ教育の効果は低下してしまう。例えば、月経について議論しないことで、それに対するネガティブな社会的、文化的態度を存続させてしまうことがある。これは、女子の人生にネガティブな影響を与える可能性があり、自分自身のからだについての生涯にわたる不快感を引き起こし、問題が起きたときに助けを求めることを控えることにつながる。その他の例として、性交、避妊に関する科学的情報、障がいやHIVと共に生きる若者の性と生殖の健康に関するニーズ、安全でない人工妊娠中絶や児童・早期・強制婚（CEFM）や女性性器切除／切断（FGM/C）のような有害な慣習、性的指向やジェンダーアイデンティティを理由とした差別などが含まれる。これらのトピックを無視したり省略したりすることは、スティグマ[訳注3]や恥、無知を引き起こし、脆弱な人々や疎外された人々にとって、リスクを冒すことを増大させ、助けを求める障壁をつくり出す可能性がある。

> 「ガイダンス」は、特定のコミュニティでは注意が必要な問題や話し合いが難しい問題など含む、**若者の生活におけるセクシュアリティの現実と影響を取り扱う**ことの重要性を強調する。科学的根拠を用いて、**ジェンダー平等と人権基準・枠組み**の内容を定着させることは、注意が必要な問題を扱うことを助ける。

たとえ質の高い包括的セクシュアリティ教育のカリキュラムが存在する場合でも、教員は教えることを不快に思うトピックを避けるか最小限にすることがよくある。多くの教員は注意が必要で議論を呼んでしまうトピックを教える専門知識や経験がなく、包括的セクシュアリティ教育に焦点を当てた専門的な学習の機会へのアクセスを提供されていない（Ofsted, 2013）。教員が能力（コンピテンシー）を身につけて安心して話せるようになる質の高い専門的学習によって、健康に関する行動によい影響を与えるような健康とウェルビーイング（幸福）に関する教育プログラムを、教員が高い正確性と高い質をもって提供する

可能性が増加する（Stead et al., 2007）。

　質が高く、年齢と発達に応じたセクシュアリティと人間関係に関する教育が欠如していると、子どもや若者が有害な性的行動や性的搾取に対して脆弱なままに置かれる可能性がある。包括的セクシュアリティ教育から複雑な論点を排除することは、若者を脆弱にし、かれら自身の性的行為と人間関係におけるかれらの行為主体性を制限する。

包括的セクシュアリティ教育は妊娠、性感染症とHIVを予防するためのすべてのアプローチに関する情報を提供する

　包括的セクシュアリティ教育は、いつ、誰と、いかなる形の親密な関係または性的関係をもつのかを選択する権利、これらの選択の責任、この点と関連して他者の選択を尊重することを促進する。この選択には、性的関係を止める、性的関係を遅らせる、または性的関係をもつ権利が含まれる。禁欲は妊娠、性感染症とHIVを予防するための重要な方法である一方、包括的セクシュアリティ教育は、禁欲は、多くの若者の生活の中で永続的な状態ではないこと、および若者がさまざまな年齢で性的表現をコントロールする方法には多様性があることを認識している。禁欲のみのプログラムは、若者の性と生殖に関する健康と権利（SRHR）には効果がなく、潜在的に有害であることがわかっている（Kirby, 2007; Santelli et al., 2017; Underhill et al., 2007）。

　包括的セクシュアリティ教育はセーファーセックス[訳注4]を取り扱い、若者たちに、慎重な意思決定の後、性交やその他の性的活動を含む可能性がある親密な関係の準備をさせる。多くの研究は、性別に関係なく、学習者が人間関係や感情について（Pound et al., 2016; UNESCO, 2015a）、それは性的親密さを含むかもしれないし含まないかもしれないが、尊重とコミュニケーションに基づいた健康的な対人関係を行う方法についてもっと知りたい、と考えていることを示している。したがって、包括的セクシュアリティ教育は、若者が自分たちの価値観に沿った性的感情を表現する方法について考えることを奨励することに焦点を当てている。コンドームの使用による妊娠と性感染症に対する二重の予防を含む、あらゆる現代的避妊法に関する情報を得ることは、これから性交をする、またはすでにしている若者にとって不可欠である。かれらには、男性用や女性用のコンドームを入手し、それらを正

しくいつも使用する方法について、またHIV感染の重大なリスクにあると考えられる人のための曝露前予防法（PrEP）の利用可能性についての情報が必要である。若者にはまた、心理社会的サポート、曝露後予防（PEP）、妊娠・性感染症・HIVについてのサービスのような、性的虐待または性暴力に関連するサービスを含む、若者が利用しやすい包括的な性と生殖に関する健康サービスについての情報が提供され、紹介されるべきである。

包括的セクシュアリティ教育は学習者中心アプローチを用いる

　伝統的に、教員は学習過程の「指導者」であり、生徒は教育において受容的な役割を果たしてきた。ここ数十年の間に、学びは常に生徒がすでにもっている知識の上に成り立っていること、そして学習者は環境と提供された情報との相互作用に基づいてかれら自身の知識を構築することを示す新しいアプローチが開発された（Giroux, 1994）。この観点に基づくと、学びは教員によって伝えられた情報を受け取り処理する以上のものである。生徒が個人的な経験や情報に批判的に取り組むことによって、情報や資料に対する自分自身の理解を構築することができるときに、最も学びが深まる。

　包括的セクシュアリティ教育の文脈における学習者中心のアプローチまたは共同アプローチの効果に関する科学的根拠はほとんどないが、これらの方法は一般的な健康教育プログラムの有効性にとって不可欠であることを、研究が示している。生徒の性的な知識や態度に学校でのセクシュアリティ教育が与える影響に関するフィンランドでの研究は、ポジティブな効果は主に教員のやる気、態度、技能、スキル、および参加型の教育方法を用いる能力の結果であることを示している（Kontula, 2010）。この「ガイダンス」は、包括的セクシュアリティ教育における学習者中心アプローチを促進し、プログラム内での共同的学習方法を奨励する。学習者中心のアプローチは、学習者が積極的に学習プロセスに参加できるようにし、それぞれの学習スタイルを奨励する。学びは個人的な成長の一形態として見ることができるので、生徒は自分自身の人生について注意深く考えるために振り返る取り組みが奨励される。

学校は包括的セクシュアリティ教育の提供において中心的な役割を果たす

　子どもと若者がおとなとしての役割と責任に対して準備ができるように、さまざまな関係者や機関が重要な役割を果たしている中で、教育部門は包括的セクシュアリティ教育の提供において重大な役割を担っている。学校は、教育や学習、人格形成の場として、熟達した信頼できる情報源としてふさわしい教員や、公的カリキュラムによって提供される長期間プログラムの作成の機会を含む、既存の基盤を提供する。教員は子どもや若者に年齢や発達に応じた学習経験を提供することに長けており、また、若者は学校や教員を信頼できる情報源として見ている。

　ほとんどの国では、5歳から13歳までの子どもたちが学校で比較的多くの時間を費やす（UNESCO, 2008）。これにより、学校は複製可能で持続可能な方法で多様な背景にある多くの若者に届く実践的な手段を提供する。さらに、学校は、それまでの内容の上に追加の内容を積み上げながら、長年にわたって年齢および発達に関連した理想的な順序で包括的セクシュアリティ教育を実施できる環境を提供する（Gordon, 2008）。

　多くの若者は学校にいる間に前期思春期を経験するだけでなく、起こりうるであろう性的関係を含む、かれらの最初の恋愛関係をも経験する。そのため、権利や人間関係、性と生殖に関する健康について年齢に応じた段階的な教育を提供するとともに、公教育を通して子どもや若者にジェンダーの視点を提供することが、さらに重要となる。

　学校における包括的セクシュアリティ教育の他の利点には以下のものが含まれる。

- 学校は、学習環境を保護的かつ支援的なものにするために、学習環境の多くの側面を調整する権限をもっている。
- 学校を基盤にしたプログラムは、HIV予防に貢献し、性と生殖に関する健康にかかわる教育とサービスに対する若者の権利を保障するための非常に費用対効果の高い方法であることが示されている（Kivela et al., 2013; UNESCO, 2011a; 2016c）。
- 学校は、子ども、親、家族、コミュニティを他のサービス（保

健サービスなど）とつなげることができる社会的サービスセンターとしての機能を果たす。

　学校に加えて、高等教育機関も重要な役割を果たすことができる。多くの人はセクシュアリティ教育をまったく受けずに、高等教育に到達する。多くの学生が初めて家を離れて生活し、人間関係を築きはじめ、性的活動を始めるという人生の時期に入るかもしれないということを考慮すると、この段階で包括的セクシュアリティ教育を提供する必要性は特に重要である。

ノンフォーマルでコミュニティを基盤にした環境もまた、カリキュラムを基盤にした包括的セクシュアリティ教育を提供するための重要な機会である

　ノンフォーマルでコミュニティを基盤とした環境での包括的セクシュアリティ教育プログラムは、特に就学率が低い、または十分な包括的セクシュアリティ教育が国によるカリキュラムの一部として含まれていない国で、学校外の若者や、最も脆弱で周縁化されている若者層に届けられる可能性をもつ。6歳から15歳までの2億6300万人の子どもや若者が学校に通っていない、または中退している世界の状況の中では（UNESCO, 2016a）、コミュニティセンター、スポーツクラブ、スカウトクラブ、信仰に基づく団体、職業施設、保健機関、オンラインプラットフォーム[訳注5]などのノンフォーマルな環境が教育において必要不可欠な役割を果たす（IPPF, 2016）。

　学校に通う若者はまた、週末や夕方、学校の休暇中にしばしば、コミュニティを基盤にした包括的セクシュアリティ教育プログラムに参加する。これらのプログラムに参加することは、教室で行われる包括的セクシュアリティ教育で提供される内容を補完し、拡張する。例えば、世界のある地域では、教員が教室でコンドームの実演説明を行うことは禁止されているが、コミュニティを基盤とした環境のほとんどでは禁止されていない。また、コミュニティでの講義は、典型的な学校授業の40分に制限されない。ノンフォーマルやコミュニティでの包括的セクシュアリティ教育は、親やコミュニティのリーダーの意識を高め、性と生殖に関する健康にかかわるサービスとのより強いつな

がりを築く機会も提供する。

　包括的セクシュアリティ教育の実践方法は、ノンフォーマルでコミュニティを基盤とした環境によって異なる可能性があるが、その内容は科学的根拠に基づいており、さまざまな年齢層に対して推奨される幅広いトピックに従い、効果的なプログラムの特徴と結びつけられなければならない（第5章「キーコンセプト、トピック、学習目標」および第7章「効果的な包括的セクシュアリティ教育プログラムの実施」を参照のこと）。

訳注 ──────────

1　puberty。身体的、心理的変化の時期で、子どもからおとなへの発達を象徴する。女子の場合は、乳房の発育（thelarche）、性毛の発生（pubarche）、月経の開始（menarche）、男子の場合は、ヒゲと性毛の発生、射精が代表的変化である。前期思春期は、子どもを産む能力が備わった時期に終了する。Adolescence（思春期）と同義ではない（芦野由利子・北村邦夫監修『新版IPPFセクシュアル／リプロダクティブ・ヘルス用語集』参照）。

2　bodily integrityは「身体的完全性」「身体的統合」と訳されることがあるが、この用語は日本語において、「不完全性」「不統合」が想起される。そこで、東優子（WAS Sexual Rights Committee）と中尾美樹（国連平和大学大学院生）らが中心となって翻訳された、「性の権利宣言」（性の健康世界学会：WAS）を参考とした。同翻訳では「身体保全」と訳されているが、本書では「からだの保全」とした。

3　社会の支配的な層が自分たちを正当化するため、HIV、ジェンダー、セクシュアリティ、行動など特定の属性を根拠に、ある人々の集団に対し否定的な態度をとること、またそれが温存されること。スティグマは、社会の中で疎外された人々と関連づけられることが多く、直接あるいは連想で人々に影響を与える（芦野由利子・北村邦夫監修『新版IPPFセクシュアル／リプロダクティブ・ヘルス用語集』参照）。

4　望まない妊娠のリスクと、HIVその他の性感染症を他の人に感染させるリスクを減らす性行動。例えば、HIVその他の性感染症を感染させる精液、腟分泌物、血液が相手のからだに侵入するのを防ぐため、挿入なしのセックスやコンドームをつけた性交がある（芦野由利子・北村邦夫監修『新版IPPFセクシュアル／リプロダクティブ・ヘルス用語集』参照）。

5　オンライン上の場所。「ネット広告、ネット市場、検索エンジン、SNS、アプリ市場、決済システム等の広範なネット上の活動の基盤（総務省）」。

若者の健康と
ウェルビーイング（幸福）

3

本章では子ども、若者の性と生殖に関する健康（SRH）における
ニーズと、かれらの健康とウェルビーイング（幸福）に影響する重要
な課題についての概要を示す。

3.1　子ども、若者の性と生殖に関する健康（SRH）

　性と生殖に関する健康はセクシュアリティに関連する身体的、感情
的、精神的、社会的ウェルビーイング（幸福）を含む。つまり、性と
生殖に関する健康とは単に病気や機能障害、または病弱さがないこと
ではない（WHO 2006a）。健康習慣や健康維持への理解は幼児期から始
まる。また思春期は、身体的、感情的、社会的にも変化する時期を迎
え、多くの若者が自身のセクシュアリティを育み、他者との関係性を
築きはじめていくという意味でも、性と生殖に関する健康にかかわる
健康的な習慣やライフスタイルを形成するのには最適な時期といえる。

**若者に影響を及ぼす性と生殖に関する健康の重要な論点には以下が含
まれる。**

前期思春期
　男子にとっても女子にとっても、子どもからおとなへの移行という
のは刺激も多く、大きな変化と映っていることだろう。男子にとって
は前期思春期への移行がポジティブな道筋での性的関心と結びつきや
すい一方で、女子にとってこの時期は、セクシュアリティや純潔であ
ること、生殖能力、女であることについて、混乱を招くようなメッ
セージを受け取りはじめるときである。
　多くの女子にとって月経は前期思春期の始まりとみなされている。
状況によっては、文化的タブーやスティグマによって月経中はひたす
ら寝かされたり、家族と同じ場所で食事をさせてもらえなかったり、
学校を休まされたりする。多くの国の学校のトイレには、プライバ
シーがなかったり、衛生的でなかったり、月経用品を捨てる場所がな
かったりしている。一般的に見て、月経はおろそかにされてきた事柄
であり、かなりの数の女子たちには、不安や恐怖を引き起こす知識の
ずれや誤解があり、初経を迎えるには何も準備ができていない（Chan-

dra-Mouli and Vipul Patel, 2017）。

　男子にとっての前期思春期は、彼らが楽しむことのできる性的欲求と‘パワー’の始まりだと考えられていることがよくある。勃起や夢精に当惑するようなことがあっても、女性がよく経験するような、共通する恥の語りとして捉えられることは一般的にはない。これまで、男性性（masculinity）に関する議論はセクシュアリティ教育プログラムではあまりされてこなかった。なぜなら一般的にそれらが問題になりうるとは思われていないからである。しかしながら、男子もセクシュアリティに関して自分たちのニーズや疑問は解消されていないと感じている（UNESCO, 2014b）。

　前期思春期は身体的、心理的変化を伴う時期であることから、インターセックス、あるいは自身のジェンダーアイデンティティやジェンダー表現に関して決めかねていたり悩んでいたりする思春期の子どもたちにとっては特に挑戦を必要とする時期である。

妊娠

　この数十年で世界の出生率はかなり下がっているが、地域によって差異はあるものの、15歳から19歳の思春期の女子の多くがすでに子どもを産みはじめている。2014年の世界保健統計によれば、世界における15歳から19歳の出生率は、1000人の女子に対して、1人の国から299人の国までがあり、平均49人と示されている（WHO, 2014b）。若年結婚が重要な要因である。つまり、開発途上国における10代の母親の出産のおよそ90％が婚姻関係の中で起こっている（Plan, 2017）。若年妊娠・若年出産は健康面でも社会面でも重大な結果を招くことがあり、実際、19歳以下の女子の死因の第2位である（WHO, 2011）。妊娠や出産の間の合併症は、思春期の女子の死因の一つである（WHO, 2011）。また、妊娠している思春期の女子は、成人女性よりも妊娠やその合併症について十分な知識をもっていなかったり、あるいは医療サービスへのアクセスや利用に対する意思決定が（例えば、姻戚によって、あるいは性交の同意年齢やサービスへのアクセスに関する制限的な法律や政策を通して）制限されていたりすることによって、妊婦のヘルスケアを得ようとすることが遅くなる傾向が強い（WHO, 2008）。また、妊娠した思春期の女子は退学させられ教育をそれ以上受けられなくなりが

ちである。それはすなわち、彼女たちの将来の就業や人生におけるその他の機会を制限するものである（UNESCO, 2017a）。

現代的避妊法へのアクセス

　若い男性と女性は共に避妊具を使用する責任がある。しかしながら、女性の避妊に対するニーズが満たされていないことはよく知られている。婚姻していない女性で、避妊のニーズが満たされていない層はおよそ半数弱とされているが、保守的な社会では婚姻していない女性がすでに性的行動をとっているという事実を認めることへの抵抗から、結果として実際より低い数字が出ているかもしれない（Sedgh et al., 2016）。思春期の女子たちも、法律の壁やその他のアクセスに関連する理由があると同時に、避妊具の副作用に関する健康面における心配や不安もあると報告されている（IPPF and Coram Children's Legal Center, 2014; Guttmacher Institute, 2015b）。それに加えて、特にアフリカとアジアにおいて、コンドームや緊急避妊薬を含め、現代的避妊法はどこで入手でき、どのように使えばよいのか、そして妊娠やHIVの検査サービスはどこで受けられるのかといった知識量において大きなギャップがある（Guttmacher Institute, 2015b）。このことは、意図しない妊娠やHIVと性感染症の両方を予防するための方法としてコンドームを使用することについての情報を得ることが重要であることを示している。

危険な妊娠中絶

　世界的に、毎年約300万人の15歳から19歳の女子が危険な妊娠中絶を経験している（WHO, 2014a）。世界の多くの地域に存在する、安全な妊娠中絶へのアクセスを制限する法律のために、思春期の若者たちはスキルのない者たちによって施される安全ではない処置に頼ってしまうことがある。思春期の女子は20歳以上の女性よりも、安全ではない妊娠中絶の実施によって死亡したり障がいを負ったりする率が非常に高い（WHO, 2007b; WHO, 2015）。また、思春期の若者は一般的に妊娠に気づくまでの時間がおとなの女性よりも長くかかり、結果として妊娠中絶を望む思春期の若者が妊娠中絶をするのが遅くなりがちである。一部のケースでは、スティグマや差別、その他の理由で、中絶や

中絶後のケアにかかわる権利に対する知識が不足している状況の中、思春期の女子は年長の女性よりも、一人で中絶をしたり、訓練のされていない者による中絶サービスを一人で探したりする傾向にある（Guttmacher Institute, 2015a）。

暴力（ジェンダーに基づく暴力を含む）

　国際的な知見では、世界の3人に1人（35%）の女性が、身体的かつ、または性的に親密な関係にあるパートナーによる暴力やパートナーでない人たちからの暴力を人生のうちに経験している。暴力とは人権を侵害し、女性、女子、そしてすでに脆弱となっている人々を、HIV感染や意図しない妊娠、その他の健康的、社会的な課題における、より高いリスクに晒してしまうものである（UNAIDS, 2017）。親密なパートナーからの暴力が最も一般的である（WHO, 2016b）。子どもへの暴力、ジェンダーに基づく暴力に関しては、以下のようなデータから見ることができる。

- 世界中で1億2000万人の女子（10人に1人よりもわずかに多い）が、親密なパートナーからの**強制された性交やその他の強制的な性的行為**、あるいはそれ以外の形の暴力を人生のどこかで経験している（UNICEF, 2014b）。
- **子どもへの性的虐待**は男子にも女子にも影響を与える。国際的な研究では（Barth et al., 2012）、およそ20%の女性、5～10%の男性が、子ども時代に性的暴力の犠牲になったことがあると報告されている。
- **デートDV**を含めた若者間の暴力も大きな問題の一つである（WHO, 2016b）。
- およそ30の国で、現代に生きている少なくとも2億人の女性と女子が**女性性器切除／切断（FGM/C）を経験**している。これらの国のほとんどで、大多数の女子が5歳になる前に切除されている（Plan, 2016）。
- **児童・早期・強制婚／同棲**は基本的人権の侵害であり、若い妻とその夫との力の不均衡によって、女子たちを一層弱い立場に追い詰めている。世界全体において児童・早期・強制婚

（CEFM）の率は、10人のうち4人の女子が18歳以前に結婚し、約8人に1人が15歳になる前に結婚または同居するサハラ砂漠以南のアフリカ諸国で最も高くなっている。ラテンアメリカ、カリブ海沿岸諸国がそれに続き、20歳から24歳のうち24％の女性が子ども時代に結婚している。それに続くのが、18％が子ども時代に結婚する中東、北アフリカである。

- 毎年およそ2億4600万人の子どもたちが、**通学の際や学校内において酷い扱い、いじめ、心理的虐待、セクシュアルハラスメントなどを含むジェンダーに基づく暴力**を受けている。25％の子どもは身体的暴力を受け、36％は精神的暴力を受けている（WHO, 2016c）。

- レズビアン、ゲイ、バイセクシュアル、トランスジェンダーを含め、セクシュアリティおよびジェンダーにかかわる一般的な規範に従わないとみなされる生徒たちは、学校内で非常に暴力に晒されやすい。同性愛嫌悪（ホモフォビア）およびトランス嫌悪（トランスフォビア）による暴力とも呼ばれる、**性的指向やジェンダーアイデンティティおよびジェンダー表現を理由とした暴力**は、学校内におけるジェンダーに基づく暴力の一形態である（UNESCO, 2016b）。

- 若年の、また意図しない妊娠は、教員や生徒からの性的暴力による結果であるかもしれない。学校内における、**妊娠と結びついたジェンダーに基づく暴力**とは、妊娠した女子や思春期の母親に対する、教師やクラスメイトによるいじめやからかい、犯罪を含むものである（UNESCO, 2017）。

HIVとAIDS

　15歳から25歳の若者における新規HIV感染の予防は世界的に大きく進歩してきた。しかしながら、その減少はあまりに遅々としたものである。2010年から2016年の間で15歳から24歳までの若年女性と男性の新規HIV感染者は、同時期に同年齢層の新規感染者が約12％も上昇した東ヨーロッパと中央アジアを除いて、すべての地域において減少した（UNAIDS, 2017）。世界的に見れば、2015年、HIVとAIDSは世界の10歳から19歳の思春期の若者の死因の第9位であった

（WHO, 2017b）。HIV と AIDS はサハラ砂漠以南のアフリカ諸国におい
て、今でも大きな影響をもち続けている。アフリカでは、15 歳から
24 歳の思春期の女子および若い女性は HIV に対して特に高い脆弱性
に晒されている（UNAIDS, 2017）。多くの場合、HIV のリスクを負いや
すい若いゲイ、男性とセックスをする男性たち、トランスジェンダー
の若者など、重要な若者の集団が、HIV のより大きな負担を抱えて
しまっている（Bekker et al., 2015）。HIV に関する包括的な知識量は増
えてきたものの、入手可能な 2011 年から 2016 年の間におけるデータ
では、37 カ国において 36％の若い男性と 30％の若い女性（15 ～ 24 歳）
しか包括的で正しい HIV の予防方法の知識をもっていないことがわ
かった（UNAIDS,2017）。特定のリスク要因（例えば、性的関係のネット
ワーク内での感染、年齢差の大きい相手とのセックスやアナルセックスと関連し
たリスク）や、最新の生物医学に基づく予防方法（例えば PrEP）、HIV
とジェンダーに基づく暴力との関連性に関しての知識は低下している
傾向にある（UNAIDS,2016）。

性感染症（STIs）
　世界中で毎年 3 億 3300 万人程度の治療可能な性感染症の新規感染
者がいるとされていて、20 歳から 24 歳が最も率が高く、15 歳から
19 歳がそれに次ぐ。HIV やウイルスによる他の感染症を除き、20 人
に 1 人は毎年性感染症に感染していると考えられている。思春期のマ
イノリティにも、アクセスしやすく安価で入手可能な性感染症のサー
ビスは存在する（WHO, 2005）。しかしながら、性感染症に関するデー
タは宗教や国によって限定され、矛盾するものとなっている。データ
が年齢や性別によって分けられているため、実際の苦しみが不可視化
され、国際的対応が弱められてしまうことは事実である。

3.2　包括的セクシュアリティ教育を通じて扱える、子どもたちと若い人々の健康とウェルビーイング（幸福）に関するその他の重要課題

性的行動に対する、情報通信技術の影響
　昨今、新しい情報通信技術（ICTs）やソーシャルメディアが若者の

日常にとって一層重要な役割を担っている中で、若者の責任ある選択を助けるのに必要となる知識やスキルを備えさせる重要性が、世界でより強く認識されてきている。以下がその例である。

● 性的行動にかかわる情報とイメージ

　　性的行動にかかわる情報とイメージは、インターネットで広く手に入れることができ、また、多くの子どもたちや若者にとって、初めてセクシュアリティやセクシュアリティ教育に接する機会にもなっている。情報通信技術とソーシャルメディアは、セクシュアリティや性的関係性についてポジティブで、正確な、道徳的な判断を排した情報へのアクセスを増加させる非常に大きな可能性をもっている。しかしながら、これらのテクノロジーは、不正確かつ不適切な情報へのアクセスも提供しうるし、また、暴力的なポルノグラフィへのアクセスの増加は、有害なジェンダー規範を強化しうる（Brown and L'Rngle, 2009; Peter and Valkenburg, 2007）。

● ネットいじめ

　　EUの報告（European Union Agency for Fundamental Rights, 2014）によれば、15歳以上の女性のうち10人に1人がインターネット上でのハラスメント（望まない、攻撃的な、さらには性的な内容が明白なEメールやSMS［ショートメッセージサービス］を通じたメッセージの受信や、ソーシャルネットワーキングサイトにおける攻撃的で不適切な発信を含む）を経験している。サイバーハラスメントを経験することは感情障害をも引き起こしうる。ある研究では、ネットいじめや被害の経験が多いほど、より強い鬱的な症状を引き起こすことが示されており、実際、被害者から悲しみや絶望感、無力感などを訴える声が上がっている（Nixon, 2014）。

● セクスティング

　　個人的に自ら性的な画像や動画を携帯電話やインターネットなどを通じて交換することは、公的にも学術的言説においても、若者の新たなハイリスク行為として広く議論されている。このことは、そうした行為がもたらすさまざまな深刻なリスクについての

教育の機会を増やしたり改善させたりすることによって対処され予防されるべきである。

　若者は、かれらが受け取る性的なメッセージを批判的に考察するためのサポートを必要としているし、また、かれらは現実的でありながら親近感のもてる、道徳的な判断を排した、インターネット上で受けられる新しいタイプの性教育へのアクセスも求めている。情報通信技術の安全な使い方を議論する際に、思春期の若者の脆弱性と性的な主体性のよりよいバランスを考慮することが重要である。

不十分な心理的／感情的健康

　メンタルヘルスの問題は、時に学校中退率の増加、留年、低学力と結びつく（Kennedy et al., 2006）。感情的、心理的健康の問題はその他にも、安全でないセックス（性行動）や性感染症、早期の性的経験とも結びつく。安全でないセックス（性行動）も含めたリスクのある行動は、間接的な怒りの表出であったり、または、自分の人生をコントロールするための試みであるかもしれない。精神疾患を経験する若者は、意識的および無意識的なスキルを育むことが困難であったり、また自殺を試みる傾向も高かったりする（Cash and Bridge, 2009）。メンタルヘルスの問題と性と生殖に関する健康の関連性に焦点を当てた研究はまだ少ないが、重要な関連性は存在する。例えば、十分なサポートシステムを受けられていないレズビアン、ゲイ、バイセクシュアル、トランスジェンダー、およびインターセックス（LGBTI[2]）の若者にとって、暴力やいじめ、ハラスメントに高い率で晒されることと結びついた、自分は他の子と異なる、居場所がないといった感情は、怒り、鬱、悲しみ、ストレス、または不安感などを含むメンタルヘルスにおける問題を引き起こしうるのである（Baltag et al., 2017; Hiller et al., 2010）。

2　LGBTIという言葉を使用したが、それ以外の言葉で自身をアイデンティファイする人も含め、実際の、また周りから思われているものを含めた、かれらの性的指向、ジェンダーアイデンティティ、ジェンダー表現、生物学的および生理学的性別特徴などによって暴力や差別に直面している人々のことを含めることが重要である（Inter-Agency Statement on Ending Violence and Discrimination Against Lesbian, Gay, Bisexual, Transgender and Intersex (LGBTI) Adults, Adolescents and Children, 2015）。

アルコール、タバコ、ドラッグ

　アルコールや薬物使用は、若者たちのウェルビーイング（幸福）の他の側面と同様、現在のみならず将来的な健康にも負の影響をもたらしうる。薬物使用者は依存症になりやすく、例えば低学力や不登校、早期の中退といった認知的かつ教育的困難から、自殺企図を引き起こしうるような自己肯定感の低さや精神的障がいまで、広い範囲でのさまざまな問題に直面してしまうことがある（Hall et al., 2016）。アルコールや薬物の摂取は、意思決定を弱め、気分を高揚させ、抑制を低減させるという意味でも、リスクのある性的行動への高い傾倒は、薬物乱用との関係にあると、多くの研究者が報告している（WHO, 2010）。多くの生徒たちが、初めて向精神薬に触れる経験をする時期において、学校を基盤にした教育プログラムは最も効果がある（UNESCO, 2017b）。

3.3　子どもたちや若者のサブグループに影響する具体的な性と生殖に関する健康のニーズやその他の課題

　若者は単一のグループではない。かれらの家庭状況、社会的・経済的地位、性、民族性、人種、HIVステータス、地理的所在、宗教的・文化的信条、性的指向およびジェンダーアイデンティティなど、その他多くの要素が、かれらの性と生殖に関する健康や教育へのアクセス、人生における機会、かれらの一般的なウェルビーイング（幸福）に影響する。留置所の若者、施設の中でケアを受けている若者、先住民の若者、極めて重要な包括的セクシュアリティ教育や性と生殖に関する健康などの保健サービスにアクセスしにくい若者を含め、多くの若者が周縁化され弱い立場にあり、スティグマや差別に直面している。難民、亡命希望者、移民の子どもは、児童・早期・強制婚（CEFM）や暴力、人身取引などを含むさまざまな問題において弱い立場にいる。つまり、異なるグループにそれぞれの包括的セクシュアリティ教育のニーズがある。このガイドラインは、そうしたかれらの現実に即した包括的セクシュアリティ教育のカリキュラムを構成するのに役立ちうるだろう。**網羅されにくい事例**には以下のようなものが挙げられる。

● HIVと共に生きる若者（YPLHIV）

　　現在のセクシュアリティ教育プログラムはHIV予防に大きな焦点が当てられるが、YPLHIVのニーズに対応できていないことが多い。YPLHIVにおいては服薬遵守が低いため（UNAIDS, 2017）、再感染や他者への感染予防、ポジティブに生きること、健康的な生活についての教育を含む、サービスへのアクセスや継続的な正しい治療の支援の提供、スティグマや差別の軽減の実現のために、学校が非常に重要な役割を果たす（UNESCO and GNP+, 2012）。

● 貧困の中を生きる若者

　　貧困は、若者の発達やウェルビーイング（幸福）を制限する主要な要因である。貧困家庭や地方の家庭に生きる子どもは物質的に不利になりやすく、社会的にも排除され、かれらの健康にすぐにもしくは将来的に負の結果をもたらす不十分な栄養や住宅事情に堪え忍んでいる。貧困にある子どもや若者は、他の者よりも暴力や犯罪に晒されやすい上に、学校の中退や薬物使用、早すぎる性的行動、売買春、無防備な性行為などリスクの高い行動をとりやすい（Okonofua, 2007; UNAID, 2013）。最貧困家庭の思春期の女子や若い女性たちは、富裕家庭の女子や若い女性と比べると、18歳以前の妊娠や出産をする傾向にある。

● 障がいのある若者

　　歴史的に、障がいのある人々は性的な欲望がない、もしくは性的抑制がきかないとみなされることがあり、性教育は一般的に必要のないもの、または有害なものとさえ考えられてきた。障がい者の権利に関する条約の成立とともに障がいと共に生きる若者の人権の保障に向けて前進したのはほんの一握りの国々でしかない。調査では、障がいのある若者は性的暴力の被害を受けることが多く、またHIV感染に対してもより脆弱であると示されている（Hughes et al., 2012）。障がいのある若者への既存の教育は、セックス（性行動）を危険なものとして扱い、障がいのある人のセクシュアリティは問題のあるものとしていた過去の言説を繰り返す

ことが多い（Rohleder and Swartz, 2012）。精神的、身体的、または情緒的障がいのある若者の誰もが性的な存在であり、最高水準の健康を維持する中で、強制や暴力のない、よろこびのある安全な性的経験をすることを含む、かれらのセクシュアリティを楽しむ権利、良質なセクシュアリティ教育と性と生殖に関する健康サービスにアクセスする権利を同様にもつ。

● レズビアン、ゲイ、バイセクシュアル、トランスジェンダー、インターセックスの若者（LGBTI）

　世界の多くの国ではいまだ、LGBTIの人々に厳しい規制や罰則を科している。これらの規制は直接的、間接的にかれらを迫害するものであり、またそれは、個人の告発を活発にし（IPPF and Coram Children's Legal Centre, 2014）、個人の性的指向、ジェンダーアイデンティティやジェンダー表現に基づいたハラスメントやスティグマ化、差別や危害から個人を守れなくし、または、インターセックスの子どもや若者の場合は、永久的な不妊、痛み、尿失禁、性的快感の喪失、生涯にわたる精神的苦痛などを引き起こしうる不必要な手術から守れなくする（OHCHR, 2016）。そして、それらに対する救済メカニズムすらない。LGBTIの若者における性的、生殖に関する生活やニーズについての研究はまだ十分ではない。包括的セクシュアリティ教育プログラムでは、インターセックスの子どもや若者に大きな影響を与える身体の性的特徴や生物学的な多様性についての情報を含む、LGBTIの人々に関連した内容を除外してしまうことが多い。学校に通うLGBTIの若者は、特に危害を受けたり差別にあいやすい。例えば、学校内の同性愛嫌悪やトランス嫌悪は、学習の阻害になったり、より悪意に満ちた暴力的ないじめの下地になりやすいといわれている（UNESCO, 2015b）。

● 人道的危機の影響下にいる子どもと若者

　世界では、紛争やその影響下にある国または人道的支援を受けている環境に住むおよそ2850万人の小学生の年齢にあたる子どもたちが教育へアクセスできておらず、それは世界の学校に通え

ていない子どもたちの約半数を占めている（Save the Children, 2015）。さらに、人道的支援を受けている環境における思春期の性と生殖に関する健康プログラムの必要性の認識が上がっているにもかかわらず、たとえ情勢が安定していたとしても、性と生殖に関する健康サービスへのアクセスを含むプログラミングには、依然として大きな格差が存在していることも、世界的な研究によって明らかにされた（Women's Refugee Commission et al., 2012）。

科学的根拠に基づいた
包括的セクシュアリティ教育

4

本章では、子どもと若者の健康上のニーズに対応した包括的セクシュアリティ教育の役割について、その科学的根拠を提供する。

4.1　はじめに

本章では、一次評価項目（性的行動と健康）と、二次評価項目（知識、態度、その他健康／態度にかかわらない結果）に関するセクシュアリティ教育の影響についての科学的根拠を提供する。この結果は主にUNESCOの委託によって2008年と2016年に実施された二つの科学的根拠のレビューに基づいている。2008年の科学的根拠のレビューは、世界中で実施された87の研究結果に基づいており、Douglas Kirby of Education と Training and Research Associates によって行われた。その結果は「ガイダンス」の初版に掲載されている（UNESCO, 2009）。2016年の科学的根拠のレビューは、22の厳正に体系化されたレビューならびに広範囲な77の国や状況（半分以上を低、中所得国・開発途上国とした）で行われたランダム化比較試験の結果に基づいている。このレビューはイギリスにあるOxford Center for Evidence-Based Intervention の Paul Montgomery と Wendy Knerr によって供給され、この「ガイダンス」では「UNESCO, 2016c」として言及している。

4.2　科学的根拠のレビューの主な結論

全体的に、学校を中心としたセクシュアリティ教育の効果のための科学的根拠の基盤は、多くのレビューの評価項目の範囲で、肯定的な結果を報告することによって、拡大し強化し続けている。

2016年のレビューからは、2008年以降、包括的セクシュアリティ教育の科学的根拠の基盤は増大しているが、初版の「ガイダンス」の結論や推奨事項は今でも有効で、適用可能であることが明らかとなった。この研究では、カリキュラムに基づくセクシュアリティ教育プログラムが以下のような結果を導くことを再確認した。

- 初交年齢の遅延
- 性交の頻度の減少

- ●性的パートナーの数の減少
- ●リスクの高い行為の減少
- ●コンドームの使用の増加
- ●避妊具の使用の増加

　2016年の科学的根拠のレビューにおいて、セクシュアリティ教育によって、セクシュアリティや行動、妊娠やHIVや他の性感染症のリスクなど多角的な側面の知識の向上にポジティブな効果があることが証明されている。同様に強固な科学的根拠として、セクシュアリティ教育は性と生殖に関する健康にかかわる態度を向上させることが証明された（UNESCO, 2016c）。「ガイダンス」を改訂するにあたり、初版で行われた調査と、より広範な科学的調査や実践的な文献によって、学校の内外に関係なく、セクシュアリティ教育は性的行動やリスクの高い性的行動、性感染症やHIVの罹患率を上昇させないということを証明している。

　現在、性感染症やHIVの罹患率のような生物学的側面への包括的セクシュアリティ教育の影響を強く証明できるほどの質の高い研究は、特に長期的な研究などにおいては難しい（Fonner et al., 2014; Lopez et al., 2016; Oringanje et al., 2009）。

　レビューは、包括的であり、明確な目的があるなど、「効果的」と定義される包括的セクシュアリティ教育の特徴をもつカリキュラム（p.188表4参照）の場合、若者の健康に望ましい結果を残していることが判明した。これらのレビューからもわかるように、学校を中心としたセクシュアリティ教育は、若者が自らの性や生殖に関する未来について学び、形づくる手助けとなることを目的としたホリスティックな戦略の一つであるべきであり、学校、地域、ヘルスサービス、家族（households/families）を含む複合的環境に位置づけられるべきである。

　特に学校を中心としたセクシュアリティ教育と、学外のコンドームの配布などの若者向けサービスとの連携のような複数の取り組みの有用性は、質の高い科学的根拠によって裏付けられている。学校を中心とした包括的セクシュアリティ教育は、HIVの予防や若者の健康・権利そのものを支援するには十分でないが、重要な位置を占めており、またコスト面でも最も効率のよい戦略であることに変わりはない

（UNESCO, 2011a）。

　多くの研究が健康への影響に焦点を当てている中、包括的セクシュアリティ教育への理解の深まりが、この「ガイダンス」で再定義された、ジェンダーに公正な態度や自信または自己認識（self-identity）のような幅広い成果に、これらの教育が貢献しうることを明らかにしている。システマティックレビューの所見に加え、2016年のレビューでは、包括的セクシュアリティ教育、特に低・中所得の地域のそれが包括的基準（例えば非無作為的、非統制的、質的な研究など）をもたずにいた多くの研究が評価したことに注目している。これらの研究結果は、セクシュアリティ教育の開発、実施、評価の専門家の意見とも一致し、以下を含む健康上の結果を超えた変化への貢献における包括的セクシュアリティ教育プログラムの効果の可能性を示している。例えば、ジェンダーに基づいた、および親密なパートナーによる暴力と差別を予防・抑制すること、ジェンダーに公平な規範や自己効力感と自信を拡充すること、より強固で健康的な関係性を構築することである。これまでのところ、これらのタイプの健康以外の結果を評価する厳密な研究は限られている。

　健康以外の結果についてのこの新たな研究分野に関連して、望ましい包括的セクシュアリティ教育が有効な結果をもたらすものとして、ジェンダー規範と暴力の影響への認識が高まったことである。いくつかの研究は、特に女子や若い女性が性的なリスクについての新たな知識に基づいて行動する能力を含むプログラムにジェンダーと権力規範がどのように影響しているかについて分析する必要性に焦点を当てている。これは、知識と態度と同様、制限的なジェンダー規範を特定し、それに取り組むことの重要性を強調している。同様に、評価では、包括的セクシュアリティ教育の有効性において暴力が果たす可能性のある役割を考慮することが重要である（Mathews et al., 2012; UNESCO, 2016b）。

　評価研究の選択基準、レビュー方法に関するより詳細な情報、また2016年の科学的根拠のレビューで一部言及された研究結果のすべての一覧は、付録Ⅳ「評価研究およびレビュー方法の選択基準」と、付録Ⅴ「エビデンスレビュー2016の一部として参照した研究」を参照のこと。

主な研究結果のまとめ

- 学校内外にかかわらず、セクシュアリティ教育は、性行為やリスクの高い性的行動を起こす率、または性感染症やHIVの罹患率を増加させない（UNESCO, 2009; Fonner et al., 2014; Shephred et al., 2010）。

- セクシュアリティ教育は、若者の知識の向上や、性と生殖に関する健康にかかわる態度と行動の向上を含む、ポジティブな効果がある（UNESCO, 2016b）。研究を重ねてきたほとんどのセクシュアリティ教育プログラムは、セクシュアリティ、妊娠またはHIVとその他の性感染症のリスクのさまざまな側面についての知識を増加させる。

- 禁欲のみを促進するプログラムは、初交年齢を遅らせたり、頻繁な性行為を減少させたり、パートナーの数を減少させるのには効果がないことが明らかとなった。性行為を遅らせることへの焦点化と、コンドームまたは避妊具の使用に関する内容を組み合わせたプログラムが効果的である（Kirby, 2007; Underhill et al., 2007; UNESCO, 2009; Fonner et al., 2014）。

- 妊娠の予防と性感染症およびHIV予防の両方に対応しているプログラムは、どちらかのみに重きを置いたプログラムより効果的である。例えば効果的な避妊具やコンドームの使用が増加し、コンドームなしの性行為の報告が減少している（Lopez et al., 2016; UNESCO, 2016c）。

- 包括的セクシュアリティ教育プログラムで権利に基づいたアプローチを明確に使用することは、性的な関係性における自分の権利に関する知識の増加や、性や関係性について親とコミュニケーションをとることの増加、リスクの高い状況下に対応できる、より高い自己効力感の増大などを含む、知識や態度にポジティブであることといった短期的な効果につながる。また、心理社会的およびいくつかの行動の結果にも、長期的で著しいポジティブな効果が見られる（Constantine et al., 2015b; Rohrbach et al., 2015; UNESCO, 2016c）。

- ジェンダーに焦点を当てたプログラムは、意図しない妊娠または性感染症罹患率の減少といった健康上の結果において、

「ジェンダーをまったく無視した」プログラムより実質的に効果がある。これは、ジェンダーにかかわる社会的・文化的規範に関して生徒が問題意識をもつことをサポートしたり、ジェンダーに公平な態度を育成したりするというような変化をもたらす力のある内容および授業方法を取り入れた結果である（Haberland and Rogow, 2015）。

●効果的なカリキュラムが意図したとおりに提供される場合、忠実に実施されたプログラムは、オリジナルのデザイン、内容または伝え方に忠実ではないプログラムより、若者の健康にとってポジティブな効果となる可能性は極めて高い（Michielsen et al., 2010; Shepherd et al., 2010; Wight, 2011）。プログラムを変更すること（例えば、適応させる過程で）は、効果を低下しうることが科学的に示されている。このような危険な適応には、セッションの数または長さの減少、積極的な参加の低下、重要となるメッセージまたはスキルの排除、トピックの完全な削除、理論的なアプローチの変更、訓練が十分でなく資格のないスタッフやボランティアでの実施、または推奨されるよりも少数のスタッフでの実施が含まれる（O'Connor et al., 2007）。しかしながら、言語や画像または文化的背景への言及のような適応は、効果に影響しない。

●ある状況から別の状況に移された効果的な教育的介入は、それが異なる状況で実施されたとしても、知識、態度または行動にポジティブな効果がある（Fonner et al., 2014; Kirby et al., 2006）。これは、ある国または文化で効果的であると判明した適切に計画された心理社会的および行動的介入は資源の状況が高いところから低いところに調整されたとしても、異なる文化的背景においてうまく再現できることを明らかにした他分野の研究結果とも合致している（Gardner et al., 2015; Leijten et al., 2016）。

●セクシュアリティ教育プログラムは、リスクの高い性的行動（無防備なセックスのような）を避けるための知識やスキル、意識を向上させ、医療サービスを使う意識も向上させることがわかっている。しかしその一方で、社会的規範やジェンダー規範、暴力の経験、サービスへのアクセスに対する障壁など、その他

表1. 2008 年と 2016 年の科学的根拠のレビューの主な特徴

2008 年の科学的根拠のレビュー	2016 年の科学的根拠のレビュー
● 意図しない妊娠または HIV を含む性感染症を減らすように設計されたプログラムに焦点を当てている。レビューに加えられたプログラムは、若者のさまざまなニーズや、かれらの情報を得る権利に対応した設計ではなかった。 ● カリキュラムに基づくプログラムのレビューに焦点が当てられており、プログラムの 7% が学校で実施されており、残りはコミュニティやクリニックで実施されたものであった。 ● 87 の研究のレビューに基づいている。29 の研究が開発途上国、47 の研究がアメリカ合衆国、11 の研究が他の先進国で行われたものであった。 ● 5 〜 24 歳の子どもと若者に焦点を当てている。	● 10 〜 24 歳の若者の性と生殖に関する健康の向上を目的とした研究の体系的なレビューと、5 〜 18 歳が対象の学校におけるカリキュラムを基盤としたセクシュアリティ教育プログラムの、ランダム化比較試験（RCTs）による科学的根拠の結論に基づいている。 ● 合計 22 の関連した体系的なレビュー、関連しうる 70 以上のランダム化比較試験（RCTs）、65 の出版物およびオンライン資料からの多くの非試行情報を含んでいる。 ● 幅広い地域の、刊行された最新の研究を含む。RCTs と関連しうる 70 の研究の半分以上は、低・中所得国での試験のレビューであり、分析した 22 のレビューのほとんどは、特にサハラ以南アフリカの相当数の低・中所得国に関連した試験を一定数含んでいる。 ● 5 〜 24 歳の子どもや若者に焦点を当て、学校を基盤とした介入同様、系統的なレビューで分析された学外の介入も含むように、初版ガイダンスの範囲を拡大している。

の要因は、多くの若者がより安全な性的行動をとることを極めて困難にしている（UNESCO, 2009）。

● セクシュアリティ教育は、学校を基盤としたプログラムが、コンドームの配布、若者向け保健サービスの提供者へのトレーニング、親や教員の参画といったコミュニティ的な要素によって補完されているときに、最も強い影響がある（Chandra-Mouli et al., 2015; Fonner et al., 2014; UNESCO, 2015a）。複合的プログラム、とりわけ学校を基盤としたセクシュアリティ教育と学外の若者向け保健サービスを結びつけたプログラムは、特に学校に通わない者を含む、周縁化された若者にとって重要である（UNESCO, 2016c）。

4.3　科学的根拠のレビューの限界

UNESCO の委託により実施された科学的根拠のレビューには、包括的セクシュアリティ教育プログラムの効果について一般的な提言を出すことを困難とするいくつかの限界がある（UNESCO, 2009; UNESCO, 2016c）。

表 2. 科学的根拠のレビューの限界

2008 年の科学的根拠のレビューの限界	2016 年の科学的根拠のレビューの限界
● 開発途上国で実施された研究が十分ではなかった。 ● いくつかの研究はプログラムの説明が不十分なままであった。 ● ゲイ、レズビアンまたはその他の同性と性的行動をする若者のためのプログラムを調査した研究がなかった。 ● いくつかの研究は最低限、許容されるような評価基準しかなく、多くは統計的に不十分であった。大半は複数の有意差検定に適応していなかった。 ● 性感染症や意図しない妊娠の率への影響を測定した研究はわずかであり、また性感染症または意図しない妊娠の率のバイオマーカー（生物学的指標）による測定はより一層少なかった。 ● 最後に、内在化したバイアスが研究の発表に影響を与えていた。例えば研究者はポジティブな結果がかれらの理論を支えるときに、より研究を公開しようとする。さらにプログラム事業や学術誌はより結果がポジティブである場合に、より論文を受理する傾向にある。	● 包括的セクシュアリティ教育プログラムのさまざまな側面を測定し、健康以外の面での科学的根拠を提供する、無作為で、何もコントロールされていない、かつ質的調査による、適切な研究が特に低・中所得国にない。 ● 包括的セクシュアリティ教育が、生涯にわたる有用な知識やスキルの構築を期待されているにもかかわらず、多くの検証は、例えば 1 年の介入といった短期間のフォローアップ評価のみが実施されたものである（Hindin et al., 2016; Shepherd et al., 2010）。しかしながらプログラムが短期的な効果を示すことを期待するのは、論理性に欠ける可能性が高い。同様に、長期間の包括的セクシュアリティ教育の影響の科学的根拠が欠如している。 ● 検証するために使われる方法の質は、他の状況や母集団にどれだけ一般化しうるかといった検証結果の信頼性に影響を与える。 ● 個々の構成要素の効果を正確に評価することは、質の高い検証をしている公開された論文においてこの情報が欠落しているため、難しい。 ● 2008 年の科学的根拠のレビューと同様に、内在化したバイアスは研究の公開に影響を与える。

4.4　今後、私たちに必要な科学的根拠は何か?

　この 10 年で、包括的セクシュアリティ教育の根幹となる科学的根拠が著しく進歩しているが、今後さらに注目されるべき分野がある（UNESCO, 2016c; UNESCO, 2009）。それは以下の内容を含む。

● セクシュアリティ教育の実践者や専門家の多くが、包括的セクシュアリティ教育プログラムは性的行動を変える以上の力があると信じている。例えば、包括的セクシュアリティ教育は長期的には健康の改善、親密な関係性におけるジェンダーを基にした暴力の抑制、差別の解消、ジェンダーに公正な規範の拡大に貢献しうる。加えて包括的セクシュアリティ教育プログラムは、若者を自らの権利を主張する力をもった地球市民としてエンパワーメントする。世界中で、とりわけ中・低所得国における包

括的セクシュアリティ教育プログラムの影響の評価が求められているが、こうしたタイプを評価する厳密な研究は非常に限られている。

● 科学的根拠のレビューには、文脈上かつ実施上の要因と影響を明確にするために、公的かつ参加型の、量的ならびに質的な過程を含んでいるため、全体的包括的評価を含めるべきである。

● 低・中所得国において、より質の高い、無作為に比較対照された包括的セクシュアリティ教育プログラムの評価は、複数の構成要素をもつプログラムの分析のために必要である（ここには学校とコミュニティといった要素も伴う）。

● 全体的に、教員の有効性や生徒の学習効果を含む、効果的なカリキュラムの設計と実施に関する、より多くの研究が必要である。

● 身体的認知的な障がいのある若者や、HIVと共に生きる若者、LGBTIの若者を含む、すでに社会で周縁に置かれているグループを対象とした、包括的セクシュアリティ教育カリキュラムの効果に関しては限られた情報しかない。

● 暴力防止を構成要素または重要な特徴としている研究の体系的なレビューはほとんどない。親密な関係におけるパートナーからの暴力とHIV（診断の前後にかかわらず）の高い相関関係、ならびに子どもへの暴力の生涯にわたるネガティブな影響との相関関係を考えると、早急に緊急な対応が必要である。

● 性と生殖に関する健康に対する包括的セクシュアリティ教育の長期的な有効性についての、長期に追跡した科学的根拠となる研究が必要である。

● 包括的セクシュアリティ教育の潜在的な需要の可能性と、若者向けの性と生殖に関する健康と権利のサービスや役に立つ製品の提供との関連性を実証するための科学的根拠を生み出す必要がある。

キーコンセプト、トピック、
学習目標

5

この章ではキーコンセプト、トピック、学習内容について包括的に扱っており、5〜18歳程度の若者を対象に、地域にあった形で包括的セクシュアリティ教育を実行するためのガイドとなることを目指している。初版の「ガイダンス」（UNESCO, 2009）と、行動や習慣を変えるためのカリキュラムの実施で得た科学的根拠をベースに、専門家の視点や国レベル・地域レベルでできるセクシュアリティ教育の枠組みなども取り入れている。

5.1　目標、年齢グループ、構成

到達目標

初版のキーコンセプト、トピック、学習目標の更新には、今回新たに追加されたものも含め、特に12の国[3]で既存のカリキュラムを研究調査したもの（UNESCO, 2017c）、科学的根拠のレビュー（UNESCO, 2009, UNESCO, 2016c）、各地域・国のセクシュアリティ教育の手引（ガイドライン）（付録VIIを参照）、本分野にかかわるデータベースやウェブサイト、専門家・生徒・教師への詳細なインタビュー（付録IIIを参照）、2009年と2016年に開催された国際専門家会議などが大きな役割を果たした。UNAIDS、UNDP、UNESCO、UNFPA、UNICEF、UN Women、およびWHOの職員も、キーコンセプト、トピック、および例示的な学習目標への意見を提供しており、これらは包括的セクシュアリティ教育諮問グループのメンバーによって精査されている（付録IIを参照）。

本章で提供されるガイダンスは、包摂、尊敬、平等、共感、責任、相互性などの価値を、普遍的な人権と密接に関連するものとして強調する権利ベースのアプローチを採用している。また、ジェンダー平等を推進することは若者の性の健康とウェルビーイング（幸福）にとって重要である、という理解に基づいている。最後に、指導の焦点を生徒に置くことで、「ガイダンス」は教育における学習者中心のアプローチを推進している。

キーコンセプト、トピック、学習目標には、子どもや若者が、知識

3　ボツワナ、エチオピア、インドネシア、ジャマイカ、ケニア、ナミビア、ナイジェリア、南アフリカ、タンザニア、タイ、アメリカ、ザンビア。

や態度、スキルをもつことで、かれらが、自らの健康やウェルビーイング（幸福）、自尊心について認識すること、自らの選択が他者のウェルビーイング（幸福）に与える影響について考えること、自身の権利を理解しそれに基づいて行動すること、他者の権利を尊重することといった到達目標がある。そしてそれらは以下のようなことによって実現される。

- セクシュアリティの認識的、感情的、身体的、社会的側面について、科学的に正しい情報、徐々に増大する情報、年齢と発達に適切な情報、ジェンダーに敏感な情報、文化に関連した情報、変化をもたらす情報を提供すること。
- 性的および社会的関係に影響を与える価値観、態度、社会的および文化的規範、権利を探求する機会を若者に提供すること。
- ライフスキルの習得を促進すること。

年齢グループ

本章は、以下に挙げる8つの中心的なキーコンセプトで構成されており、それらは、初等教育、中等教育レベルの学習者を意図して四つの年齢グループ（5〜8歳、9〜12歳、12〜15歳、15〜18歳以上）に分けられている。学習目標は、論理的に段階づけられており、より若年の生徒のためには、特に基本的な情報を含み、高度な認知能力を必要とする課題や複雑なアクティビティは少ない。

第2、第3の年齢グループでは、同じクラスの中にさまざまな年齢の学習者がいることを考慮して、部分的に重なる内容を意図的に設定している。最後の15〜18歳以上の年齢グループでは、中等教育レベルで18歳より年上であるかもしれない学習者もおり、また、そのトピックと学習目標は高等教育を受けるさらに成熟した学習者にとっても活用できるように考えられている。多くの若者が初等教育や中等教育においてセクシュアリティ教育を受けてこなかったということから、高等教育の学習者には年齢を重ねていても、「ガイダンス」は有益である。また、この「ガイダンス」は、学校を基盤としたセクシュアリティ教育の恩恵にあずかっていない、学校に通っていない子どもや若者に対する教育においても活用することができる。

上記の年齢グループの学習者と話し合うすべての情報は、学習者の認知能力に見合ったものでなければならず、そこには知的障がいや学習障がいの子どもや若者も含まれるべきである。いくつかのコミュニティでは、教室にさまざまな年齢の学習者がいることは、教員にとって特別なことではない。学校に通いはじめるのが遅かったり、そのために発達段階が異なったり、考慮すべき既存の知識、態度、スキルのレベルが異なる学習者もいる。

　加えて、子どもと若者たちの性と生殖に関する健康へのニーズや関心は、性的な第一歩を踏み出す年齢と同様、国や社会によって異なるように、地域によっても相当に異なる。このことは、カリキュラムや教材、プログラム開発にあたり、それぞれの学習目標がどの年齢に当てはまるかの認識に影響するだろう。また、一つのクラスにいる学習者たちがさまざまに異なった性的経験をもっているという教師の認識にも影響を及ぼすだろう。したがって、学習目標は、子どもや若者とセクシュアリティについて議論することにおける個人的な不快感や感覚的な抵抗ではなく、学習者の現実に即したもので、利用可能なデータや科学的根拠に基づいたものであるべきである。セクシュアリティ教育における論文や調査は、こういう姿勢に対する抗議はあるとしても、センシティブな課題に取り組む必要性を強調している。セクシュアリティは、他の教科と異なり、強い感情を引き起こしやすい（UNESCO, 2016b）。しかし、子どもは幼い頃から、自らのからだ、心情、関係性について話し、理解するための言葉や能力を獲得することが不可欠なのである。

構成

　「ガイダンス」には8つのキーコンセプトがある。これらは、同等に重要で、相互に補強し合い、それぞれのコンセプトは他のコンセプトと一緒に教えられるよう意図されている。

　トピックは、スパイラル型カリキュラムアプローチを使って、複合性を増し、それ以前の学習に積み上げながら幾度となく繰り返される。

1. 人間関係
2. 価値観、人権、文化、セクシュアリティ

3. ジェンダーの理解

4. 暴力と安全確保

5. 健康とウェルビーイング（幸福）のためのスキル

6. 人間のからだと発達

7. セクシュアリティと性的行動

8. 性と生殖に関する健康

　これらのキーコンセプトは、さらに二つから五つのトピックに分かれ、それぞれの年齢グループごとのキーアイデアと**知識、態度、スキルを基盤とした学習目標**で構成されている。

　知識は学習者にとって重要な基礎を提供し、また、**態度**は、若者が自分自身やセクシュアリティ、世界の理解を形成する手助けとなる。同時に、コミュニケーションすること、聞くこと、拒否すること、意思決定すること、交渉することといった**スキル**は、学習者が行動を起こすことを可能にする。具体的には、対人関係、批判的思考、自意識の形成、共感する力の発達、信頼できる情報あるいはサービスへのアクセス、スティグマや差別への挑戦、権利のための主張である。

　学習目的の中に示されている、**知識、態度、スキルの構築**という、特徴的な学習の３領域は、必ずしも段階的なものではなく、むしろ、相互的で互いに補強し合うプロセスであり、キーアイデアについて学び、再考し強化するための多様な機会を学習者に提供することを表している。この章で提示している学習目標は、トピックにおいても学習の領域全体においても、規範的、網羅的なものではなく、事例の形で慎重に提示されている。**学習の３領域すべての連結は、若者をエンパワーメントすること**や効果的な包括的セクシュアリティ教育**にとって重要である**。このガイダンスは、明示されたすべてのトピックにおける学習目標のそれぞれの類型を整然と示しているわけではない。したがって、カリキュラム開発者には、３領域すべての学習目標のバランスを維持することが求められている。

　示されている学習目標は、地域レベルのカリキュラム開発者によって解釈され、地域的文脈や既存の国・地域のスタンダードや枠組みに基づいてその重要性がはかられる。**ガイダンスは、自主的なもので強制されるものではなく、国際的な科学的根拠や実践に基づいており、**

セクシュアリティ教育が実施されているそれぞれの国の状況の多様性を認めている。その結果、ある国においては受け入れられ、他の国では受け入れられない課題や内容がある。各国は人権や包摂、非差別といった考え方を尊重しながら、適切に判断する権限をもつ。

　社会的、文化的規範や疫学的文脈といったニーズや国あるいは地域的な特徴を基盤に、学習目標に基づいた授業は、より早い年齢グループもしくは年上のグループの中で行うように調整できる。しかしながら、発達心理学で認識されヨーロッパにおけるセクシュアリティ教育スタンダート（WHO Regional Office for Europe and BZgA, 2010）に反映されているように、ほとんどの専門家は、子どもや若者が、より早期に、より包括的にセクシュアリティや性的健康に関する情報を求め、必要としていることを確信している。さらに、学習目標は年齢や能力の発達に伴い、徐々に認識的に高度になっていくよう構成されている。より年齢の高い学習者がプログラムを始める場合、スキルや態度の形成を可能にする基盤となる適切な知識の習得を保障するため、より低い年齢レベルのトピックや学習目標をカバーする必要がある。

5.2 キーコンセプト、トピック、学習目標の全体像

キーコンセプト1
人間関係

トピック：
1.1 家族
1.2 友情、愛情、恋愛関係
1.3 寛容、包摂、尊重
1.4 長期の関係性と親になるということ

キーコンセプト2
価値観、人権、文化、セクシュアリティ

トピック：
2.1 価値観、セクシュアリティ
2.2 人権、セクシュアリティ
2.3 文化、社会、セクシュアリティ

キーコンセプト3
ジェンダーの理解

トピック：
3.1 ジェンダーとジェンダー規範の社会構築性
3.2 ジェンダー平等、ジェンダーステレオタイプ、ジェンダーバイアス
3.3 ジェンダーに基づく暴力

キーコンセプト4
暴力と安全確保

トピック：
4.1 暴力
4.2 同意、プライバシー、からだの保全
4.3 情報通信技術（ICTs）の安全な使い方

キーコンセプト5
健康とウェルビーイング（幸福）のためのスキル

トピック：
5.1 性的行動における規範と仲間の影響
5.2 意思決定
5.3 コミュニケーション、拒絶、交渉のスキル
5.4 メディアリテラシー、セクシュアリティ
5.5 援助と支援を見つける

キーコンセプト6
人間のからだと発達

トピック：
6.1 性と生殖の解剖学と生理学
6.2 生殖
6.3 前期思春期
6.4 ボディイメージ

キーコンセプト7
セクシュアリティと性的行動

トピック：
7.1 セックス、セクシュアリティ、生涯にわたる性
7.2 性的行動、性的反応

キーコンセプト8
性と生殖に関する健康

トピック：
8.1 妊娠、避妊
8.2 HIVとAIDSのスティグマ、治療、ケア、サポート
8.3 HIVを含む性感染症リスクの理解、認識、低減

キーコンセプト 1
人間関係

トピック

1.1 家族

学習目標（5〜8歳）

キーアイデア 世界にはさまざまな家族の形がある

学習者ができるようになること

・家族のさまざまな形（例：ふたり親の家族、ひとり親の家族、世帯主が子どもの家族、世帯主が後見人の家族、拡大家族、核家族、非伝統的家族）を説明する（知識）

・家族のさまざまな形に対する尊重を表現する（態度）

・家族のさまざまな形に対する尊重を表現する方法を実際にやってみる（スキル）

キーアイデア 家族のメンバーは異なるニーズと役割をもっている

学習者ができるようになること

・家族のメンバーの異なるニーズ、役割を明らかにする（知識）

・家族のメンバーが（時にそうしたくなかったり、できなかったりすることもあるが）たくさんの方法で互いに助け合っている方法を的確に認識する（態度）

・一人ひとりのニーズや役割について家族の中で伝え合う（スキル）

キーアイデア ジェンダー不平等は家族メンバーの役割や責任に影響することがある

学習者ができるようになること

・家族の中における男性と女性の役割と責任の違いを列挙する（知識）

・それらの違いが家族一人ひとりのできること、できないことにどのように影響を及ぼしているかを説明する（知識）

・ジェンダー不平等が家族の中でそれぞれの役割や責任に影響していることに気づく（態度）

・家族の中における男性と女性の役割と責任について、自らの役割や感情を省察する（スキル）

5
キーコンセプト、トピック、学習目標

> **キーアイデア** 家族メンバーは子どもたちに価値観を教えることにおいて重要である

> **学習者ができるようになること**

- 価値観とは何かを明らかにする（知識）
- 自分や自分たちの家族が大切にしている価値観を列挙する（知識）
- 家族メンバーの価値観は子どもの価値観に影響していることを認識する（態度）
- 個人の価値観を表現する（スキル）

学習目標（9〜12歳）

> **キーアイデア** 親／保護者、他の家族メンバーは子どもが価値観を獲得するのを助け、子どもの決定を導きサポートする

> **学習者ができるようになること**

- 親／保護者、他の家族メンバーが子どもの意思決定をサポートする方法について説明する（知識）
- 親／保護者、他の家族メンバーが自分の意思決定に影響を及ぼしていることを認識する（態度）
- 家族の価値観が自分の決定をどのように導いているかを省察する（スキル）

> **キーアイデア** 家族は自分の役割や責任を通じてジェンダー平等を促進できる

> **学習者ができるようになること**

- 家族一人ひとりの役割、権利、責任について明らかにする（知識）
- 自分たちの役割や責任を通してジェンダー平等をサポートできる方法を列挙する（知識）
- 家族の一人ひとりが家族の中のジェンダー平等を促進できることを認識する（態度）
- 家族における平等な役割と責任へのサポートを表現する（スキル）

> **キーアイデア** 健康や病気は構成や受容力、責任のあり方の面で家族に影響を及ぼす

学習者ができるようになること

・健康や病気が家族メンバーの役割や責任に及ぼす影響を説明する（知識）

・健康や病気が、どのように家族が機能するかに影響を及ぼすということを認識する（態度）

・病気になった家族への共感をはっきりと示す（スキル）

学習目標（12～15歳）

> **キーアイデア** 成長とは、自分と他者に対する責任をとれるようになることを意味する

学習者ができるようになること

・成長する中で生じる、自分と他者に対する新たな責任を明らかにしたり調べたりする（知識）

・成長するにつれ自分の世界や感情は家族の枠を超えて広がり、友人や仲間が非常に重要になることを認識する（態度）

・新たな責任や人間関係を見極め、受け止める（スキル）

> **キーアイデア** 親／保護者と子どもの間で衝突や誤解があることは、特に思春期では当然で、たいていそれらは解決可能である

学習者ができるようになること

・親／保護者と子どもの間でよく起こる衝突や誤解を列挙する（知識）

・親／保護者との衝突や誤解を解決する方法を説明する（知識）

・親／保護者との衝突や誤解があることは、特に思春期では当然で、たいていそれらは解決できるということを認識する（態度）

・親／保護者との衝突や誤解を解決するための手段を使う（スキル）

> **キーアイデア** 愛情、協力、ジェンダー平等、相互ケア、互いに尊重することは、健康的な家族の機能や人間関係において重要である

学習者ができるようになること

・健康的な家族の機能の特徴を明らかにする（知識）

・なぜそれらの特徴が健康的な家族の機能において重要なのかの根拠を示す（態度）

・健康的な家族の機能に対する自分の貢献を見極める（スキル）

学習目標（15 〜 18 歳以上）

キーアイデア 性的関係や健康問題は家族関係に影響しうる

学習者ができるようになること

・家族のメンバーが、何かセンシティブなこと（HIV陽性ステータス、妊娠、結婚、お見合いの拒否、性的虐待経験、幸せな性的関係にあることなど）を明らかにした際、家族一人ひとりの役割や関係性がどのように変化するのかを見極める（知識）

・性的関係や健康に関する情報を明らかにしたり共有したりする際に、自分たちの役割や関係性がどのように変化するのかを省察する（スキル）

キーアイデア 性的関係や健康問題に関する情報を共有したり明らかにしたことにより困難に直面したとき、若者や家族が頼ることのできるサポートシステムが存在する

学習者ができるようになること

・性的関係や健康に関する情報を明らかにしたり共有したりした若者を、きょうだい、親／保護者、その他の家族がどのようにサポートできるのかを説明する（知識）

・家族が互いを尊重しながらサポートし合えば、困難を乗り越えられることを認識する（態度）

・援助を必要とする若者自身や家族のメンバーをサポートするため、確かで信頼性のあるコミュニティ資源にアクセスする（スキル）

1.2 友情、愛情、恋愛関係

学習目標（5〜8歳）

キーアイデア 友情にはさまざまな形がある

学習者ができるようになること

・友だちとは何かを明らかにする（知識）

・友情を大切にする（態度）

・ジェンダー、障がいの有無、健康状態は友だちになるうえで障壁にはならないことを認識する（態度）

・多様な友情を築く（スキル）

キーアイデア 友情は信頼、共有、尊重、共感、連帯に基づく

学習者ができるようになること

・友情の重要な構成要素（信頼、共有、尊重、共感、連帯など）を説明する（知識）

・友情の重要な構成要素に基づいた友人関係の構築を提案する（態度）

・信頼、尊重、理解を友だちに表現し共有する方法を実際にやってみる（スキル）

キーアイデア 人間関係はさまざまな愛情の形（友だちとの愛情、親との愛情、恋愛パートナーとの愛情など）を含むもので、愛情はさまざまな方法で表現することができる

学習者ができるようになること

・愛情のさまざまな形や、愛情の表現の仕方を明らかにする（知識）

・愛情はさまざまな方法で表現できることを認識する（態度）

・友だち間で愛情を表現する（スキル）

キーアイデア 健康的な、および健康的でない人間関係がある

学習者ができるようになること

・健康的な、および健康的でない人間関係の特徴を列挙する（知識）

・よいタッチと悪いタッチについて明らかにする（知識）

・健康的な、および健康的でない友情があることに気づく（態度）

・健康的な友だち関係を築き、継続する（スキル）

学習目標（9 〜 12 歳）

キーアイデア 友情や愛情は自分自身をポジティブに捉える助けになる

学習者ができるようになること

・友情や愛情がもたらす恩恵を列挙する（知識）

・友情や愛情は幸福感を与えてくれることを認識する（態度）

・他者に幸福感を与えるような友情や愛情を表現する（スキル）

キーアイデア 子どもが思春期を迎えると、友情や愛情はさまざまに表現される

学習者ができるようになること

・成長する中で友情や愛情を他者に表現する際にさまざまな形があることを説明する（知識）

・他者に友情や愛情を表現するたくさんの方法があることを認識する（態度）

・成長する中で自分の友情や愛情を表現する方法が変化することを省察する（スキル）

キーアイデア 人間関係における不平等は個人的な人間関係にネガティブな影響を与える

学習者ができるようになること

・人間関係における不平等が個人的な人間関係に影響を及ぼす方法（ジェンダー、年齢、経済的立場、力の相違などによって）について探究する（知識）

・より平等な役割が、どのように健康的な人間関係に貢献できるか分析する（知識）

・人間関係における平等性がいかに健康的な人間関係の一部として位置づくのかを認識する（態度）

・人間関係の中で公平な役割を取り入れる（スキル）

学習目標（12 ～ 15 歳）

> **キーアイデア** 友だちは他者にポジティブにもネガティブにも影響を与えうる

学習者ができるようになること

- いかにして友だちがポジティブにもネガティブにも影響を与えうるのかを比較する（知識）
- 友だちは他者の行動にポジティブにもネガティブにも影響を与えうることを認識する（態度）
- 友だちからネガティブな影響を受けることを防ぐ方法を実際にやってみる（スキル）

> **キーアイデア** 人間関係にはさまざまな形がある

学習者ができるようになること

- 人間関係のさまざまな形を明らかにする（知識）
- 愛情、友情、夢中になるといった感情と、性的魅力を感じることを区別する（知識）
- 親密な人間関係が時としてどのように性的なものになるのかを議論する（スキル）
- さまざまな人間関係の形に伴う感情をうまく扱う方法を実際にやってみる（スキル）

> **キーアイデア** 恋愛関係は力の不平等や差異（ジェンダー、年齢、経済的立場、社会的地位、健康状態など）に強く影響されやすい

学習者ができるようになること

- 力の不平等や差異がいかに恋愛関係にネガティブに影響を及ぼすかを分析する（知識）
- ジェンダー規範やジェンダーステレオタイプがいかに恋愛関係に影響を及ぼすかを再認識する（知識）
- 人間関係における力の不平等や差異が有害になりうることを認識する（態度）
- 人間関係における力の平等やバランスに問題意識をもつ（スキル）

79

学習目標（15 ～ 18 歳以上）

キーアイデア 健康的な性的関係と健康的でない性的関係がある

学習者ができるようになること

- 健康的な性的関係と健康的でない性的関係の特徴を比較する（知識）
- 性的関係は健康的なものにも健康的でないものにもなりうることに気づく（態度）
- 健康的でない性的関係を防ぐ方法を実際にやってみる（スキル）
- 誰が信頼できるおとなかを明らかにし、もし健康的でない関係性にある場合、助けを求められる場にどのようにアクセスすればよいかを実際にやってみる（スキル）

キーアイデア 成熟した個人として親愛や愛情を表現するさまざまな方法がある

学習者ができるようになること

- 健康的な性的関係の中で親愛を表現するさまざまな方法を説明する（知識）
- 性的行動は愛情を表現するうえで必ずしも必要ではないことを認識する（態度）
- 適切な方法で親愛や愛情を表現する（スキル）

1.3 寛容、包摂、尊重

学習目標（5〜8歳）

キーアイデア すべての人間は個々に異なりそれぞれにすばらしく、社会に貢献できる存在であり、尊重される権利がある

学習者ができるようになること

- 他者と公平に、平等に、尊厳と尊重をもって向き合うことの意味を説明する（知識）
- 個々の違いを超えてすべての人が社会に貢献している例を明らかにする（知識）
- 他者へのからかいが有害となる例を列挙する（知識）
- すべての人は個々に異なりそれぞれにすばらしく価値があり、尊厳と尊重をもって接せられる権利をもつことを認識する（態度）
- 他者に寛容、包摂、尊重を表現する方法を実際にやってみる（スキル）

学習目標（9〜12歳）

キーアイデア スティグマや差別は有害である

学習者ができるようになること

- スティグマや差別の意味を明らかにし、それがどのように有害であるのかを明らかにする（知識）
- 自分に内面化されたスティグマ（沈黙、拒絶、秘密主義など）とその結果を説明する（知識）
- 一般的に、スティグマや差別を経験している人を援助するためのサポートの仕組みがあることを再認識する（知識）
- 他者に寛容、包摂、尊重を表現することの重要性を認識する（態度）
- スティグマや差別に晒されている人たちへのサポートを提示する（スキル）

キーアイデア 社会的、経済的および健康状態や、民族性、人種、出自、性的指向、ジェンダーアイデンティティ、その他の差異などを理由に誰かにハラスメントやいじめをすることは相手の尊厳を否定し傷つけることである

学習者ができるようになること

- ハラスメントといじめの意味を説明する（知識）

- 他者へのハラスメントやいじめがなぜ他者を傷つけ尊厳を否定することなのかを説明する（知識）
- すべての人がいじめやハラスメントに反対する声を上げる責任をもっていることを認識する（態度）
- ハラスメントやいじめに対抗する方法を実際にやってみる（スキル）

学習目標（12〜15歳）

キーアイデア 人との差異（HIV、妊娠や健康の状態、経済的立場、民族性、人種、出自、ジェンダー、性的指向、ジェンダーアイデンティティ、その他の差異など）を理由にしたスティグマや差別は、人の尊厳を否定し、ウェルビーイング（幸福）に有害で、人権侵害である

学習者ができるようになること

- スティグマ、差別、偏見、先入観、不寛容、排除の概念を再認識する（知識）
- 人の性と生殖に関する健康と権利におけるスティグマや差別がもたらす結果を調べる（知識）
- すべての人がスティグマや差別を受ける人たちを守る責任があることを認識する（態度）
- 包摂、非差別、多様性の重要性を的確に認識する（態度）
- スティグマや差別を経験した際にサポートを探し出す（スキル）
- 包摂、非差別、多様性の尊重のために声を上げる（スキル）

学習目標（15〜18歳以上）

キーアイデア スティグマや差別に異議を唱え、包摂、非差別、多様性を促進することは重要である

学習者ができるようになること

- スティグマや差別が、個人、コミュニティ、社会にどのようにネガティブな影響をもたらすかを分析する（知識）
- スティグマや差別を禁止する既存の法律をまとめる（知識）
- 「区別」と思われている差別に立ち向かうことの重要性を認識する（態度）
- 排除されている人々へのサポートを表現する（スキル）
- スティグマや差別に反対し、包摂、非差別、多様性の尊重のために主張をする（スキル）

1.4 長期の関係性と親になるということ

学習目標（5～8歳）

キーアイデア さまざまな家族構成と結婚観がある

学習者ができるようになること
・「家族」「結婚」の概念を説明する（知識）
・結婚するまでのさまざまなあり方を列挙する（結婚するパートナーを選ぶ、お見合い結婚をするなど）（知識）
・結婚は、別居、離婚や死別などで終わりを迎える場合があることを再認識する（知識）
・家族構成や結婚するまでのあり方はそれぞれ異なるが、それぞれに価値があるということを認識する（態度）

学習目標（9～12歳）

キーアイデア 児童・早期・強制婚（CEFM）は有害で、大多数の国で違法である

学習者ができるようになること
・CEFMの意味を明らかにする（知識）
・CEFMが子ども、家族、社会にもたらすネガティブな結果を列挙する（知識）
・CEFMは有害であることを認識する（態度）
・もしCEFMのリスクにあったときに話すことができる親／保護者、または信頼できるおとなを明確にする（スキル）

キーアイデア 長期の関係性、結婚、親になることは社会や宗教、文化や法律などによって異なり、かつこれらによって形づくられている

学習者ができるようになること
・長期の関係性、結婚、親になることの重要な特徴を列挙する（知識）
・文化や宗教、社会、法律が長期の関係性、結婚、親になることにどのように影響しているかを説明する（知識）
・すべての人が、いつ、誰と結婚するのか、しないのかを決定できるべきであることを認識する（態度）
・長期の関係性、結婚、親になることに関して、自身の意見を表現する（スキル）

> **キーアイデア** 文化やジェンダー役割は親になることに強い影響を与える

学習者ができるようになること

・文化やジェンダー役割が親になることにどのように強い影響を与えるのかについて議論する（知識）
・よい親であるということが意味することについて、自分の価値観や信条を省察する（スキル）

学習目標（12 〜 15歳）

> **キーアイデア** 結婚や長期の関係性によって発生する多くの責任がある

学習者ができるようになること

・結婚や長期の関係性の主な責任をまとめる（知識）
・良好な結婚や長期の関係性の主な特徴について再認識する（知識）
・結婚や長期の関係性における愛情、寛容、平等、尊重の重要性を認識する（態度）

> **キーアイデア** 人はさまざまな形で親になり、親になることは極めて多様な責任を伴う

学習者ができるようになること

・親の責任を列挙する（知識）
・おとなが親になりうるさまざまな方法を比較する（意図した／意図しない妊娠、養子縁組、里親、生殖技術の使用、代理親など）（知識）
・障がいのある人やHIVと共に生きる人も含め、それが制限になることなく、すべての人が親になるかならないか、なるのであればいつなるのかについて、本人が決めるべきであることを主張する（態度）

> **キーアイデア** 児童・早期・強制婚（CEFM）や意図せずに親になることはネガティブな社会的、健康的な結果をもたらしうる

学習者ができるようになること

・CEFMや意図せずに親になることにおける社会的、健康的な結果を説明する（知識）
・CEFMや意図せずに親になることは有害であることを認識する（態度）
・もしCEFMや意図せずに親になることに悩んだ際にサポートを探し出す（スキル）

キーアイデア 結婚や長期の関係性はやりがいもあれば困難もある

学習者ができるようになること

・結婚や長期の関係性のもたらすやりがいや困難を見極める（スキル）
・親には継続的な教育への権利があることを認識する（態度）

キーアイデア 子どもをもつかもたないか、なぜ、いつ子どもをもつかの決定に影響するさまざまな要因がある

学習者ができるようになること

・人々が子どもをもつ、またはもたないことを決める、さまざまな理由を例示する（知識）
・ジェンダー、HIVの状態、性的指向、ジェンダーアイデンティティにかかわらず、すべての人が親になれることを認識する（態度）
・親になりたい人も、なりたくない人もいて、またすべての人が親になれるわけではなく、親になりたいと思わないまま親になる人もいることを認識する（態度）
・子どもをもつかもたないか、なぜ、いつ子どもをもつのかという自分の意見に強く影響を及ぼしている要因を批判的に見極める（スキル）

キーアイデア 親／保護者が果たすべき責任のあるさまざまなニーズを子どもはもっている

学習者ができるようになること

・身体的、感情的、経済的、健康的、教育的な面での子どもの主なニーズと、それに関連した親の責任を分類する（知識）
・子どものウェルビーイング（幸福）が人間関係における困難にどのように影響されるかを例示する（知識）
・親になるうえでの健康的な関係の重要性に気づく（態度）
・自分たちの身体的、感情的、経済的、教育的ニーズを親／保護者に伝える（スキル）

キーコンセプト 2
価値観、人権、文化、セクシュアリティ

トピック

2.1　価値観、セクシュアリティ

学習目標（5～8歳）

キーアイデア 価値観は、個人、家族、コミュニティの中でつくられる大切なことへの強力な信条である

学習者ができるようになること

・価値観の意味を明らかにする（知識）
・平等、尊重、受容、寛容などの重要な個人的価値観を明らかにする（知識）
・価値観や信念が人生や関係性における決定をどのように導いていくかを説明する（知識）
・個人、仲間、家族、コミュニティ、それぞれが異なった価値観をもちうることを認識する（態度）
・他者がもっている価値観を共有する（スキル）

学習目標（9～12歳）

キーアイデア 家族やコミュニティから伝えられる価値観や態度は、性やセクシュアリティを学ぶにあたって、情報源になり、自身の個人的な行動や意思決定にも影響している

学習者ができるようになること

・性やセクシュアリティについて、何をどのように学ぶかを形成する価値観や態度の情報源（親、保護者、家族、コミュニティなど）を明らかにする（知識）
・一部の親や保護者が自分たちの価値観を子どもたちに教え、例示するさまざまな方法を説明する（知識）
・ジェンダー役割への期待と平等に影響する価値観を説明する（知識）
・家族やコミュニティの価値観や態度が行動や意思決定に影響していることを認識する（態度）
・家族から学んできた価値観を省察する（スキル）

学習目標（12〜15歳）

キーアイデア 自身の価値観、信念、態度を知り、それらがどのように他者の権利に影響するかを知り、それらのための闘い方を知ることは重要である

学習者ができるようになること

- セクシュアリティと生殖の健康のさまざまな問題に関して自分の個人的価値観について説明する（知識）
- 個人的な価値観がその人の意思決定や行動にどう影響するのかを例示する（知識）
- 個人的な価値観は他者の権利にどのように影響しうるかを明らかにする（知識）
- 自分と異なる価値観、信念、態度に寛容で、尊重することの重要性を認識する（態度）
- 自身の個人的価値観を守る（スキル）

学習目標（15〜18歳以上）

キーアイデア 自身の価値観、信念、態度を知ることは、それらに一致する性的行動をとるために重要である

学習者ができるようになること

- セクシュアリティと生殖の健康に関連する自身の価値観と一致している行為、一致していない行為を比較対照する（知識）
- 自身の価値観がどのように性的行動を導くかを的確に認識する（態度）
- 自身の価値観に基づいた性的行動を選ぶ（スキル）

キーアイデア 子どもは成長するにつれて、親や保護者とは異なるかもしれない自身の価値観を育む

学習者ができるようになること

- セクシュアリティに関して自身のもつ価値観と、親や保護者のもつ価値観を区別する（知識）
- 自身の価値観の中には親や保護者と異なるものがあることを認識する（態度）
- 価値観の違いによって起こる家族との対立を解決するさまざまな方法を実際にやってみる（スキル）

2.2　人権、セクシュアリティ

学習目標（5〜8歳）

> キーアイデア　誰にでも人権がある

学習者ができるようになること

・人権の意味を明らかにする（知識）
・誰にでも人権があり、それは尊敬されるべきことを認識する（態度）
・人々の人権に対する支持を表現する（スキル）

学習目標（9-12歳）

> キーアイデア　自身の権利を知り、また国内法にも国際協定にも人権が表記されていることを知るのは重要である

学習者ができるようになること

・人権の定義と、すべての人にどのように適用されているのかを再認識する（知識）
・普遍的な人権や子どもの権利を定義する国内法と、国際協定を挙げる（知識）
・国内法、国際協定に記されている子どもの権利（世界人権宣言、子どもの権利条約など）を認識する（知識）
・人権そのものと、人権がすべての人に適用されることを的確に認識する（態度）
・実際に自分が行使している権利を省察する（スキル）

学習目標（12〜15歳）

> キーアイデア　すべての人の人権は、性と生殖に関する健康に影響を与える権利を含んでいる

学習者ができるようになること

・性と生殖に関する健康に影響する人権を説明する（知識）
・これらの権利に影響する地域や国の法令について議論する（知識）
・これらの権利の侵害を認識する（知識）
・社会には、人権侵害により脆弱な人々がいることを認識する（態度）
・性と生殖に関する健康にかかわる者も含め、すべての人の人権を尊重することをはっきりと示す（スキル）

学習目標（15 ～ 18 歳以上）

キーアイデア 性と生殖に関する健康に影響を与える人権を取り扱う地域の法令、国内法、国際協定がある

学習者ができるようになること

・児童・早期・強制婚、女性性器切除／切断（FGM/C）、インターセックスの子どもたちへの同意のない手術、強制不妊手術、性的同意可能年齢、ジェンダー平等、性的指向、ジェンダーアイデンティティ、妊娠中絶、レイプ、性的虐待、性的人身取引などにかかわる国内外の法律や政策や、性と生殖に関する健康にかかわるサービスや性と生殖に関する権利への人々のアクセスを分析する（知識）

・性と生殖に関する健康に影響を与える人権侵害を具体的に例示する（知識）

・性と生殖に関する健康に影響を与える人権を的確に認識する（態度）

・性と生殖に関する健康に影響を与える人権を支持する地域や国の法令を求めて社会に向けて呼びかける（スキル）

キーアイデア 性と生殖に関する健康を支える人権を知り、促進させることは重要である

学習者ができるようになること

・家族、学校、コミュニティの中で人権を促進するさまざまな方法を調べる（知識）

・性と生殖に関する健康について影響を与える人権と、差別や強制、暴力のない状態で意思決定する権利を促進することはなぜ重要なのかを認識する（態度）

・性と生殖に関する健康に影響を与える人権を促進するための行動をとる（スキル）

2.3 文化、社会、セクシュアリティ

学習目標（5〜8歳）

キーアイデア 自分自身、自分たちの感情、自分たちのからだについて学ぶのを助ける多くの情報源がある

学習者ができるようになること

- 自分自身、自分たちの感情、自分たちのからだについての理解を助ける情報源（家族、個人、仲間、コミュニティ、ソーシャルメディアも含めたメディアなど）を列挙する（知識）
- 家族やコミュニティから学んだ価値観や信条は、自分自身、自分たちの感情、自分たちのからだについての理解を導くことを認識する（態度）
- 信頼するおとなを特定し、自分たちの感情やからだについてもっている疑問をどのように尋ねるかはっきりと示す（スキル）

学習目標（9〜12歳）

キーアイデア 文化、宗教、社会は私たちのセクシュアリティの理解に影響している

学習者ができるようになること

- 文化、宗教、社会がセクシュアリティの理解にどのように影響しているのか例を明らかにする（知識）
- 各地域の、そして異なる文化を超えて行われるさまざまな成人への通過儀礼を説明する（知識）
- 時代によって変化してきた、セクシュアリティにかかわる文化的、宗教的、社会的信条や慣習を明らかにする（知識）
- セクシュアリティに関する多様な信条があることを認識する（態度）
- セクシュアリティに関するさまざまな慣習とすべての人の人権に対する尊重をはっきりと示す（スキル）

学習目標（12〜15歳）

キーアイデア 社会的、文化的、宗教的要因は、その社会の中でどのような性的行動が受け入れられ、受け入れられないかに影響を与え、それらの要因は時とともに変化している

学習者ができるようになること

・社会的・文化的規範を明らかにする（知識）
・性的行動に影響する社会的・文化的規範と、またそれが時とともにどのように変化してきたかを調べる（知識）
・社会的・文化的規範は時とともに変化しうることを認識する（態度）
・社会の中で性的行動に影響している社会的、文化的規範に問題意識をもつ（スキル）

学習目標（15〜18歳以上）

キーアイデア 自身のものの見方を発達させていく中で、社会的、文化的規範が性的行動にどのように影響するかに気づくことが重要である

学習者ができるようになること

・性的行動や性の健康にポジティブまたはネガティブに影響する社会的・文化的規範を比較対照する（知識）
・性的行動について自分の見方を発達させる重要性を的確に認識する（態度）
・自分が大切に感じる社会的、文化的規範と、それらがセクシュアリティや性的行動に関する個人的信条や感情にどのように影響しているかを省察する（スキル）

キーコンセプト 3
ジェンダーの理解

トピック

3.1 ジェンダーとジェンダー規範の社会構築性

学習目標（5～8歳）

キーアイデア 生物学的セックス（生物学的性）とジェンダーの違いを知ることは重要である

学習者ができるようになること
・ジェンダーとセックスの意味を明らかにし、それらがどのように異なるのかを説明する（知識）
・自分のセックスとジェンダーについてどう感じるかを省察する（スキル）

キーアイデア 家族、個人、仲間、コミュニティはセックスとジェンダーについての情報源である

学習者ができるようになること
・セックスとジェンダーについての情報源を明らかにする（知識）
・セックスとジェンダーに関する視点は多くの異なる情報源に影響されていることを認識する（態度）

学習目標（9～12歳）

キーアイデア 社会的・文化的規範や宗教的信条はジェンダー役割に影響する要因にもなる

学習者ができるようになること
・ジェンダー役割の意味を明らかにする（知識）
・社会的規範や文化的規範、宗教的信条がジェンダー役割にどう影響するかを明らかにする（知識）
・多くの要因がジェンダー役割に影響していることを認識する（態度）
・ジェンダー役割の捉え方に影響を及ぼしている社会的、文化的、宗教的信条について省察する（スキル）

キーアイデア 個々人が自分のジェンダーに関して、自分自身をどう考え、あるいは他者に自分自身をどう説明するかは、個々に異なりそれぞれにすばらしく、それらは尊重されるべきである

学習者ができるようになること
・ジェンダーアイデンティティの意味を明らかにする（知識）
・誰かのジェンダーアイデンティティがセックスと合致しない場合があることを説明する（知識）

- 誰もがジェンダーアイデンティティをもっていると認識する（態度）
- 自分自身のジェンダーアイデンティティをポジティブに認識し、また他者のジェンダーアイデンティティへの尊重をはっきりと示す（スキル）

学習目標（12～15歳）

キーアイデア　ジェンダー役割やジェンダー規範は人生に影響する

学習者ができるようになること

- ジェンダー規範がどのようにアイデンティティや欲望、習慣、行動を形づくるかを明らかにする（知識）
- ジェンダー規範がどのように有害になりうるか、どのように人の選択や行動にネガティブな影響を及ぼしうるかについて調べる（知識）
- ジェンダー規範についての信条は社会によってつくられたものであると認識する（態度）
- ジェンダー役割やジェンダーに基づく期待は変化しうることを認識する（態度）
- 家や学校、コミュニティにおけるジェンダー役割に対してよりポジティブな影響を及ぼすための行動を日々実践する（スキル）

キーアイデア　恋愛関係はジェンダー役割やジェンダーステレオタイプによってネガティブな影響を受けることがある

学習者ができるようになること

- 恋愛関係におけるジェンダー役割やジェンダーステレオタイプの影響（男らしさと女らしさに関係する両方の規範どちらも）を分析する（知識）
- 人間関係における虐待や暴力が、どのようにジェンダー役割やジェンダーステレオタイプと強く結びついているかを例示する（知識）
- 人間関係における有害なジェンダー役割やジェンダーステレオタイプの影響を認識する（態度）
- 人間関係の中のジェンダー役割やジェンダーステレオタイプに問題意識をもつ（スキル）

キーアイデア 自分自身と他者のもつジェンダーバイアスに対抗することは重要である

学習者ができるようになること

・男性、女性、多様な性的指向およびジェンダーアイデンティティをもつ人々、それぞれに対するジェンダーバイアスの例を再認識する（知識）

・自分自身や他者のもつジェンダーバイアスは他者に悪影響を与えることがあることを認識する（態度）

・自分自身のもつジェンダーバイアスのレベルを批判的に見極め、コミュニティに存在するジェンダーバイアスについて分析する（スキル）

・自分自身と他者のジェンダーバイアスに対抗する方策を実際にやってみる（スキル）

キーアイデア 同性愛嫌悪（ホモフォビア）、トランス嫌悪（トランスフォビア）は多様な性的指向、ジェンダーアイデンティティをもつ人に対して悪影響を与える

学習者ができるようになること

・同性愛嫌悪、トランス嫌悪の意味を明らかにする（知識）

・同性愛嫌悪やトランス嫌悪、そしてそれらがもたらす重大な影響を助長する社会的規範を分析する（知識）

・すべての人は、暴力、強制、差別のない状態で愛したい人を愛することができるべきであると認識する（態度）

・同性愛嫌悪やトランス嫌悪を経験した人へのさまざまなサポートを示す方法を実際にやってみる（スキル）

3.2 ジェンダー平等、ジェンダーステレオタイプ、ジェンダーバイアス

学習目標（5〜8歳）

キーアイデア ジェンダーに関係なくすべての人に平等の価値がある

学習者ができるようになること

・ジェンダーを理由に人がどのように不公平、不平等に扱われうるのかを明らかにする（知識）

・家や学校、コミュニティにおいて、ジェンダーの異なる者同士で、対等で公平な関係性を築くさまざまな方法を説明する（知識）

・ジェンダーの異なる人を不公平に、不平等に扱うことは間違っており、人権に反することだと認識する（態度）

・ジェンダーの違いに関係なく、他者の人権を尊重することは重要なことであると認識する（態度）

学習目標（9〜12歳）

キーアイデア ジェンダー不平等や力の差は、家族、友情関係、人間関係、コミュニティや社会の中に存在している

学習者ができるようになること

・ジェンダー不平等を明らかにする（知識）

・ジェンダー不平等が、家族や友だち関係、コミュニティ、社会の中での力の差とどのように関連しているかを説明する（知識）

・人間関係におけるジェンダー不平等や力の差のネガティブな影響の重大性（ジェンダーに基づく暴力）を再認識する（知識）

・すべての人にジェンダー不平等をなくす責任があるという信念を育む（態度）

・家、学校、コミュニティの中での人間関係において、ジェンダー平等を促進させるさまざまな方法を実際にやってみる（スキル）

キーアイデア ジェンダーステレオタイプは偏見や不平等につながる

学習者ができるようになること

- ジェンダーに関連するステレオタイプやバイアスを明らかにする（知識）
- ジェンダーステレオタイプやそれに基づく期待は、人々が自分たちの人生をいかに生きるのかに良くも悪くも大きな影響を及ぼすことを認識する（知識）
- ジェンダーによる違いは搾取や不平等な扱いを引き起こす可能性があること、人々が期待された規範と異なる振る舞いをした場合は特にそうであることを認識する（態度）
- ジェンダー役割が公正であるかどうかに問題意識をもち、結果としてそれらが不公平で有害な慣習であることの異議申し立てのさまざまな方法を実際にやってみる（スキル）

学習目標（12 〜 15 歳）

キーアイデア ジェンダーステレオタイプやジェンダーバイアスは、男性、女性、そして多様な性的指向およびジェンダーアイデンティティをもつ人々が受ける扱いと、かれらにとって可能な選択肢に影響する

学習者ができるようになること

- 男性、女性、多様な性的指向およびジェンダーアイデンティティをもつ人々をどのように表現するかを規定する社会規範を再認識する（知識）
- あらゆる形のジェンダーバイアスを例示する（知識）
- すべての人が平等に扱われることの重要性を認識する（態度）
- ジェンダー規範に従わない者に対する偏見は、健康を含むかれらの意思決定の能力にネガティブな影響を与えうることを認識する（知識）
- ジェンダーバイアスにとらわれずに人と付き合うさまざまな方法を実際にやってみる（スキル）
- 自分の価値観が信条やジェンダーバイアスにいかに影響しうるかを省察する（スキル）

キーアイデア ジェンダー平等は性的行動や人生設計についての平等な意思決定を促進する

学習者ができるようになること

・性的関係におけるジェンダー平等の特徴を説明する（知識）
・ジェンダー役割が、性的行動や避妊具の使用、人生設計にどのように影響するか列挙する（知識）
・より公平なジェンダー役割がより健康的な性的関係にどのように貢献しうるか分析する（知識）
・なぜジェンダー平等がより健康的な性的関係の一部なのかその正当性を主張する（態度）
・ジェンダー平等に基づく関係を構築する（スキル）

学習目標（15〜18歳以上）

キーアイデア ジェンダー不平等、社会的規範、力の差は、性的行動に影響し、性的強制や虐待、ジェンダーに基づく暴力のリスクを高めるかもしれない

学習者ができるようになること

・ジェンダー不平等や力の差が、性的行動や性的強制ならびに、虐待、ジェンダーに基づく暴力にどのように影響するのかを明らかにする（知識）
・ジェンダー不平等や力の差は、性的行動、コンドームの使用、性と生殖に関する健康サービスへのアクセスなど、安全な方法を選び実行する能力に影響を与えうることを認識する（態度）
・性的な強制や虐待、ジェンダーに基づく暴力に直面した場合、サポートにアクセスするか、他者がサポートにアクセスするのを助ける（スキル）

3.3 ジェンダーに基づく暴力

学習目標（5〜8歳）

キーアイデア ジェンダーに基づく暴力とは何か、助けをどこに求めるべきかを知ることは重要である

学習者ができるようになること

・ジェンダーに基づく暴力とは何かを明らかにし、さまざまな場（例えば、学校、家庭、あるいは公共の場）でそれが起こりうることを認識する（知識）

・私たちのジェンダーやジェンダーステレオタイプに対する考え方は、差別や暴力も含めて他者をどう扱うかに影響することを理解する（知識）

・あらゆる形のジェンダーに基づく暴力は不当な行為であることを認識する（態度）

・学校内やその周辺でのものも含め、自分たちや自分たちが知っている誰かが、ジェンダーに基づく暴力に直面した場合、それを話すことのできる信頼できるおとなにどのようにアプローチすべきかを明らかにし、説明する（スキル）

学習目標（9〜12歳）

キーアイデア あらゆる形のジェンダーに基づく暴力は間違った行為であり、人権侵害である

学習者ができるようになること

・ジェンダーに基づく暴力の例（例えば、いじめ、セクシュアルハラスメント、精神的暴力、ドメスティックバイオレンス、レイプ、女性性器切除／切断、児童婚、同性愛嫌悪による暴力）を列挙し、学校、家庭、公共の場、インターネット上などを含む、ジェンダーに基づく暴力が起こりうる場を明らかにする（知識）

・あらゆる形のジェンダーに基づく暴力は人権侵害であることを認識する（態度）

・もし、自分たちや自分たちが知っている誰かがジェンダーに基づく暴力にあっていたり、自分たちがジェンダーに基づく暴力に巻き込まれそうな心配があったりする場合に、信頼できるおとなに相談する方法を明らかにし、実際にやってみる（スキル）

キーアイデア ジェンダーステレオタイプは暴力や差別の原因になる可能性がある

学習者ができるようになること

・ジェンダーステレオタイプが、いじめ、差別、虐待、性暴力をどのように引き起こすのか説明する（知識）

・性的虐待やジェンダーに基づく暴力は、その人が性的欲望をコントロールできないという問題ではなく、力と支配による犯罪であることを説明する（知識）

・ジェンダー不平等やジェンダー役割のステレオタイプは、ジェンダーに基づく暴力を引き起こすということを認識する（態度）

・ジェンダー平等について議論し、ジェンダーに基づく差別や暴力に立ち向かうための方法を実際にやってみる（スキル）

学習目標（12 〜 15 歳）

キーアイデア おとな、若者、権威ある立場にある人々によるあらゆる形のジェンダーに基づく暴力は、人権侵害である

学習者ができるようになること

・親密なパートナーからの暴力やレイプを含め、性暴力やジェンダーに基づく暴力はすべて、その人が性的欲望をコントロールできないという問題ではなく、力と支配による犯罪であることを再認識する（知識）

・ジェンダーに基づく暴力に気づいてジェンダーに基づく暴力を減らすためのさまざまな具体的方策をまとめる（知識）

・暴力の傍観者や目撃者、発見者は、介入するため何らかの安全な方法をとることができること、そして、かれらもまた、暴力の影響を受けると感じるかもしれないことを認識する（知識）

・ジェンダーに基づく暴力は、おとなや権威ある立場にいる人々、若者によってもなされる可能性があり、それは常に不当な行為であることを認識する（態度）

・ジェンダーに基づく暴力の予防やジェンダーに基づく暴力のサバイバー[訳注1] をサポートする、信頼できるおとなやサービスにアプローチするさまざまな方法を実際にやってみる（スキル）

学習目標（15〜18歳以上）

キーアイデア 親密なパートナーからの暴力は有害であり、それを経験した人々のためのサポートが存在する

学習者ができるようになること

- 親密なパートナーからの暴力はさまざまな形（精神的、身体的、性的など）をとることを認識する（知識）
- 親密なパートナーからの暴力は不当な行為であり、その虐待的な関係性から離れることが可能であることを認識する（態度）
- 自分たちがこうした形の暴力を経験した場合、サポートしてくれる信頼できるおとなにどのようにアプローチしたらよいかをはっきりと示す（スキル）

キーアイデア ジェンダー平等の実現を呼びかけ、性的虐待や有害な慣習、ジェンダーに基づくその他の暴力といった人権侵害に対して反対を主張する責任を誰もがもつ

学習者ができるようになること

- ジェンダー平等を促進すること、ジェンダーに基づく暴力を減らすことを成功させた活動の具体例を分析する（知識）
- インターネット上も含む、公的またはプライベートな場において、人権侵害やジェンダー不平等に異を唱えることの重要性を的確に認識する（態度）
- ジェンダー平等とジェンダーに基づく暴力抑制のために呼びかける（スキル）

訳注
1 被害を受けた経験をもち、乗り越えた／乗り越えようとする人をいう。

キーコンセプト 4
暴力と安全確保

トピック

4.1　暴力
4.2　同意、プライバシー、からだの保全
4.3　情報通信技術（ICTs）の安全な使い方

5
キーコンセプト、トピック、学習目標

4.1 暴力

学習目標（5〜8歳）

キーアイデア いじめ、暴力を認識し、それらは間違った行為であると理解できることが重要である

学習者ができるようになること

・からかい、いじめ、暴力とは何かを明らかにする（知識）

・いじめ、暴力は間違った行為であること、そしてそれが家族や他のおとなからのものであっても、被害者は決して悪くないことを認識する（態度）

・仲間の中でのいじめや暴力に対応できる安全な行動をはっきりと示す（スキル）

キーアイデア 子ども虐待を認識でき、それが間違った行為であると理解することは重要である

学習者ができるようになること

・性暴力、ネット上での子どもに対する性的搾取も含め、子ども虐待を明らかにする（知識）

・おとなや知り合い、信頼する人、たとえ家族によるものだったとしても、子どもへの性的虐待を含め、子ども虐待は子どもの権利の侵害であること、そして被害者が決して悪くないということを認識する（態度）

・おとなが性的虐待をしようとした場合にとれる行動をはっきりと示す（「いやだ」「あっちにいけ」ということ、信頼できるおとなに話すなど）（スキル）

・親や保護者、信頼できるおとなを特定し、虐待を受けた場合に虐待されたことをどのように伝えるかをはっきりと示す（スキル）

キーアイデア 両親や恋愛関係にある人たちの間でも暴力は間違っていると理解することは重要である

学習者ができるようになること

・親同士や恋愛関係にある人たちの間で起こりうるさまざまな暴力（身体的暴力、言葉による暴力、パートナーに強制的に何かをさせるなど）について認識する（知識）

・親同士や恋愛関係にある人たちの間でも暴力は間違っていると認識する（態度）

104

・家庭内でそのような暴力を目にした場合、サポートしてくれる信頼できるおとなにどのようにアプローチしたらよいのかを明らかにし説明する（スキル）

学習目標（9〜12歳）

キーアイデア 性的虐待、セクシュアルハラスメント、いじめ（ネットいじめも含む）は人を傷つける行為であり、それらを体験した場合にはサポートを求めることが重要である

学習者ができるようになること

・性的虐待（レイプ、近親者による性暴力、ネット上での性的搾取を含む）、セクシュアルハラスメント、いじめ（ネットいじめも含む）の具体例を説明する（知識）
・子どもへの性的虐待は違法であり、被害を受けた人を支えてくれる公の機関やサービスがあることを認識する（知識）
・性的虐待・セクシュアルハラスメント、近親姦、いじめを受けた場合、サポートを求めることの重要性を認識する（態度）
・誰かがいじめや性的虐待、セクシュアルハラスメントを受けていると知った場合に対応できる効果的なさまざまな方法を実際にやってみる（スキル）
・自分たちが知っている人が性暴力、セクシュアルハラスメント、近親姦、いじめなどの被害にあっている場合、もしくは自分が被害にあっている場合に助けを求めるさまざまな方法を実際にやってみる（スキル）

キーアイデア 親密なパートナーからの暴力は間違った行為であり、それを目にした際にサポートを求めることは重要である

学習者ができるようになること

・親密なパートナーからの暴力とは何かを明らかにする（知識）
・親密なパートナーからの暴力の具体例を説明する（知識）
・親密なパートナーからの暴力は間違った行為であること、それを見た子どもがサポートを受けることは手助けになることを認識する（態度）
・そのような暴力を家庭内で経験した場合に信頼できるおとなにアプローチする方法をはっきりと示す（スキル）

学習目標（12〜15歳）

キーアイデア 性的虐待、性暴力、親密なパートナー間の暴力、いじめ
は人権侵害である

学習者ができるようになること

・いじめ、心理的暴力、身体的暴力、性的虐待、性暴力、親密なパート
ナー間の暴力それぞれについて比較対照する（知識）
・おとな、若者、力のある立場の人による、性的虐待、性暴力、親密な
パートナー間の暴力・いじめは、決して被害者が悪いのではなく、常
に人権侵害であることを認識する（態度）
・性的虐待、性暴力、親密なパートナー間の暴力、いじめについて、ど
のように通報すればよいかをはっきりと示す（スキル）
・性的虐待、性暴力、親密なパートナー間の暴力の予防や、いじめのサ
バイバーをサポートできるようなサービスや信頼できるおとなにアプ
ローチするさまざまな方法を実際にやってみる（スキル）

学習目標（15〜18歳以上）

キーアイデア 暴力に晒されることなく、人々の健康とウェルビーイン
グ（幸福）のために呼びかける責任を誰もがもつ

学習者ができるようになること

・身体的、心理的、性的なものを含むさまざまな形態の暴力を減らすこ
とに成功した活動の具体例を分析する（知識）
・学校、家庭、ネット上、コミュニティを含むあらゆる場に起こる暴力
と人権侵害に対して声を上げる重要性を的確に認識する（態度）
・すべての人が尊厳をもち敬意ある対応をされる安全な環境の実現のた
めに、社会に向けて呼びかける（スキル）

4.2 同意、プライバシー、からだの保全

学習目標（5〜8歳）

キーアイデア 誰もが、自らのからだに誰が、どこに、どのようにふれることができるのかを決める権利をもっている

学習者ができるようになること

- 「からだの権利」の意味について説明する（知識）
- からだのどこがプライベートな部分かを明らかにする（知識）
- 誰もが「からだの権利」をもつことを認識する（態度）
- 自分が不快だと感じる触られ方をした場合にどのように反応すればよいか（「いやだ」「あっちにいけ」という、信頼できるおとなに話すなど）をはっきりと示す（スキル）
- 自分が触られて不快だと感じた場合に、親や保護者、信頼できるおとなにどのように伝えるのかを明らかにし説明する（スキル）

学習目標（9〜12歳）

キーアイデア 望まない性的な扱われ方とは何かを知り、成長に伴うプライバシーの必要性を理解することは重要である

学習者ができるようになること

- 前期思春期になると、自分のからだやプライベートな空間に関するプライバシーは男女問わず、特に女子のトイレや水場へのアクセスは、より重要になることを説明する（知識）
- 望まない性的な扱われ方を明らかにする（知識）
- 男女問わず、望まない性的な扱われ方は、プライバシーと自らのからだを自分で決める権利の侵害であると認識する（態度）
- プライバシーを守り、望まない性的扱われ方に対抗するために、アサーティブ（相手も尊重した自己主張）に伝える（スキル）

キーアイデア プライバシーと、からだの保全の権利を誰もがもっている

学習者ができるようになること

・プライバシーの権利、からだの保全の権利の意味を説明する（知識）
・プライバシーとからだの保全の権利を誰もがもっていることを認識する（態度）
・プライバシーとからだの保全の権利についてどう感じるかを表現する（スキル）

キーアイデア 誰もが、性的な行為をするかしないかをコントロールする権利をもち、またパートナーに積極的に自分の意思を伝え、相手の同意を確認すべきである

学習者ができるようになること

・同意とは何かを明らかにし、それが性的意思決定に密接にかかわることを説明する（知識）
・性的同意を伝え、受け止めることの重要性を認識する（態度）
・性的行動における個人の境界線に関して、同意する、および同意しないを表現する（スキル）

学習目標（15～18歳以上）

> **キーアイデア** 健康で、よろこびのある、パートナーとの合意したうえでの性的行動のために同意は不可欠である

学習者ができるようになること

- 自分が性的同意を示したり、断ったりすること、また他者の性的同意があるかないかを認識することの利点を分析する（知識）
- 男性のからだ、女性のからだがどのように異なって扱われるのかや、同意に基づく性的行動に影響しうる性的行動のダブルスタンダードを比較対照する（知識）
- 同意に基づいた性的行動は健康的な性的関係において重要な要素であると認識する（態度）
- 同意を示したり拒否したりすることや、同意の有無を認識するさまざまな方法を実際にやってみる（スキル）

> **キーアイデア** 同意を認識し、同意を伝える能力に強く影響を与える要因に気づくことが重要である

学習者ができるようになること

- 性的同意において、相手の話を聞くこと、認めること、行動すること、行動しないことの意味を議論する（知識）
- 同意が認識されている場合、されていない場合、同意が示されている場合、示されていない場合の例を比較対照する（知識）
- 同意を認識する能力、同意を伝える能力に影響する可能性のある要因（アルコールや薬物、ジェンダーに基づく暴力、貧困、力関係）を分析する（知識）
- 性的同意を阻害する可能性のある要因を避けることが重要であることを認識する（態度）
- 同意を示したり、拒否したりする能力をはっきりと示す（スキル）
- 他者の同意の有無を認識する能力をはっきりと示す（スキル）

4.3　情報通信技術（ICTs）の安全な使い方

学習目標（5～8歳）

キーアイデア インターネットやソーシャルメディアは情報収集や他者とつながる方法であり、安全に使うこともできる一方、子どもを含めて人々が傷つけられるリスクをもっている

学習者ができるようになること

・インターネットやソーシャルメディアとは何かを説明する（知識）
・インターネットやソーシャルメディアの利点と潜在的な危険性を列挙する（知識）
・インターネットやソーシャルメディアを、その危険性を認識しつつ、ポジティブに評価する（態度）
・インターネットやソーシャルメディアで自分が不快に思うことや怖いと感じることをしてしまったり、見てしまったりした場合、信頼できるおとなに伝える方法を明らかにし、実際にやってみる（スキル）

学習目標（9～12歳）

キーアイデア インターネットやソーシャルメディアの使用には特別な注意と思慮が必要である

学習者ができるようになること

・インターネットやソーシャルメディアの利点と起こりうる危険性について具体例を説明する（知識）
・インターネットやソーシャルメディアの使い方には慎重であることの重要性を認識する（態度）
・ソーシャルメディアにおいて、どんな情報を、誰と共有するかについて、どのように決めるかをはっきりと示す（スキル）

キーアイデア 性的に露骨な表現やメディアはソーシャルメディアを通じて簡単に入り込んでくるが、それらは時に有害なジェンダーステレオタイプを促進する

学習者ができるようになること

・性的に露骨なメディア（ポルノグラフィ）、セクスティングとは何かを説明する（知識）
・性的に露骨なメディアは、しばしば男性、女性、性的関係をしばしば非現実的に描くということを説明する（知識）

- 性的に露骨なメディアは、男性、女性、性的関係の誤った描き方をすることで人を誤解させる可能性があることに気づく（態度）
- 性的に露骨なメディアやセクスティングについて信頼できるおとなに伝える方法を明らかにし、実際にやってみる（スキル）

学習目標（12〜15歳）

キーアイデア インターネット、携帯電話、ソーシャルメディアは望まない性的扱われ方の原因になる可能性がある

学習者ができるようになること
- インターネット、携帯電話、ソーシャルメディアがどのように望まない性的扱われ方の原因になりうるのかを例示する（知識）
- インターネット、携帯電話、ソーシャルメディアで受ける望まない性的扱われ方に対抗する方法があることを認識する（態度）
- インターネット、携帯電話、ソーシャルメディアを使う際の安全を守るための計画を立て実行する（スキル）

キーアイデア 性的に露骨なメディアや画像は性的に刺激するもので、有害となる可能性がある

学習者ができるようになること
- なぜ性的に露骨なメディア（ポルノグラフィ）がこれほど広がっているのかを分析する（知識）
- 性的に露骨なメディアがどのように有害になりうるか、またそれらの有害性をどこに報告し、助けを求めるのかをまとめる（知識）
- 未成年者が性的に露骨な画像を送信する、受信する、購入する、または所持していることが違法となる場合があることを区別する（知識）
- 性的に露骨な画像の共有や管理についての法律を知る重要性を認識する（態度）
- 性的に露骨なメディアの使用について感じることを表現する（スキル）

学習目標（15〜18歳以上）

キーアイデア ソーシャルメディアの使用は有益なことも多いが、注意深い閲覧が求められるような道徳的、倫理的、法的な状況もありうる

学習者ができるようになること

- ソーシャルメディアを安全に、合法的に、慎重に使うための方策を分析する（知識）
- ソーシャルメディアの使用は利点も多いが同時に、安全でない状況や違法行為に結びつく可能性もあることを認識する（態度）
- ソーシャルメディアを責任をもって使う計画を立て実行する（スキル）

キーアイデア 性的に露骨なメディアは性的行動や性的反応、体型などに関して非現実的な期待をもたらすことがある

学習者ができるようになること

- 性的に露骨なメディアがどのようにして男性、女性、性的行動、性的反応、体型などに関する非現実的な期待を生み出すのかを見極める（知識）
- 性的に露骨なメディアは有害なジェンダーステレオタイプを強化し、暴力的、または性的同意のない行為を普通のことだとさせてしまう可能性があることを認識する（態度）
- 性的に露骨なメディアによる男性、女性、性的行為の非現実的な描写の結果が、自分に対するイメージ、自信、自尊心、他者に対する理解にどう影響しているのかを省察する（スキル）

112

キーコンセプト5
健康とウェルビーイング（幸福）のためのスキル

トピック

5.1 性的行動における規範と仲間の影響

学習目標（5～8歳）

キーアイデア 仲間からの影響はさまざまであり、よい場合も悪い場合もある

学習者ができるようになること
- ピアプレッシャー（仲間からの同調圧力）の意味を明らかにする（知識）
- 仲間からのよい影響、悪い影響の例を説明する（知識）
- 仲間からの影響にはよいものも悪いものもありうることに気づく（態度）
- ピアプレッシャーに対抗するさまざまな方法を実際にやってみる（スキル）
- 仲間に影響を与えるポジティブな行動のモデルをつくる（スキル）

学習目標（9～12歳）

キーアイデア 仲間は、思春期やセクシュアリティにかかわる意思決定や行動に影響する

学習者ができるようになること
- 思春期やセクシュアリティにかかわる意思決定や行動への、仲間からのポジティブな影響とネガティブな影響を説明する（知識）
- 仲間は、前期思春期やセクシュアリティにかかわる意思決定や行動に影響しうることを認識する（態度）
- 仲間からの影響に対する問題意識をもつ（スキル）

キーアイデア 思春期やセクシュアリティに関連する、仲間からのネガティブなプレッシャーに対抗し、仲間からのポジティブな影響を受け入れ、それを促進するさまざまな方法がある

学習者ができるようになること
- 思春期やセクシュアリティに関する、仲間からのネガティブなプレッシャーに対抗し、仲間からのポジティブな影響を促進するさまざまな方法を列挙する（知識）
- 思春期やセクシュアリティに関するネガティブなピアプレッシャーに対抗できることは重要だと認識する（態度）
- 自分たちがしたくないことは断れるということをはっきりと示す（スキル）

・ポジティブな仲間からの影響を受け入れ促進するさまざまな方法を実際にやってみる（スキル）

学習目標（12〜15歳）

キーアイデア **社会規範、ジェンダー規範、仲間の影響力は、性的な意思決定や行動に影響を与える可能性がある**

学習者ができるようになること

・ジェンダー規範、社会規範を明らかにする（知識）
・社会規範、ジェンダー規範、仲間の影響力が性的な意思決定や行動にどのように影響するのかを説明する（知識）
・自分たちの性的な意思決定や行動は、ジェンダー規範、社会規範、仲間の影響力に影響されることを認識する（態度）
・お互いのために包摂的であること、支え合うこと、尊重し合うことをみんなで主張するさまざまな方法を実際にやってみる（スキル）

キーアイデア **仲間は性的な意思決定や行動に影響する可能性がある**

学習者ができるようになること

・仲間が性的な意思決定や行動に与えるポジティブな影響とネガティブな影響を比較対照する（知識）

キーアイデア **性的な意思決定や行動におけるネガティブな仲間からの影響に対抗するためのさまざまな方策がある**

学習者ができるようになること

・性的な意思決定や行動にネガティブな影響を与えるピアプレッシャーに直面したときに自己主張することの意味を説明する（知識）
・性的な意思決定や行動に対する仲間からのネガティブな影響に対抗することを強く求める（態度）
・誰かがいじめられていたり、望まない性的な意思決定をさせられるようなプレッシャーに晒されているとき、声を上げて自分の主張をはっきりと示す（スキル）

学習目標（15 〜 18 歳以上）

キーアイデア 性的行動に関する合理的な意思決定は可能である

学習者ができるようになること

・ジェンダー規範、社会規範、ネガティブなピアプレッシャーに影響を受けている若者と、受けていない若者の性的行動に関する意思決定が例示されているシナリオを比較対照する（知識）

・性的行動に関する合理的な判断をしやすくする、あるいはしにくくする要因を見極める（知識）

・性的行動に関する合理的な意思決定を強く求める（態度）

・性的な意思決定におけるネガティブなジェンダー規範、社会規範、仲間からの影響に対抗するさまざまな方法を実際にやってみる（スキル）

5.2 意思決定

学習目標（5～8歳）

キーアイデア 誰もが自ら意思決定するに値し、そのすべての決定は結果をもたらす

学習者ができるようになること
- 自分が下しその内容に誇りをもっている意思決定を説明する（知識）
- 自分たちの、そして他者の、よい結果あるいは悪い結果をもたらす意思決定の例を明らかにする（知識）
- 子ども、若者が意思決定をするときには、親や保護者、信頼できるおとなの助けが必要なときもあることを認識する（態度）
- 適切な意思決定をするための助けが得られる状況についての理解をはっきりと示す（スキル）
- 適切な意思決定をするために助けを求められる親、保護者、信頼できるおとなを明らかにする（スキル）

学習目標（9～12歳）

キーアイデア 意思決定は、学び、実践することのできるスキルである

学習者ができるようになること
- 意思決定の際の主なステップを説明する（知識）
- 意思決定は学ぶことのできるスキルだと認識する（態度）
- 意思決定のプロセスを、問題の解決に適用する（スキル）
- 意思決定の助けになりうる親、保護者、信頼できるおとなを挙げる（スキル）

キーアイデア 意思決定には、友だち、文化、ジェンダー役割のステレオタイプ、仲間、メディアを含むさまざまなものが複合的に影響している

学習者ができるようになること
- 自分たちがする意思決定に影響を与えることを列挙する（知識）
- 自分たちの意思決定が非常に多くの要因に影響されていることを理解する（態度）
- 自分たちの意思決定に影響するさまざまな事柄についてどう感じるかを表現する（スキル）

学習目標（12〜15歳）

キーアイデア 性的行動に関する意思決定のプロセスには、可能性のあるポジティブ、ネガティブな結果をすべて考慮することが含まれる

学習者ができるようになること

- 性的行動に関するさまざまな意思決定のポジティブな結果とネガティブな結果を見極める（知識）
- 性的行動に関する意思決定が、人々の健康、未来、人生設計にどのように影響するのかを説明する（知識）
- 性と生殖に関する健康に影響する意思決定のプロセスを適用する（スキル）

キーアイデア 性的行動に関する合理的な意思決定を難しくしうる要因がある

学習者ができるようになること

- 性的行動に関する意思決定に影響しうるさまざまな感情を明らかにする（知識）
- 性的行動に関する合理的な意思決定に、アルコールや薬物がどのように影響しうるかを説明する（知識）
- 貧困、ジェンダーの不平等、暴力が、性的行動に関する意思決定に、どのように影響しうるかを説明する（知識）
- 性的行動に関する人々の意思決定に影響する要因は多くあり、その要因の中には、自分でコントロールできないものがあることを理解する（態度）
- 性にかかわる意思決定に影響を及ぼしうる感情を見極め、うまくコントロールするさまざまな方法を実際にやってみる（スキル）

キーアイデア 性にかかわる意思決定は、社会的、健康的な影響を含む結果を自分と他者にもたらす

学習者ができるようになること

- 個人、家族、社会における性的行動にかかわる意思決定がもたらしうる社会面、健康面の結果について分析する（知識）
- 性に関する意思決定は、自分自身、その家族、そして社会に影響することを認識する（態度）
- 自分たちの性に関する意思決定によって影響を受ける他者への共感を表現する（スキル）
- 性的行動に関する責任ある意思決定をする（スキル）

キーアイデア 性にかかわる意思決定は、法的責任を伴う可能性がある

学習者ができるようになること

- 若者にとって、性的行動に関して何が可能で、何が不可能なのか（性的同意年齢、避妊具や性感染症およびHIVの状況、同性間の性的行動を含む健康に関するサービスへのアクセスなど）ということに影響する国内法を明らかにする（知識）
- 性的行動にかかわる意思決定を見極めるうえで、自分たちの権利を知っていることが重要であることを認識する（態度）
- 性的行動にかかわる特定の意思決定の作用により生じうる法的責任を見極める（スキル）

5.3 コミュニケーション、拒絶、交渉のスキル

学習目標（5〜8歳）

キーアイデア 親、保護者、信頼するおとなと子どもとの関係性、そして友だちやその他のすべての人との関係性において、コミュニケーションは重要である

学習者ができるようになること

・さまざまなコミュニケーションの形（言語・非言語コミュニケーション含む）を明らかにする（知識）

・健康的なコミュニケーションと、不健康的なコミュニケーションの違いを明らかにする（知識）

・親、保護者、信頼するおとなと子どもとの、そして友だちやその他すべての人との健康的なコミュニケーションのもたらす利点を列挙する（知識）

・「イエス」「ノー」といった明確な意思表示が、自分のプライバシーを守り、からだを保全し、幸せな関係性を構築する中核をなすということを再認識する（知識）

・すべての人が、自分の意見を表明する権利があることを認識する（態度）

・言語・非言語コミュニケーション、「イエス」「ノー」を表現するさまざまな方法を実際にやってみる（スキル）

キーアイデア ジェンダー役割は、人とのコミュニケーションに影響を及ぼす可能性がある

学習者ができるようになること

・ジェンダー役割の例を再認識する（知識）

・ジェンダー役割は、人とのコミュニケーションに影響を及ぼす可能性があることを認識する（態度）

キーアイデア 効果的なコミュニケーションにはさまざまな方法とスタイルがあり、それは希望やニーズ、個人の境界線を伝え、理解するために重要である

学習者ができるようになること

・効果的な言語・非言語コミュニケーション、効果的でない言語・非言語コミュニケーションの特徴（積極的に聞くこと、感情を表現すること、理解を示すこと、直接的なアイコンタクト、一方これらに対して、耳を傾けないこと、感情を表現しないこと、理解を示さないこと、目をそらすことなど）を説明する（知識）

・自分の希望やニーズ、個人の境界線を表現できること、他者のそれらを理解できることの重要性に気づく（態度）

・交渉の際には、相互に尊敬し協力すること、時には妥協することが、すべての当事者から求められることを認識する（態度）

・自分の希望やニーズ、個人の境界線を伝えるさまざまな効果的な方法、他者のそれらに耳を傾け敬意を払うさまざまな効果的な方法を実際にやってみる（スキル）

学習目標（12〜15歳）

キーアイデア 良好なコミュニケーションは、個人、家族、学校、仕事、恋愛の関係において必須である

学習者ができるようになること

・個人、家族、学校、仕事、恋愛の関係における効果的なコミュニケーションの利点を列挙する（知識）

・お互いを否定する言語・非言語コミュニケーションの潜在的な意味について分析する（知識）

・恋愛関係にあるパートナーとの交渉において立ちはだかる可能性のある障壁（ジェンダー役割や、ジェンダーに基づいて期待されることを含む）を明らかにする（知識）

・恋愛関係にあるパートナーとの交渉や拒絶するスキルを使う際の自信をはっきりと示す（スキル）

キーアイデア 効果的なコミュニケーションは、個人のニーズや性的な許容範囲を表明する鍵である

学習者ができるようになること

・個人のニーズや性的な許容範囲を表明する効果的なコミュニケーションの例を分析する（知識）

・性的同意を示すこと、示さないこと、性的同意を聞き取ることの例を示す（知識）

・同意のあるより安全なセックスがなぜ効果的なコミュニケーションを必要とするのかを説明する（知識）

・自分を主張することや交渉のスキルは、望まない性的プレッシャーに対抗し、あるいはより安全なセックスのための意思を強化することを認識する（態度）

・個人のニーズや性的な許容範囲を伝える効果的なコミュニケーションをはっきりと示す（スキル）

122

5.4 メディアリテラシー、セクシュアリティ

学習目標（5～8歳）

キーアイデア メディアにはさまざまな形態があり、それは正しい情報を提供するものも、間違った情報を提供するものもある

学習者ができるようになること

・さまざまなメディアの形態（ラジオ、テレビ、本、新聞、インターネット、ソーシャルメディアなど）を列挙する（知識）
・メディアを通じて提供される正しい情報と誤った情報の例について議論する（知識）
・メディアからの情報は必ずしも正しくないことを認識する（態度）
・さまざまなメディアを通じて提供される情報の見方に対する認識をはっきりと示す（スキル）

学習目標（9～12歳）

キーアイデア メディアは、セクシュアリティやジェンダーに関する価値観、態度、規範に、良くも悪くも影響を与える可能性がある

学習者ができるようになること

・メディアのさまざまなタイプ（ソーシャルメディア、従来のメディアなど）を明らかにする（知識）
・メディアの中で、男性、女性、関係性がどのように描かれているのかの具体例を共有する（知識）
・セクシュアリティやジェンダーにかかわる個人の価値観、態度、行動に及ぼすメディアの影響について説明する（知識）
・セクシュアリティやジェンダーにかかわる価値観、態度、行動に及ぼすメディアの影響力を認識する（態度）
・メディアにおいて男性と女性がどのように描かれているかについての問題意識をもつ（スキル）

学習目標（12〜15歳）

キーアイデア セクシュアリティや性的関係について非現実的なイメージを描き出しているメディアもあり、それらは私たちのジェンダーや自尊心の捉え方に影響を与える可能性がある

学習者ができるようになること

- セクシュアリティや性的関係に関連するメディアの中の非現実的なイメージを明らかにし批評する（知識）
- ジェンダーステレオタイプをつくり出すことにおける非現実的なイメージの影響について調べる（知識）
- 理想とされる美やジェンダーステレオタイプにメディアが影響を及ぼしていることを認識する（態度）
- セクシュアリティや性的関係に関する非現実的なイメージが、自分たちのジェンダーや自尊心の捉え方にどれほど影響を与えうるのかを省察する（スキル）

学習目標（15〜18歳以上）

キーアイデア 行動にポジティブな影響を与え、ジェンダー平等を促進するために、メディアによるネガティブで間違った男性と女性の描写に対抗することができる

学習者ができるようになること

- セクシュアリティや性的関係に関するメディアによるメッセージが与えうるポジティブ、ネガティブな影響について批判的に見極める（スキル）
- より安全な性的行動やジェンダー平等の促進のためにメディアが積極的に貢献しうるさまざまな方法を提案する（知識）
- セクシュアリティや性的関係、ジェンダー観にポジティブな影響を与えうるメディアの力の可能性に気づく（態度）
- メディアにおけるセクシュアリティや性的関係に関するジェンダーステレオタイプや誤った描写に対抗するさまざまな方法を実際にやってみる（スキル）

5.5 援助と支援を見つける

学習目標（5～8歳）

キーアイデア 友だち、家族、先生、宗教の指導者、コミュニティのメンバーはお互いに助け合うことができるし、そうするべきである

学習者ができるようになること
・信頼できるおとなとはどんな存在かを説明する（知識）
・お互いに助け合えるさまざまな具体的方法を説明する（知識）
・すべての人に、保護され支援される権利があることを認識する（態度）
・信頼できるおとなを見つけ、助けを求めるさまざまな方法を実際にやってみる（スキル）

学習目標（9～12歳）

キーアイデア 学校やより広いコミュニティには、さまざまな援助や支援の拠点がある

学習者ができるようになること
・子どもが援助を求める必要のある問題（虐待、ハラスメント、いじめ、病気など）について認識し、関連する援助の拠点を明らかにする（知識）
・虐待、ハラスメント、いじめは、信頼できる援助の拠点に通報するべきであることを再認識する（知識）
・学校やコミュニティの外部に援助を求めることが必要となるかもしれない問題があることを認識する（態度）
・より広いコミュニティの中でも、援助を探し出し、そこにアクセスするさまざまな方法を実際にやってみる（スキル）

学習目標（12～15歳）

キーアイデア 質の高い情報やサービスにアクセスするために、援助や支援の拠点について、そのサービスや情報源も含め、見極めることは重要である

学習者ができるようになること
・性と生殖に関する健康と権利問題に関する援助や支援の拠点を列挙する（知識）
・よい援助や支援の拠点の特徴（秘密やプライバシーを守ることを含む）を説明する（知識）

- 性と生殖に関する健康のためのサポートにアクセスできる場があることを理解する（カウンセリング、性感染症やHIVの検査と治療、また、現代的避妊法、性的虐待、レイプ、ドメスティックバイオレンス、ジェンダーに基づく暴力、中絶、中絶後のケア[4]、スティグマ、差別に関するサービスなど）（知識）
- 援助や支援についての信頼できる情報源（ウェブサイトなど）の特徴を説明する（知識）
- 援助や支援の拠点を注意深く見極めることの重要性に気づく（態度）

学習目標（15〜18歳以上）

キーアイデア　プライバシーや秘密を守り、しかも安価で現実的な、敬意ある支援を受ける権利を誰もがもっている

学習者ができるようになること

- 性と生殖に関する健康のためのサービスや支援にアクセスできる場所を明らかにする（知識）
- 若者は、プライバシーや秘密を守り、しかも安価で現実的な、道徳的な判断を排したサービスとサポートを受けることができるべきであることを認識する（知識）
- 助けを求める適切な行動をはっきりと示す（スキル）
- 罪悪感や恥の意識を抱くことなく、援助や支援、あるいはサポートを求めることを実践する（スキル）

126

4　「いかなる場合においても、人工妊娠中絶は家族計画の方法として推奨されるべきではない。中絶が違法とされない状況で、中絶は安全に行われねばならない。すべてのケースで、中絶からくる合併症を管理するためにも、女性は質の高いサービスにアクセスできる必要がある。中絶後のカウンセリング、教育、家族計画サービスは迅速になされるべきであり、それは繰り返し中絶することを避ける手助けにもなる」ICPD POA, para. 8.25.「中絶が違法とされない状況で、保健サービスの提供者にトレーニングを受けさせ、必要な知識とスキルを身につけさせるべきであり、また、そうした中絶が安全でアクセス可能であることを確実にするためにも別の手段をとるべきである」Key actions ICPD+5, para. 63iii.

キーコンセプト 6
人間のからだと発達

トピック

6.1 性と生殖の解剖学と生理学

学習目標（5～8歳）

キーアイデア 自分のからだの名称と機能を知ることは重要で、性と生殖にかかわる器官も含め、それらについて知りたいと思うことは自然なことである

学習者ができるようになること

- 内性器、外性器の重要な部分を明らかにし、それらの基本的な機能を説明する（知識）
- 性と生殖にかかわる器官も含め、自分のからだを知りたいと思うことはまったく自然なことであると認識する（態度）
- 自分が知りたいと思うからだの部分に関する疑問について、質問したり疑問に答えたりすることを実践する（スキル）

キーアイデア 障がいのある人を含む誰もが、尊重に値するそれぞれにすばらしいからだをもっている

学習者ができるようになること

- 男性と女性、男子と女子のからだの同じところ、違うところ、そしてそれらが時間の経過とともにどう変化していくかを明らかにする（知識）
- すべての文化に人間のからだを見るさまざまな視点があることを説明する（知識）
- 障がいのある人を含めて、すべての人のからだは、尊重に値することを認識する（態度）
- 自分のからだの好きなところについて表現する（スキル）

学習目標（9～12歳）

キーアイデア 誰のからだにも性の健康や生殖にかかわる部分があり、それらについて子どもたちが疑問を抱くことはよくあることである

学習者ができるようになること

- 性の健康や生殖にかかわるからだの部分を説明する（知識）
- 自分のからだや性的機能に関して知りたがったり、疑問をもったりすることは自然なことだと認識する（態度）
- 誰のからだもさまざまな大きさ、形状、機能、特徴があり、個々に異なりそれぞれにすばらしいものであると認識する（態度）
- 質問ができる信頼するおとなを特定し、性と生殖に関する解剖学および生理学について質問するさまざまな方法を実際にやってみる（スキル）

キーアイデア 女性のからだが月経周期の中で排卵する、男性のからだが精子をつくり出し射精する、この両方が生殖には必要である

学習者ができるようになること

- 生殖を引き起こすからだの重要な機能（月経周期、精子の産生、射精など）を説明する（知識）
- 女性と男性のからだの両方が生殖において重要な役割を果たすことを説明する（態度）
- 月経周期や射精がどのように起こるかについての理解について確信があることを表現する（スキル）

学習目標（12 ～ 15 歳）

キーアイデア 前期思春期や妊娠中は、成熟や生殖にかかわるさまざまなプロセスにホルモンが大きな影響を与える

学習者ができるようになること
・胎児の性別は染色体によって決定し、決定する時期は妊娠初期であることを説明する（知識）
・ホルモンは成長、発達、生殖器官と性機能を調節するための役割を果たしていることを説明する（知識）
・前期思春期や妊娠中において、ホルモンが果たす重要な役割を認識する（態度）

キーアイデア すべての文化において、セックス、ジェンダー、生殖への理解、いつ性的に活発になるべきかについての理解はさまざまである

学習者ができるようになること
・セックス、ジェンダー、生殖に関して、生物学的側面と社会的側面を区別する（知識）
・文化や宗教がどのようにセックス、ジェンダー、生殖に対する社会の見方に影響しているかを比較対照する（知識）
・セックス、ジェンダー、生殖について、文化的、宗教的、社会的、個人的な見方が異なることを認識する（態度）
・セックス、ジェンダー、生殖に対する自らの観点について省察し、はっきりと述べる（スキル）

学習目標（15 ～ 18 歳以上）

キーアイデア 男性と女性のからだは生殖と性に関する能力と機能も含め、時間の経過とともに変化する

学習者ができるようになること
・ライフサイクル全体を通した男女の性と生殖に関する能力をまとめる（知識）
・人は、ライフサイクルを通して性的な存在であることを認識する（態度）
・ライフサイクルを通した生殖能力の変化について自分がどう感じるかを表現する（スキル）

6.2　生殖

学習目標（5～8歳）

キーアイデア　妊娠は、卵子と精子が結合し、子宮に着床して始まる

学習者ができるようになること

・生殖のプロセス、特に精子と卵子が結合し、それが子宮に着床して初めて妊娠が始まることを説明する（知識）

キーアイデア　妊娠は一般的に40週程度続き、妊娠中の女性のからだはさまざまな変化をたどる

学習者ができるようになること

・妊娠中の女性のからだがたどる変化を説明する（知識）
・妊娠中の女性のからだがたどる変化についてどう感じるかを表現する（スキル）

学習目標（9～12歳）

キーアイデア　妊娠が始まるには、精子が卵子と結合し、子宮に着床するという条件が必要不可欠である

学習者ができるようになること

・生殖のために必要な段階を列挙する（知識）
・ペニスが腟内で射精する性交の結果で妊娠が起こることを再認識する（知識）
・性交によって常に妊娠するわけではないことを再認識する（知識）

キーアイデア　排卵日前後に精子があれば最も妊娠しやすいなど、月経周期にはさまざまな段階がある

学習者ができるようになること

・最も妊娠しやすい時期を含め、月経周期について説明する（知識）
・ホルモンの変化が、月経や最も妊娠をしやすい時期を調節していることを再認識する（知識）
・月経周期の働きについてポジティブに認識する（態度）
・月経に対する感じ方について省察する（スキル）

キーアイデア 妊娠には一般的な兆候があり、月経が来なかったり遅れたりしているときはできるだけ早く妊娠検査をして確認すべきである

学習者ができるようになること

- 妊娠の兆候と、胎児の発達段階について説明する（知識）
- 健康的な妊娠と出産の促進を可能にするステップを的確に認識する（態度）
- 妊娠を確認する入手可能な検査方法を説明する（知識）

学習目標（12 ～ 15歳）

キーアイデア 生殖機能と性的感情には違いがあり、それらは時とともに変化する

学習者ができるようになること

- 妊娠は計画的にすることも、防ぐこともできると再認識する（知識）
- 生殖機能と性的感情には違いがあることを理解する（知識）
- 男性も女性も、性と生殖に関する機能や欲求は人生の中で変化することを認識する（態度）
- 意図しない妊娠を今後どう防ぐかの計画を立てる（スキル）

学習目標（15 ～ 18歳以上）

キーアイデア すべての人に生殖能力が備わっているわけではなく、また不妊に取り組む方法がある

学習者ができるようになること

- 妊娠したいが不妊を経験している人のための選択肢を列挙する（知識）
- 不妊に対応するための選択肢があることを認識する（態度）
- 妊娠したいが不妊を経験している人に対する共感をはっきりと示す（スキル）

6.3　前期思春期

学習目標（5～8歳）

> **キーアイデア** 前期思春期は、子どもが成長、成熟するにつれて発現する、身体的、感情的変化が起こる時期である

学習者ができるようになること

- 前期思春期の意味を明らかにする（知識）
- 成長には、身体的、感情的変化を伴うことを理解する（知識）
- 前期思春期に起きる変化は通常の健康的な要素であることを認識する（態度）

学習目標（9～12歳）

> **キーアイデア** 前期思春期は人の生殖能力における変化の前兆である

学習者ができるようになること

- 前期思春期のプロセスと生殖システムの成熟を説明する（知識）
- 前期思春期に起こる主な身体的、感情的変化を列挙する（知識）
- 前期思春期について信頼できる情報を得るさまざまな方法を実際にやってみる（スキル）

> **キーアイデア** 前期思春期の間は、性と生殖にかかわるからだを清潔で健康に保つためにも、衛生的であることが重要である

学習者ができるようになること

- 衛生的で、清潔に過ごすための習慣を説明する（知識）
- 個人の衛生意識の重要性を的確に認識する（態度）
- 成長の時期を健康的に保つために、衛生の理解を個人的の生活計画に適用する（スキル）

キーアイデア 月経は一般的なことで、女子の身体的発達の自然な一部であり、秘密やスティグマとして扱われるべきでない

学習者ができるようになること

・月経周期を説明し、その時期に女子が経験する可能性のあるさまざまな身体的症状や気持ちを明らかにする（知識）

・月経用ナプキンやその他の月経用品の入手方法、使用方法、捨てる方法を説明する（知識）

・ジェンダー不平等が月経中の女子の恥ずかしさや恐れの気持ちにどのように影響しているかを再認識する（知識）

・月経期間中、すべての女子は月経用ナプキン、その他の月経用品、きれいな水、個室トイレを利用できることが重要であると認識する（態度）

・月経期間中も女子が快適に感じるため積極的で支援的な方策をはっきりと示す（スキル）

キーアイデア 前期思春期には、若者はさまざまな身体的反応を経験する（勃起、夢精など）

学習者ができるようになること

・若い男性は、起床によってもしくは明確な理由もなく勃起を経験することがあり、それは一般的なことだと理解する（知識）

・思春期の若者の中には、夢精と呼ばれる、夜の間に勃起し射精する経験をすることがあり、それは一般的なことだと再認識する（知識）

・勃起、夢精、その他の性的反応は、前期思春期の一般的なことであると認識する（態度）

> **キーアイデア** 前期思春期は、身体的、感情的、社会的、認知的に大きな変化をもたらす性的に成熟する時期であり、それは思春期を通して、楽しみにもストレスにもなりうる

学習者ができるようになること

・前期思春期と思春期を区別する（知識）
・前期思春期は人によって異なる時期に現れるもので、その影響は男子と女子で違うことを再認識する（知識）
・思春期の間に起こるさまざまなタイプの変化の例を見極め、分類する（身体的、感情的、社会的、認知的など）（知識）
・これらの変化に関して、女子と男子との類似点と相違点について比較する（知識）
・子どもによっては、前期思春期はとても困難な時期になることを認識する。特にジェンダーアイデンティティが一般的ジェンダー規範に当てはまらない／当てはめられない、またはトランスジェンダー、インターセックスの子どもなどについて（知識）
・これらの身体的、感情的、社会的、認知的な変化は思春期には一般的なことであると認識する（態度）
・前期思春期に起こる変化を理由に他者をからかったり、辱めたり、スティグマを与えることは、相手を強く傷つけることであり、長期的な精神的な影響を与える可能性があることを認識する（態度）
・これらの変化にどのように対応していくかを実際にやってみる（スキル）

> **キーアイデア** 生涯にわたってホルモンは、人の感情や身体的変化に重要な役割を果たす

学習者ができるようになること

・人の感情的、身体的変化においてホルモンが生涯にわたって果たす役割を分析する（知識）

6.4 ボディイメージ

学習目標（5〜8歳）

> **キーアイデア** すべてのからだは特別で、個々に異なりそれぞれにすばらしく、からだに対してはポジティブな感情を抱くべきである

学習者ができるようになること

- 誰のからだも特別で個々に異なりそれぞれにすばらしいことを再認識する（知識）
- 自分のからだに誇りをもつことの意味を説明する（知識）
- 自分のからだをポジティブに認識する（態度）
- 自分のからだについてどう感じるかを表現する（スキル）

学習目標（9〜12歳）

> **キーアイデア** 身体的外見は人としての価値を決めない

学習者ができるようになること

- 身体的外見は、遺伝、環境、健康習慣によって決まることを説明する（知識）
- 身体的外見は、その人の人としての価値を決めるものではないことを認識する（態度）
- 仲間同士においても、身体的外見の違いを認め合う姿勢を示す（態度）

> **キーアイデア** 身体的外見において、何を魅力的と感じるかには大きな差異がある

学習者ができるようになること

- 身体的外見において、人が魅力的だと思う部分の差異を説明する（知識）
- 人が何を身体的に魅力的と思うかは、時とともに変化し、文化によっても異なることを認識する（態度）
- 自分自身は何を魅力的と感じているのか、そしてそれは周りが魅力的と感じているものとどう異なるかを省察する（スキル）

学習目標（12 〜 15 歳）

キーアイデア 自分のからだに対する感じ方は、その人の健康、セルフイメージ、行動に影響する

学習者ができるようになること

・自分のからだについてプラスの感情をもつことの利点を議論する（知識）

・人のからだの外見が、他者のその人に対する感じ方、行動にどう影響するかを説明し、またそれが男子の場合と女子の場合ではどう異なるのかを比較する（知識）

・自分の見た目を変えるために、一般的にされている方法（ダイエット薬、ステロイド、脱色クリームなどの使用）を分析し、それらの行為の危険性を見極める（知識）

・人々に自分の外見を変えたいと思わせる、ジェンダーに基づく美の基準を批判的に見極める（知識）

・ボディイメージにかかわり、人々を苦しめているさまざまな疾患（不安障がい、拒食や過食のような摂食障がいなど）を説明する（知識）

・自分のボディイメージを変えるために薬物を使用することは有害になりうると気づく（態度）

・ボディイメージに関して苦しんでいる人をサポートするサービスにアクセスする方法をはっきりと示す（スキル）

学習目標（15 〜 18 歳以上）

キーアイデア 身体的外見の非現実的な基準に対抗することができる

学習者ができるようになること

・特定の文化的ステレオタイプ、ジェンダーステレオタイプや、それらが人々のボディイメージや関係性にどのように影響しうるかを分析する（知識）

・身体的外見の非現実的な基準は有害になりうると認識する（態度）

・自分自身のボディイメージと、それが自尊心や性的意思決定、その後の性的行動に対しどのような影響を及ぼしうるかを省察する（スキル）

・身体的外見の非現実的基準に対抗するさまざまな方法を実際にやってみる（スキル）

キーコンセプト 7
セクシュアリティと性的行動

トピック

7.1 セックス、セクシュアリティ、生涯にわたる性

学習目標（5〜8歳）

キーアイデア 一生を通して、自分のからだや他者と親しい関係になることを楽しむことは、人として自然なことである

学習者ができるようになること

- 身体的なよろこびや興奮は自然な人間の感情であり、そこには他者との身体的親密さが含まれうることを理解する（知識）
- 身体的感覚を表す多くの言葉があり、それらには他者にその感覚を示すものや他者と親密になることにかかわる言葉もあるということを理解する（知識）
- 自分の感情を他者に示したり他者との親密さを表現する方法に関して、適切な言葉や行動と、不適切な言葉や行動があることを認識する（態度）

学習目標（9〜12歳）

キーアイデア 人間はそれぞれのセクシュアリティを一生を通して楽しむ能力をもって生まれる

学習者ができるようになること

- セクシュアリティには、他者への感情的、身体的な関心を伴うことを理解する（知識）
- 人間が一生を通じて身体的接触（キス、ふれあい、愛撫、性的接触など）からよろこびを感じるさまざまな方法を説明する（知識）
- セクシュアリティは人間の健康にかかわる一部であることに気づく（態度）
- 同性に魅力を感じる人、同性に魅力を感じると思われている人に対する差別は間違ったことであり、その差別はそれらの個々人にネガティブな影響をもたらす可能性があることを認識する（態度）
- さまざまな性的感情について伝え、理解し、適切な方法でセクシュアリティについて語る（スキル）

キーアイデア セクシュアリティに興味を抱くことは自然であり、信頼できるおとなに疑問を尋ねることは重要である

学習者ができるようになること

・セクシュアリティに興味を抱き、疑問をもつことは自然であることを認識する（態度）

・一緒にいて居心地のよい信頼できるおとなを特定し、そのおとなにセクシュアリティについての質問をすることを実際にやってみる（スキル）

学習目標（12〜15歳）

キーアイデア 性的な気持ち、ファンタジー、欲望は自然なもので、一生を通して起きるものであるが、人は常にそれらの感情を実行に移すことを選択するわけではない

学習者ができるようになること

・自分のセクシュアリティを表現するさまざまな方法を列挙する（知識）

・性的な気持ち、ファンタジー、欲望は自然なもので、恥ずかしいものではなく、一生を通して起こるものであることを提示する（知識）

・すべての人が性的な気持ち、ファンタジー、欲望を実行に移す選択をするわけではない理由を説明する（知識）

・セックスへの興味は年齢により変化し、一生を通して表現できるということを提示する（知識）

・文化や状況を超えて、人がセクシュアリティを表現するさまざまな方法を尊重する重要性を的確に認識する（態度）

・性的な気持ち、ファンタジー、欲望に関する感情を上手に扱うさまざまな方法を実際にやってみる（スキル）

学習目標（15〜18歳以上）

キーアイデア セクシュアリティは複雑なもので、一生を通して発達する生物学的、社会的、心理的、精神的、倫理的、文化的な側面を含む

学習者ができるようになること

・セクシュアリティの複雑さと、それがどれほど多面的で、生物学的、社会的、心理的、精神的、倫理的、文化的要素をどのように含むのか説明し、分析する（知識）

・セクシュアリティは、人間の自然な一部であり、ウェルビーイング（幸福）を高めることを認識する（態度）

・自分自身のセクシュアリティと、それに影響する要素について省察する（スキル）

7.2 性的行動、性的反応

学習目標（5〜8歳）

キーアイデア 人は他者にふれたり親密になったりすることで、相手に愛情を示すことができる

学習者ができるようになること

・キス、ハグ、ふれあいを含むさまざまな方法や、また時には性的行為を通して、他者に愛情や思いやりを示すことができることを提示する（知識）

キーアイデア 子どもは、何が適切なタッチで、何が適切ではないタッチなのかを理解すべきである

学習者ができるようになること

・「よいタッチ」と「悪いタッチ」を明らかにする（知識）
・子どもへの悪いタッチの方法があることを認識する（態度）
・もし誰かが悪い方法でタッチしてきた場合にすべき行動を実際にやってみる（スキル）

学習目標（9〜12歳）

キーアイデア 人には、性的刺激（身体的、または精神的）が身体的反応を引き起こしうるという性的反応の周期がある

学習者ができるようになること

・性的刺激に対する男性および女性の反応を説明する（知識）
・前期思春期の男子と女子は性的魅力や性的刺激に対する反応をより強く意識するようになることを提示する（知識）
・多くの男子と女子は前期思春期に、もしくはそれより早い段階でマスターベーションをしはじめることを説明する（知識）
・マスターベーションは、身体的、または感情的な害を引き起こさないが、一人になれる空間で行うべきことであることを認識する（知識）

キーアイデア セックス（性行動）を遅らせるだけではなく、性的に活発になることも含め、性的行動について情報に基づいた決定ができることは重要である

学習者ができるようになること

・セックス（性行動）を遅らせたり、性的に活発になったりすることを選択することのメリットとデメリットを比較対照する（知識）

- 禁欲とは、セックス（性行動）をしない選択をすること、また、セックス（性行動）をいつ、誰と、初めてするかを自ら決めることを意味し、妊娠やHIVを含む性感染症を防ぐ最も安全な方法であることを理解する（知識）
- セックス（性行動）や恋愛関係において下す決断が、自分の将来設計にどう影響しうるかを省察する（態度）

学習目標（12 〜 15歳）

キーアイデア　性的反応の周期とは、性的刺激に対するからだの生理的な反応の仕方に関するものである

学習者ができるようになること

- 性的刺激は身体的、心理的側面を伴っており、人々はそれぞれ異なる方法や異なるタイミングでそれに反応するものであることを理解する（知識）
- 性的反応は、病気、ストレス、性的虐待、薬物治療、薬物乱用、トラウマといった問題などによって影響を受ける可能性があることを認識する（態度）

キーアイデア　あらゆる社会、文化、世代はそれぞれ性的行動に関する迷信をもっているため、事実を知ることが重要である

学習者ができるようになること

- 性的行動に関する情報が入ってきたときに迷信と事実を区別する（知識）
- セクシュアリティに関する事実を知ることの重要性を的確に認識する（態度）
- 性的行動に関する迷信に問題意識をもつ（スキル）

キーアイデア　性的行動に関して情報に基づいて決定できることは重要である

学習者ができるようになること

- 情報に基づいて性的な意思決定をすること（性的に活発になるか、もしなるのなら、いつ、誰とするのかについて決定する際に、情報を十分にもち自信をもっていること）は、その人の健康やウェルビーイング（幸福）にとって重要であることを認識する（態度）
- 性的に活発になるという決定は個人的なものであり、時とともに変わる可能性があり、常に尊重されるべきであることを認識する（態度）
- 自分の性的行為に関して責任ある決定をする（スキル）

キーアイデア 健康やウェルビーイング（幸福）にネガティブな影響を強く及ぼすような性的行動のリスクを避ける、もしくは最小限にするさまざまな方法がある

学習者ができるようになること

- 性的行動にまつわるリスクを最小限にし、自分のライフプランを支えるための実行可能な選択について説明する（知識）
- コンドームやその他の避妊具は、性的行為による意図しない結果（HIV、性感染症、妊娠など）のリスクを低減することを説明する（知識）
- 挿入行為のない性的行為は、意図しない妊娠のリスクがなく、またHIVを含む性感染症のリスクも低減し、よろこびのあるものになりうることを再認識する（知識）
- 性的行動にまつわるリスクを最小限にし、ライフプランを実現するための選択肢があることを認識する（態度）
- 自分の性的行動に関して、十分な情報を基にした選択をする（スキル）

キーアイデア 取引的な性的行為、金銭や物品と性的行為の交換は、自分の健康やウェルビーイング（幸福）を危険に晒す可能性がある

学習者ができるようになること

- 取引的な性的行為とは何かを明らかにする（知識）
- 取引的な性的行為と関連するリスクを説明する（知識）
- 金銭や物品との取引を伴う性的関係は、脆弱性を高めうる不平等な力関係を増加させ、セーファーセックスを交渉する力を制限することを認識する（態度）
- 取引的な性的行為を拒否するための、積極的なコミュニケーションや断り方のスキルをはっきりと示す（スキル）

> **キーアイデア** 性的行動をとるときには、よろこびを感じられるべきであり、自分の健康やウェルビーイング（幸福）に対する責任が伴っている

学習者ができるようになること

- 性のよろこびや責任について重要な点をまとめる（知識）
- 多くの人は人生の中で、他者と性的接触をしない時期があることを再認識する（知識）
- なぜよいコミュニケーションが性的関係を向上させうるのかの根拠を示す（知識）
- ジェンダー規範やジェンダーステレオタイプが、性のよろこびに関する人々の期待や経験にどのように影響しているかを省察する（知識）
- 自分のからだの性的反応を理解することは、自分のからだを理解することに役立ち、どこかが適切に機能しなくなったことに気づくことにも役立ち、それによって助けを求めることができることを認識する（知識）
- 意図しない妊娠、HIVを含む性感染症の予防には、性的パートナーの両方に責任があることを認識する（態度）
- 性的なニーズや限度を伝える（スキル）

> **キーアイデア** 性的意思決定の際は、意図しない妊娠やHIVを含む性感染症を防ぐため、リスクを低減する方法を優先的に考えることが求められる

学習者ができるようになること

- もし出産時や性的虐待、無防備なセックスによりすでにHIVを含め性感染症に感染していた場合、他者への感染率を低減する方法を含む、意図しない妊娠や性感染症の予防に重要な、リスクを低減する方法を分析する（知識）
- 金銭や物品の取引を伴う関係は、セーファーセックスを交渉する力を制限する可能性があることを再認識する（知識）
- 意図しない妊娠や、HIVを含めた性感染症のリスク、またはこれらへの感染を低減するための選択肢があることに気づく（態度）
- 妊娠やHIVを含む性感染症の感染や性感染症の他者への感染を予防するため、リスクを低減する方法を考え、適用する（スキル）

キーコンセプト 8
性と生殖に関する健康

トピック

8.1 妊娠、避妊

学習目標（5～8歳）

キーアイデア 妊娠は、自然な生物学的プロセスで、計画可能なものである

学習者ができるようになること
- 妊娠は、卵子と精子が結合し、子宮に着床して始まることを再認識する（知識）
- 妊娠と生殖は自然な生物学的プロセスであり、いつ妊娠するかは計画可能であることを説明する（知識）
- すべての子どもは望まれ、ケアされ、愛されるべきであることを説明する（態度）
- すべてのカップルが子どもをもつわけではないことを認識する（知識）

学習目標（9～12歳）

キーアイデア 妊娠の主要な特徴を理解することは重要である

学習者ができるようになること
- 妊娠の一般的な兆候を列挙する（知識）
- 妊娠を確認することができる入手可能な検査について説明する（知識）
- 早期結婚（自発的でも強制的でも）と、早期妊娠・出産によって引き起こされる健康のリスクを列挙する（知識）
- 若年での意図しない妊娠は、健康面や社会面でネガティブな結果となる可能性があることを認識する（態度）
- もし妊娠の兆候があったときに、話すことのできる親や保護者、あるいは信頼できるおとなを明らかにする（スキル）

キーアイデア 現代的避妊法は避妊や妊娠の計画を助ける

学習者ができるようになること
- 現代的避妊法やコンドーム、その他の意図しない妊娠を避ける方法に対する迷信を修正する（知識）
- 性交をしないことが意図しない妊娠を防ぐ最も効果的な方法であることを説明する（知識）
- 意図しない妊娠のリスクを下げるために、男性用と女性用コンドーム双方の正しい使い方の手順を説明する（知識）

キーアイデア ジェンダー役割や仲間の規範は避妊具の使用の決定に影響しうる

学習者ができるようになること

- 避妊具の使用におけるジェンダー役割や仲間での規範やさまざまな影響の仕方について議論する（知識）
- コンドームやその他避妊法の利用の決定には、性的パートナーの両方に責任があることを認識する（態度）
- 避妊は男性と女性の両方の責任であることを認識する（態度）
- 避妊具についてどう思うか、またそれらの意見に影響を及ぼすジェンダー役割や仲間の規範について省察する（スキル）

学習目標（12 〜 15歳）

キーアイデア 避妊法はそれぞれに異なる成功率、効能、副効用と副作用がある

学習者ができるようになること

- 意図しない妊娠を防ぐ効果的な方法と、それぞれに関連した効能について分析する（男性用・女性用コンドーム、低用量ピル、注射、インプラント [訳注1]、緊急避妊薬など）（知識）
- 意図しない妊娠につながる個人の脆弱性について説明する（知識）
- 正しく一貫して実行されれば、性交をしないことが意図しない妊娠を防ぐ効果的な方法になるということを明言する（知識）
- 性的行動をとる場合は、コンドームと現代的避妊法を正しく一貫して使用することが、意図しない妊娠を防ぐことができることを明言する（知識）
- コンドームの正しい使い方をはっきりと示す（スキル）
- 緊急避妊薬（合法かつ入手可能な場合）は、避妊具がなかったり、避妊具の使用を失敗したり、性被害にあったことによる妊娠を含む、意図しない妊娠を防ぐことができることを説明する（知識）
- 伝統的避妊法は、現代的避妊法より信頼性がないが、現代的避妊法がない場合は伝統的避妊法でもしないよりはしたほうがよく、またそのような場合は健康の専門家に助言を求めるのがよいと思われるということを明言する（知識）
- 不妊手術は永久的な避妊方法であることを明言する（知識）

> **キーアイデア** 性的に活発で、避妊具の使用にメリットがある若者は、能力、婚姻状況、ジェンダー、ジェンダーアイデンティティ、性的指向にかかわらず、大きな障壁なしに避妊具にアクセス可能であるべきである

学習者ができるようになること

・コンドームや他の避妊具がその地域では一般的にどこで入手できるのか、また一方で、若者による入手を何らかの障壁が困難にしている場合もあることを分析する（知識）
・性行為をしている若者は誰しも、婚姻状況やセックス、ジェンダーなどを理由に、避妊具やコンドームへのアクセスを拒否されることはあってはならないと認識する（態度）
・避妊具の情報源や供給源にアクセスするさまざまな方法を実際にやってみる（スキル）

> **キーアイデア** 若すぎる出産や短すぎる出産間隔には健康上のリスクがある

学習者ができるようになること

・若すぎる出産の意味を明らかにし、それに付随する健康上のリスクを説明する（知識）
・出産間隔を空けることの利点を説明する（知識）
・妊娠を遅らせたり間隔を空けたりする重要性を認識する（態度）
・妊娠するかしないか、いつ妊娠するかについての選択を表明する（スキル）

学習目標（15～18歳以上）

> **キーアイデア** 避妊具の使用は、性的に活発な人々の妊娠を防ぎ、また、子どもをもつ・もたない、もつのであればいつもつかといった計画を助けることができる。それは避妊に関連する、個人と社会への重要な恩恵を伴っている

学習者ができるようになること

・入手可能な現代的避妊法（男性用・女性用コンドーム、低用量ピル、注射、インプラント、緊急避妊薬など）がもたらす、個人への恩恵と、ありうる副作用やリスクについて見極める（知識）
・性行為をするとき、最も適切な方法、もしくはいくつかの避妊法の組み合わせ方を決定するのに役立つ要因（判明しているリスク、コスト、入手しやすさなど）を調べる（知識）

- コンドームや緊急避妊薬を含む、避妊具を正しく使用することの重要性を認識する（態度）
- さまざまな避妊法について議論し、使用することに対する自信をはっきりと示す（スキル）
- 自分が必要になった際、望ましい現代的避妊法にアクセスするための計画を立てる（スキル）

キーアイデア 意図しない妊娠というのは起こるもので、すべての若者は健康やウェルビーイング（幸福）に必要なサービスや保護にアクセス可能であるべきである

学習者ができるようになること
- 思春期の母親が教育を受け続け修了する権利、差別なく性と生殖に関する健康にアクセスできる権利を守る法律や政策を調べる（知識）
- 在学中に妊娠した思春期の女子を排除したり除籍したりすることは、その女子に対する人権侵害であると認識する（態度）
- 意図しない／するにかかわらず、妊娠した女子や女性が入手可能なさまざまな保健サポートサービスを明らかにする（知識）
- 危険な中絶は女性にも女子にも深刻な健康リスクを引き起こすことを理解する（知識）
- たとえ妊娠が早かったり、意図しないものであっても、妊娠した女性や女子は質の高い、安全で包括的なヘルスケアとサポートにアクセス可能であるべきと認識する（態度）
- 意図した／しないにかかわらず妊娠した、またはすでに子どものいる友人や愛する人を、健康、教育、ウェルビーイング（幸福）の面でどのようにサポートできるかをはっきりと示す（スキル）

キーアイデア まだ親になる準備ができていない、または親になれないときには、養子縁組も一つの選択肢である

学習者ができるようになること
- 養子縁組のリスクと利点について見極める（知識）
- まだ親になる準備ができていない、親になれない場合には、養子縁組は重要な選択肢の一つであることを認識する（態度）

訳注 ─────────────────────────────────────

1　注射とは避妊薬の注射を、インプラントとは避妊用インプラントを指す。いずれも日本では認可されていない。

8.2 HIVとAIDSのスティグマ、治療、ケア、サポート

学習目標（5〜8歳）

キーアイデア　HIVと共に生きる人たちは平等な権利をもち、豊かな人生を送っている

学習者ができるようになること

- 適切なケア、治療、サポートを受けていれば、HIVと共に生きる人は、十分に豊かな人生を送ることができ、望めば自分の子どもをもつことも可能であると明言する（知識）
- HIVと共に生きる人は、誰もがそうであるように、愛、尊敬、ケア、サポート（とその時々に必要な治療）を平等に受ける権利があると認識する（態度）

キーアイデア　HIVと共に生きる人たちを支える医療がある

学習者ができるようになること

- 現在では、ケア、尊重、サポートによって、HIVと共に生きる人たちが自分の状態をコントロールできる効果的な治療があるということを明言する（知識）

学習目標（9〜12歳）

キーアイデア　HIVと共に生きる人にとって、安全かつ協力的な環境でHIVの状態について話せることは重要である

学習者ができるようになること

- HIVと共に生きる人たちが、自分のHIVの状態を話すことで生じる利益や、困難について説明する（知識）
- HIVと共に生きる人には、生まれたときからHIVの人もいれば、後からHIVに感染した人もいることを再認識する（知識）
- HIVと共に生きる人たちにとって安全で協力的な環境を保障する責任が誰にでもあることを認識する（態度）
- 安全で協力的な環境に貢献するさまざまな方法を実際にやってみる（スキル）

> **キーアイデア** HIVと共に生きる人は、ケアと治療に関してそれぞれに異なるニーズがあるが、そのニーズの中には副作用の可能性もある

学習者ができるようになること

- なぜHIVと共に生きる人は、ケアと治療に関して、副作用の可能性を含めてそれぞれに異なるニーズがあるのか説明する（知識）
- HIVに対する治療は一生涯続き、副作用その他の困難を伴いうることがあり、また栄養作用に関して慎重に注意を払う必要があることを再認識する（知識）
- HIVと共に生きる子どもや若者もまた治療の恩恵を受けることができるが、特に前期思春期の頃は適切な投薬とその遵守、副作用（骨密度、ARV薬剤耐性など）に慎重な注意が必要であることを明言する（知識）
- HIVにかかわるケア、治療、サービスへどのようにアクセスできるかを列挙し、実際にやってみる（スキル）

> **キーアイデア** HIVとAIDSは、家族構成や家族の役割、責任に影響しうる

学習者ができるようになること

- HIVは人間関係や家族、あるいは性的生活をもつことにおいて障壁とはならないこと、なぜならさまざまなHIVの状態にある人々が共に生活し、HIV感染のおそれなく性的パートナーになり、また感染しない子どもをもつこともできるからであることを説明する（知識）
- HIVやAIDSがさまざまな家族やその構成、役割分担、責任にどう影響するのかについて例示する（知識）
- 家族、コミュニティ、サービス、治療などのサポートがあれば、HIVと共に生きる女性は健康に過ごし、HIVに子どもを感染させることなく出産し、授乳することができるということを説明する（知識）
- すべての人にHIVと共に生きる人をサポートする責任があることを認識する（態度）
- HIVと共に生きる人をサポートするさまざまな方法を実際にやってみる（スキル）

キーアイデア 適切なケア、尊重、サポートがあれば、HIVと共に生きる人たちは、差別のない、十分に豊かな人生を送ることができる

学習者ができるようになること

- HIVの状態を理由に人を差別することは違法だと結論づける（知識）
- 生まれながらにHIVと共に生きている人がいること、治療とサポートがあれば十分に健康的で豊かな人生を送ることができることを認識する（態度）

キーアイデア HIVと共に生きる人も含め、誰もが結婚や長期的な関係を通して性的感情や愛を他者に表現する平等な権利を他の人と同様にもち、それを選択したいならできるべきである

学習者ができるようになること

- なぜHIVと共に生きる人も含めすべての人が他者に性的感情や愛を表現する権利があるのか根拠を示す（知識）
- HIVと共に生きる人も含め、すべての人の、他者に性的感情や愛を表現する権利を支持する（態度）

キーアイデア HIVと共に生きる人たちによって、あるいはかれらと共に運営されるサポートグループやプログラムをサポートすることは、有益である

学習者ができるようになること

- HIVと共に生きる人たちによって、あるいはかれらと共に運営されるサポートグループがどのように役立ちうるかを説明し、かれらの提供するサービスについて説明する（知識）
- HIVと共に生きる人たちによって、あるいはかれらと共に運営されるサポートグループやプログラムが提供する援助を的確に認識する（態度）
- 地域のサポートグループやプログラムにアクセスするさまざまな方法を実際にやってみる（スキル）

キーアイデア 適切なケア、尊重、サポートがあれば、HIVと共に生きる人たちは、生涯を通して十分に豊かな人生を送ることができる

学習者ができるようになること

- HIVと共に生きる人やAIDSを発症している人々に対するスティグマと差別の原因やその影響を分析する（知識）
- その国でHIVと共に生きる先駆的な活動家（男性、女性、トランスジェンダーの人々など）を明らかにし、人々のHIVに対する考え方や、HIVと共に生きる人々へのサポートや保護にもたらしてきた変化を説明する（知識）
- HIVと共に生きる人々の成果を的確に認識する（態度）
- スティグマや差別から自由に生きるために、HIVと共に生きる人々を含めてすべての人の権利のために、社会に向けて呼びかける（スキル）

8.3 HIVを含む性感染症リスクの理解、認識、低減

学習目標（5～8歳）

キーアイデア 免疫システムはからだを病気から守り、人の健康の維持を助ける

学習者ができるようになること
・「健康」と「病気」の概念を説明する（知識）
・人間には自分たちを病気から守る免疫システムがあることを説明する（知識）
・人が自分たちの健康を守るためにできることを列挙する（知識）

キーアイデア 人は病気にかかっていても健康的に見えることがある

学習者ができるようになること
・人は病気にかかっていても、健康に見えたり健康だと感じていたりすることを再認識する（知識）

キーアイデア 病気の有無にかかわらず、誰もが愛、ケア、サポートを必要としている

学習者ができるようになること
・健康状態にかかわらず、人は愛、ケア、サポートをいかに必要とするのかを説明する（知識）

学習目標（9～12歳）

キーアイデア 性感染症にすでに感染している人と性交をすることで、HIVを含む性感染症にかかる可能性があるが、感染しやすさを低くするさまざまな方法がある

学習者ができるようになること
・自分たちのコミュニティの中で若者にとって最も一般的な性感染症（HIV、HPV、ヘルペス、クラミジア、淋病など）とその感染経路を列挙する（知識）
・HIVは軽度の接触（握手、ハグ、同じグラスで飲むなど）であれば感染しないことを説明する（知識）

> **キーアイデア** HIVは、HIVと共に生きる人との無防備な性交を含む、さまざまな経路で感染しうるウイルスである
>
> **学習者ができるようになること**
> ・HIVのさまざまな感染経路を列挙する（HIVと共に生きる人と無防備な性交をする、HIVが混入した血液を輸血する、注射器、針または他の鋭利な器具を共有するなど。また、妊娠中、分娩時または母乳育児されている期間など）（知識）
> ・HIVは、ほとんどの人がHIVと共に生きる人との無防備な挿入を伴う性交によって感染する、あるいは感染させることを明言する（知識）

> **キーアイデア** 人々がHIVを含む性感染症への脆弱性を低くすることができるさまざまな方法がある
>
> **学習者ができるようになること**
> ・HIVに感染したり、感染させたりするリスクを低減するさまざまな方法を説明する。HIVに晒される前（コンドームの使用、可能な地域である場合は任意の医学的な男性包皮切除（VMMC）あるいは曝露前予防内服（PrEP）とコンドームとの併用）とHIVに晒された後（入手可能な地域における曝露後予防内服（PEP））の両方について（知識）
> ・コンドームの正しい使用手順を説明する（知識）
> ・入手可能な地域においては、何歳からどこで性器ヒトパピローマウイルス（HPV）ワクチンを受けられるのかを説明する（知識）
> ・望まない性的プレッシャーへの拒否や、コンドームと避妊具の正しい一貫した使用を含むセーファーセックスを実行する意思を伝えるコミュニケーション、交渉、拒絶のスキルをはっきりと示す（スキル）

> **キーアイデア** 検査はHIVを含む性感染症に感染しているか、していないかを明確にできる唯一の方法であり、HIVやほとんどの性感染症には治療方法がある
>
> **学習者ができるようになること**
> ・自分たちのコミュニティの中におけるHIVを含む最も一般的な性感染症の検査と治療についての理解をはっきりと示す（知識）
> ・検査を受けたい人をサポートするさまざまな方法を説明する（知識）
> ・検査を受ける人にとって安全で支援的な環境の重要性について認識する（態度）
> ・検査を受けるためにどこに行けばよいかをはっきりと示す（スキル）

キーアイデア **クラミジア、淋病、梅毒、HIV、HPVなどの性感染症は、予防、治療、管理が可能である**

学習者ができるようになること

・HIVを含む性感染症のさまざまな感染経路（性的行為、妊娠、分娩または母乳育児、ウイルスが混入した血液の輸血、注射器・針・その他鋭利な器具の共有など）を説明する（知識）

・挿入を伴う性交をしないことは、性的行為によるHIVやその他の性感染症を防ぐのに最も効果的な方法であることを明言する（知識）

・性的に活発であっても、HIVや性感染症に感染するリスクを軽減する特定の方法があることを説明する。例えば、一貫した正しいコンドームの使用、挿入性交の回避、"お互いに決まった一人とのみ性的関係をもつこと"の実践、性的パートナーを減らす、同時に複数人との性的関係をもつことを避ける、性感染症の検査・治療を受けるなど（知識）

・HIVや他の性感染症の、感染率の高い特定の場においては、年齢差や世代差のある関係性が、HIVの脆弱性を高める可能性があることを説明する（知識）

・セーファーセックスのために交渉し、安全でない性的行為を拒否するさまざまなスキルをはっきりと示す（スキル）

・正しいコンドームの使用手順をはっきりと示す（スキル）

キーアイデア **性の健康に関するサービスは、HIV検査、治療、コンドーム、一部ではPrEP、PEP、VMMCを提供し、HIV感染の脆弱性を見極め、必要な検査や治療へのアクセスを支援することができる**

学習者ができるようになること

・HIV検査を受けるための保健システムへのアクセス方法や、HIVと共に生きる人々へのサポートを提供するさまざまなプログラムを調べる（知識）

・利用可能なHIV検査の種類と、それらの検査がどのように行われるかを例示する（知識）

・VMMCと、それがいかに男性のHIV感染への脆弱性を減少しうるかについて説明する（知識）

- もしその地域で入手可能であれば、HIVへの曝露のおそれのある前後に、感染可能性を低減する方法としてのPrEPとPEPについて明らかにする（知識）
- すべての人が、自発的に、十分な情報を基に、プライバシーを守られながら検査を受ける権利があり、また、HIVの状態を開示する必要がないことを明言する（知識）
- HIVの感染のしやすさを見極めるために検査し、必要に応じて治療にアクセスすることの重要性を認識する（態度）
- 検査を受けたい友人をサポートする方法をはっきりと示す（スキル）

学習目標（15 ～ 18 歳以上）

キーアイデア コミュニケーション、交渉、拒絶のスキルは、若者の望まない性的プレッシャーへの抵抗や、セーファーセックス（常にコンドームや避妊具を使用することなど）を実践する意志を強めることを助けうる

学習者ができるようになること

- 個人の交渉スキルは、社会的規範、権力の不均衡、意思決定する力における個人の信条と自信に影響を受ける可能性があることを再認識する（知識）
- 望まない性的プレッシャーへの抵抗や、セーファーセックスの手段をとるために使える、効果的なコミュニケーション、交渉、拒絶のスキルを適用する（スキル）

キーアイデア 性的に活発な人々の間で、脆弱性を減らすためにどの方法を使うかの決定は、その人自身の自己効力感、判明している脆弱性、ジェンダー役割、文化、仲間の規範の影響を受ける

学習者ができるようになること

- 性的に活発なときに脆弱性を減らすための個人の決定におけるすべての潜在的な影響について批評する（知識）
- 社会における特定のグループの排除や差別は、かれらのHIVやその他の性感染症への脆弱性を高めることを認識する（態度）
- 健康やウェルビーイング（幸福）のための個人の計画を立て、実行する（スキル）
- コンドームへアクセスするさまざまな方法を実際にやってみる（スキル）

キーアイデア 性の健康にかかわるサービスは、コンドームの提供、HIV検査・治療を行っており、その中ではPrEP・PEP・VMMCを提供している場所もありうる。他の性感染症の検査や治療、避妊具やジェンダーに基づく暴力といったことへのサービスは、HIVへの自身の脆弱性を見極め、必要な検査や治療にアクセスすることを助けてくれる

学習者ができるようになること

・HIVを予防することと、HIVに対する脆弱性を最小限にすることの両方に利用できる性の健康にかかわるサービスを見極める（知識）
・PrEPやPEPを含む、安全で信頼できるHIV検査や他のさまざまなサービスにアクセスできる場所を明らかにする（知識）

サポート体制の構築と
包括的セクシュアリティ教育
プログラム実践のための計画

6

この章では、さまざまな関係者が包括的セクシュアリティ教育プログラム実践例をどのようにつくり出すことができるのかについて説明している。加えて、学校内外において、さまざまな実践者が包括的セクシュアリティ教育の計画と実践をどのようにサポートできるのかのアウトラインを示し、関与すべき関係者とかれらの役割と貢献の全体像を提供する。

6.1　包括的セクシュアリティ教育へのコミットメントの強化

　効果的な包括的セクシュアリティ教育の明白で差し迫った必要性にもかかわらず、世界中多くの国々で包括的セクシュアリティ教育は残された課題のままである。それには、包括的セクシュアリティ教育に対する実際の、あるいは予想される抵抗感や、セクシュアリティ教育の本質や目的、効果についての誤解からくる結果も含む多くの理由がある。これらの抵抗感が実際のものであれ予想されるものであれ、それらに対処することは、包括的セクシュアリティ教育を計画に取り入れるためには重要である。

　以下に述べるポイントは、包括的セクシュアリティ教育を広め全国で展開するために明確な理論的根拠を確立するための助けとなりうる。

国、地域内での若者の実際のニーズを示す科学的根拠を利用する

　科学的根拠には、HIVやその他の性感染症のリスクや脆弱性に結びつく特定の要因についての研究結果だけでなく、最も脆弱な状況に置かれている若者も含む、その地域の若者のHIVやその他の性感染症、10代の妊娠、性的行動のパターンの調査が含まれるべきである。理想としては、それらの調査には、公的なものと参加的なものと、そして量的・質的双方の情報、例えば、年齢や初交経験に関するセックス・ジェンダー別のデータ、パートナーとの力関係、レイプや強制あるいは搾取を含むジェンダーに基づく暴力に関するデータ、パートナーとの交際期間や同時並行的な関係、コンドームや現代的な避妊法の使用、保健サービスの使用が含まれるべきである。利用可能な科学的根拠を利用することは、包括的セクシュアリティ教育の授業が、生徒たちの人生をよりよくするために必要不可欠なものであることを示

BOX 2　包括的セクシュアリティ教育に関連する、 国際的な国連スタンダードと加盟国間協定の例

世界人口開発会議（ICPD）行動プログラム、北京行動綱領、そして会議の振り返りに基づく報告書は、政府に以下を求める。セクシュアリティに関して若者のポジティブで責任ある選択を可能にするため、若者のプライバシーと守秘義務、差別からの自由、また、人間のセクシュアリティ、性と生殖に関する健康、人権、ジェンダー平等に関して科学的根拠に基づいた包括的教育の提供に細心の注意を払ったうえで、性と生殖の健康に関する保健サービス、情報、教育が若者のニーズを満たせるよう尽力すること。

持続可能な開発目標（SDGs）を含む、持続可能な開発のための2030アジェンダは以下を定める。あらゆる年齢のすべての人々の健康的な生活を確保し、福祉を促進する（SDG3）。すべての人に包摂的かつ公正な質の高い教育を確保し、生涯学習の機会を促進する（SDG4）。ジェンダー平等を達成し、すべての女性および女子をエンパワーメントする（SDG5）。

人権理事会は各国に以下を求める。思春期を含むすべての若者に対して、包括的セクシュアリティ教育を含め、発達段階に適し、正しく充実した情報に基づいた、教育プログラムと教材の開発、実施をすること。

子どもの権利委員会は各国に以下を強く奨励する。科学的根拠と人権基準に基づき、かつ、思春期の子どもと共に開発された、年齢に適する包括的でインクルーシブな性と生殖の健康に関する教育は、学校教育内で必須であり、かつ学校の外にいる思春期の子どもにも届かなければならない。

経済的、社会的および文化的権利委員会は以下を奨励する。性と生殖に関する権利を実現するには、締約国が、包括的、非差別的、科学的根拠に基づいた、科学的に正確で年齢に適した性と生殖に関する教育を受ける権利などの義務を果たす必要がある。

付録Ⅰ「包括的セクシュアリティ教育（CSE）に関連する国際協定、文書、スタンダード」を参照のこと。

す助けとなりうる。

包括的セクシュアリティ教育をサポートする既存の国際的な、地域の、地方の枠組み、国際条約を利用する

　政治的関心を高めることから包括的セクシュアリティ教育プログラムの開発と投資まで、さまざまな地域が、包括的セクシュアリティ教育プログラムの発展と実践におけるリーダーシップを示している。

- **西ヨーロッパ**は、50年前に学校を基盤にした包括的セクシュアリティ教育プログラムの導入を開始した。スウェーデン、ノルウェー、オランダといった国々は、長年の学校での包括的セクシュアリティ教育プログラム実践の経験をもち、学校においてセクシュアリティや性と生殖に関する健康と権利（SRHR）に関連する問題についてオープンに議論することに慎重なままである東ヨーロッパや中央アジアといった地域の国々に比べ、思春期にある若者の妊娠率は明らかに低い。例えばエストニアでは、包括的セクシュアリティ教育の発展が、若者の性的健康指標の着実な向上に強く関係していることを、いくつもの調査結果が徐々に証明してきている。意図しない妊娠、中絶、HIV感染の率の低下といった、昨今の改善傾向は、若者向けの性の健康にかかわるサービスの提供の進展とともに、学校教育において包括的セクシュアリティ教育プログラムが義務として展開されたことによるものである（UNESCO, 2011a）。

- **ラテンアメリカおよびカリブ地域（LAC）**においては、2008年に署名された教育的予防に関する閣僚宣言を踏まえて、健康大臣と教育大臣が、包括的セクシュアリティ教育に取り組む約束を宣言した。政府は、部門間での調整を確実にすることを約束し、「HIVおよび性感染症の予防を含む包括的セクシュアリティ教育と性的健康促進のための多部門による戦略」を実施し強化していくことに同意した（UNESCO, 2015a）。健康部門と教育部門の協力が不可欠であることについての宣言の主眼は、国による包括的セクシュアリティ教育の政策と内容に関する取り組み、若者にとってより利用しやすい性と生殖に関する健康

サービス、さらにその両者のリンクのための転換点を示したことにある。

- 同様に、**東および南アフリカ**においては、思春期を含む若者のための包括的セクシュアリティ教育や性と生殖に関する健康サービスについての（東および南アフリカの）政府公約によって、政策決定者は、包括的セクシュアリティ教育へのアクセスを確保するという政治的意志を明確に示している。この重要な公約は、文化に関連したアプローチを採用し、質が高く包括的でライフスキルを重視した包括的セクシュアリティ教育、若者向けのHIV、性と生殖に関する健康サービスに、思春期を含むすべての若者がアクセスできることを保障することを明確に優先している（UNESCO, 2013b）。

- **アジア太平洋地域**は、伝統的にHIV教育の実施に非常に有利な政策的環境があり、この地域のほとんどの国が、HIVの国家戦略に包括的セクシュアリティ教育を組み込んでいる（UNESCO, 2012）。2013年に開催されたアジア太平洋人口開発会議において、すべての人々、特に最貧層の最も周辺化されやすい人々の性と生殖に関する健康と権利を保障することに重点を置いた公約が発表された（ESCAP, 2013）。

子どもと若者の社会的および感情的なウェルビーイング（幸福）の重要性に関する議論を共有する

社会性と感情の学習は、学習に欠かせない部分であり、生徒のウェルビーイング（幸福）や認知の結果に影響を与える。さらにそれは、優しさ、共有、共感といった向社会的行動[訳注1]を高め、学校に対する生徒の態度を改善し、生徒のうつ病やストレスを軽減する（Durlak et al., 2011; OECD, 2017）。包括的セクシュアリティ教育プログラムは、自己認識、自己管理、社会的認識、人間関係のスキル、責任ある意思決定など、効果的な社会性と感情の学習に密接に関連したスキルの発達を助ける。

包括的セクシュアリティ教育への疑問や不安に答える

表3は、包括的セクシュアリティ教育プログラムが最初に提案され

たときに、よく起こる一般的な誤解や懸念に関する情報と、それらに対応する方法についての提案を示している。教育省と健康省のスタッフ、学校長、教員は、教育や健康にかかわる部門が包括的セクシュアリティ教育を提供する必要性に確信がもてなかったり、あるいは包括的セクシュアリティ教育プログラムを実施する自信やスキルが不足しているためにそれらを提供することに抵抗感があったりするかもしれないので、これらの疑問や応答を明確に理解することは重要である。また、教員の個人的あるいは職業的な価値観が、取り組むよう求められている課題と衝突することがあるかもしれないし、あるいは、教育の専門家は、何をどのように教えるべきかについての明確な指針を必要としているかもしれない。

包括的セクシュアリティ教育におけるリーダーシップとコミットメントを実践する主要な関係者の役割

国のレベルでは、包括的セクシュアリティ教育を強化することを可能にする支援的な環境を準備する政策的・倫理的リーダーシップを提供することにおいて、教育省、健康省、同時にジェンダーに関連する省庁は重要な役割を果たす。同様に、これらの省庁は、セクシュアリティ教育の開発と実行に関与しなければならない政府と市民社会のさまざまな部門間での合意を築くうえで中心となる。

その他、リーダーシップとコミットメントを提供しうる重要な関係者として、次のようなものが含まれる。例えば、親やPTA、教員や校長および学校検査官や教員養成機関を含む教育の専門家や機関、宗教の指導者や信仰に基づく組織、教職員組合、研究者、コミュニティや伝統的指導者、LGBTIグループ、NGO（特に若者と共に性と生殖に関する健康と権利に取り組む人々）、HIVと共に生きる人々、メディア（地域ネットと全国ネット）、関連する寄付者や外部の資金提供者などである。

擁護者の役割

「擁護者」との連携は、セクシュアリティ教育への認識を高め、ポジティブなアプローチを促進することができる。擁護者とは影響力のある考えをもつ人で、政治家、有名人、若者、宗教の指導者、教育分野内外の人々を含み、包括的セクシュアリティ教育の重要性を確信し

表3. 包括的セクシュアリティ教育についての一般的な懸念

懸念	対応
・包括的セクシュアリティ教育は早い初交経験につながる	・世界各国の調査は、セクシュアリティ教育が初交経験を早めることは、まずめったにないということを明らかに示している。調査は、包括的セクシュアリティ教育が初交年齢に直接影響を及ぼすことはないこと、そして、実際にそれは、初交経験をより遅くすることと責任ある性的行動につながることを示している。さらなる情報は第4章を参照。
・包括的セクシュアリティ教育は「寝た子を起こす」	・調査結果は、子どもや若者たちが、科学的に正確で、道徳的な判断を排した、年齢と発達段階に応じた適切な情報を、正規の学校教育の初期から注意深く計画的な過程を経て受け取ることで、恩恵を受けるということを示している。包括的セクシュアリティ教育が欠如している中では、若者は、仲間やメディア、他の情報源から混乱した、時にはダメージさえももたらすメッセージに対して無防備な状態になる可能性がある。質の高いセクシュアリティ教育は、ポジティブな価値観と関係性に重点を置き、バランスのとれた正確な情報を提供する。セクシュアリティ教育は、性（セックス）を超えるもの、つまりからだ、思春期、関係性、ライフスキルなどについての情報を含むものである。
・包括的セクシュアリティ教育は私たちの文化や宗教と対立する	・「ガイダンス」は、その地域の文化的な文脈の中で取り入れられるために、それぞれのコミュニティの文化を保護する人々の間で、サポートが保障され、構築される必要性を強調している。人々の宗教的信条は、かれらが獲得した知識でどのように行動するのかといった情報を与えてくれるので、中心となる関係者（ステークホルダー）は、宗教的指導者も含め、そこでの宗教や文化の中心的な価値観に合わせるために、プログラムの開発者や提供者を支援することができる。「ガイダンス」はまた、特に女子や若い女性、周辺化された人々に対する人権侵害や、あるいはかれらの脆弱性やリスクを高めるようなネガティブな社会規範や有害な慣習について反省的に認識し、取り組む必要性を強調している。
・若者にセクシュアリティについて教育するのは親や拡大家族の役割である	・セクシュアリティや人間関係への健康的なアプローチを形成するための情報やサポート、ケアといった最初のよりどころとして、親や家族は根本的な役割を果たす。とはいえ政府は、教育省、学校、教師を通して、すべての子どもと若者に、安全で支援的な学習環境下での全面的な教育を、同時に質の高い包括的セクシュアリティ教育プログラムの実施に必要な教具や教材を提供することによって、親や家族が果たすべき役割をサポートし、補完すべきである。
・親は学校でのセクシュアリティ教育に反対するだろう	・子どもが性的なアイデンティティや性的・社会的関係性の主要な面を形成するうえで親は重要な役割を担っている。学校における包括的セクシュアリティ教育プログラムに対する親の反対は、多くの場合、包括的セクシュアリティ教育やその影響に対する不安や情報の欠落からきている。というのも、親たちは、セクシュアリティや性と生殖に関する健康についてのメッセージが、家族の価値観に根ざしたものであることを確認したいのである。包括的セクシュアリティ教育プログラムは、親の役割を引き継ぐものではない。むしろ、親との協力関係を築き、親を巻き込み、親をサポートするものである。

6

サポート体制の構築と包括的セクシュアリティ教育プログラム実践のための計画

167

懸念	対応
	・ほとんどの親は、学校における質の高いセクシュアリティ教育プログラムの強力な支持者の一人である。多くの親たちは、子どもと共に「性に関する問題」にアプローチし話し合うことの助けになる外部からのサポート、難しい状況（子どもがインターネットでポルノグラフィを見ているとき、あるいはソーシャルメディアでいじめられているときなど）に対応する方法、そして、正確な情報にアクセスし提供する方法を高く評価している。
・包括的セクシュアリティ教育は思春期の若者にはよいかもしれないが、幼い子どもには不適切だ	・幼い子どももまた、かれらの年齢に応じた正確な情報は必要としている。「ガイダンス」は年齢と発達段階に適応させるという原則に基づいており、第5章で示した学習目標の枠組みにそれを反映させている。さらに「ガイダンス」は、その地域やコミュニティの状況（文脈）を考慮に入れるための柔軟性を提供し、性的関係に限らないさまざまな人間関係を網羅している。子どもたちは、かれらが自らのセクシュアリティに基づいて行動するかなり前から、そういった人間関係を認知し把握しており、だからこそ、早い段階から、自分のからだや人間関係、それらに対する感情について理解するためのスキルと知識が必要なのである。
	・「ガイダンス」は、からだの部分の正しい名称を学習し、人間の生殖に関する原理と事実を理解し、家族や対人関係を探求し、性的虐待などからの保護とその予防や報告について学ぶための安全な環境を子どもたちに提供することによって、健康的な子ども期を過ごすための基盤を用意している。包括的セクシュアリティ教育はまた、自分の感情、自己管理（衛生、感情、行動など）、社会的認識（共感など）、人間関係のスキル（ポジティブな関係性、衝突したときの対応）、責任ある意思決定（建設的で倫理的な選択）などについて学ぶことによって、自信をつける機会を子どもたちに提供する。これらのトピックは、子どもの年齢や発達する能力に応じて、段階的に示されている。
・教員は、居心地の悪さを感じたり、包括的セクシュアリティ教育を教えるためのスキルが不足していたりするかもしれない	・十分にトレーニングとサポートを受けたモチベーションの高い教員たちは、質の高い包括的セクシュアリティ教育を実施するうえで重要な役割を果たす。教員は学校の中で、成長や人間関係、セックスについての学習者からの質問に直面することがたびたびあるが、そうした質問に対して、教員たちが適切で安心感のある方法で応答することは重要である。
	・明確な部門ごとの学校の方針とカリキュラムは、教員へのサポートをよりよいものにする。同様に、制度化された教員養成と現職教員への研修と学校側からのサポートも教員を支える。カリキュラムに包括的セクシュアリティ教育を正式に位置づけること、同時により高い専門性の向上とサポートに重点を置くことで、教員たちは、かれらのスキルと自信を高められるよう励まされるべきである。

168

懸念	対応
・包括的セクシュアリティ教育を教えることは教員にとって難しすぎる	・セクシュアリティについて教えること、語ることは、セックス、ジェンダー、セクシュアリティについてのネガティブで混乱を招くメッセージが存在する社会的、文化的な状況の中では困難なものになる。同時に、多くの教員や教育者には、学習者との信頼関係を構築し、積極的に話を聞き、ニーズや関心事を確認し、情報を提供するためのスキルがある。教員は、参加型の方法を通して、包括的セクシュアリティ教育の内容についてトレーニングを受けることができるのであり、セクシュアリティに関する専門家になることが期待されているわけではない。このようなトレーニングは、教員養成段階（新任前）のカリキュラムの一部として、あるいは現職教員の研修として組み込むことができる。
・包括的セクシュアリティ教育は他の教科（生物、ライフスキル、市民教育）ですでにカバーされている	・「ガイダンス」を利用することで、絶えず変化し急速に発展する包括的セクシュアリティ教育の領域を基盤に、カリキュラムや教育実践、その科学的根拠を評価する機会が提供される。また、その学習内容が学校のさまざまな教科にわたっていたとしても、包括的な一連のトピックや学習すべき内容を、学校が十分にカバーしているかを確認する機会も提供される。さらに、効果的な包括的セクシュアリティ教育には、他の教科の中では必ずしも含まれない態度やスキルを基盤とする数多くの学習成果が含まれている。
・セクシュアリティ教育はポジティブな価値と責任を促進すべきだ	・「ガイダンス」は、尊重、受容、平等、共感、責任、相互性といった普遍的人権と密接にかかわる価値観に重点を置く、権利を基盤としたアプローチを支持している。セクシュアリティ教育への包括的なアプローチにおいて、価値と責任に焦点を当てることは不可欠である。包括的セクシュアリティ教育は、学習者が、一連のトピックに関連する自分自身の価値や態度を評価し明らかにすることを促進する。
・若者はインターネットやソーシャルメディアを通じてセックスやセクシュアリティに関するあらゆることをすでに知っている	・若者にとって、インターネットやソーシャルメディアは、セクシュアリティに関する情報やかれらの疑問に対する答えを入手するすぐれた方法になりうる。他の場所にある情報には素早く簡単にたどり着くことができないために、かれらはオンラインメディア（ソーシャルメディアを含む）を頻繁に使用する。しかしながら、オンラインメディアが必ずしも年齢にあった、科学的根拠に基づく事実を提供するとは限らず、実際にはバイアスのある歪んだメッセージを発信することもありうる。若者にとって、正確な情報とそうでない情報を見分けることは簡単なことではない。オンラインメディアは若者に大量の情報を提供しうるが、そこには、かれらがそれらの問題について話し合ったり、振り返ったり、討論したりする、あるいは関連するスキルを発達させるといった余地はない。包括的セクシュアリティ教育は、ソーシャルメディアやポルノグラフィを通じて得るイメージ、慣行、規範、性的なスクリプト（筋書き）の意味を考え理解するための場を用意する。包括的セクシュアリティ教育は、感情的な親密さ、同意についての交渉、現代的避妊方法について話し合うことといった、ポルノグラフィには欠落しているセクシュアリティの側面について学ぶ機会を提供する。包括的セクシュアリティ教育はまた、若者がインターネットやソーシャルメディアを安全に利用することを支援し、正確で事実に基づいた情報を見分けるための援助をすることができる。

6

サポート体制の構築と包括的セクシュアリティ教育プログラム実践のための計画

169

懸念	対応
・宗教の指導者はセクシュアリティ教育をサポートしないかもしれない	・宗教の指導者は、学校におけるセクシュアリティ教育において独自の役割を果たす。信仰に基づく組織は、性の健康とセクシュアリティ教育に関する議論を始めるために、宗教の指導者にどのようにアプローチすればよいのかについての指針を、プログラム開発者やプログラム提供者に与えることができる。モデル、メンター（助言者）、代弁者として行動する宗教の指導者は、若者のウェルビーイング（幸福）に価値を置く信仰に基づくコミュニティの代表になる。若者は自分たちの人生にかかわる倫理的な指針を求めており、すべての若者には、感情的にも身体的にも健康的な関係をかれらに保障しうるセクシュアリティについての信頼できる情報とかれらに寄り添った指導を受ける権利がある。事実として不正確で、情報を控えるようなセクシュアリティ教育は、思春期にある若者の現実を無視しており、若者を病気や意図しない妊娠といった無用のリスクに晒し、何よりも、かれらのいのちと人間の尊厳を危険に晒す。多くの信仰に基づくコミュニティは、その経験から、そして非常に多くの研究も示しているように、責任ある意思決定と人間関係における相互尊重を重視したセクシュアリティ教育を受けた若者が、性的活動を遅らせる傾向にあることを知っている（UNESCO, 2009）。
・包括的セクシュアリティ教育は若者を非伝統的なライフスタイルに誘い込もうとする手段である	・「ガイダンス」の最も中心的な基本原則は、性的行動や性的指向、ジェンダーアイデンティティ、あるいは健康状態に対する道徳的判断をせずに、最高の健康とウェルビーイング（幸福）を実現するために、誰もが正確な情報とサービスへの権利を有しているということである。「ガイダンス」は、ジェンダーにも重点を置いた権利を基盤にしたアプローチをとっており、性的行動や性的指向、ジェンダーアイデンティティの問題を含む、ジェンダー規範や社会規範に時には同調することなく、あらゆる社会において人々がさまざまなやり方で自分を表現することを認めている。それは、何か特定のライフスタイルを支持したり推奨したりするものではなく、むしろすべての人の健康とウェルビーイング（幸福）を促進するものである。

ている人である。かれらはその地域の状況を理解し、そのコミュニティの中で評価されている。かれらはかれらのネットワークを通じて、国レベルや地域レベルで、議会、学校、あるいはコミュニティの中で呼びかけることができ、報道と連携することができ、若者の健康や感情的ウェルビーイング（幸福）に包括的セクシュアリティ教育がもたらすポジティブな影響についての認識を高めるためにソーシャルメディアを利用することができる。

**BOX 3　包括的セクシュアリティ教育を社会に向けて呼びかけることと
その実施における若者の参加**

　子どもの権利条約は、子どもの参加する権利を認めている。「その
子どもに影響を及ぼすすべての事項について自由に自己の意見を…表
明すること…。(その意見は)その子どもの年齢及び成熟度に応じて正
当に重視されること」(第12条)。さらに、国際人口開発会議(ICPD)
の1994年行動計画(POA)は、特に、生殖の健康に関するプログラ
ムに若者が参画する権利を認めており、2012年の人口開発委員会に
よる成果文書と若者のための世界行動計画(World POA on Youth)で
も同様である(国連では2007年に採用)。若者は、包括的セクシュア
リティ教育プログラムのための社会に向けた呼びかけ、開発、実施、
評価において多様な役割を果たすことができる(Kirby, 2009)。プロ
グラム介入に関するオペレーションズ・リサーチ[訳注2]から得られた
結果は、若者のアイデア、結びつき、独自の専門知識をプログラムに
取り入れることで、介入の到達度、魅力、妥当性、有効性が向上する
ことを証明している(Jennings, et al., 2006; SRHR Alliance, 2016; Villa-
Torres and Svanemyr, 2015; IPPF, 2016)。

6.2　包括的セクシュアリティ教育プログラムの
　　　計画作成と実施へのサポート

　学校を基盤とした、また学校外の包括的セクシュアリティ教育の計
画と実施において、さまざまなレベルからの多様な関係者が協働すべ
きである。国、地域において権限をもつ者、学校やコミュニティは、
国の政策の開発、カリキュラムの更新、新しいカリキュラムを進める
ための仕組みや計画の作成などに、さまざまな段階、さまざまな範囲
で携わるべきである。以下では、学校内外の両方で、包括的セクシュ
アリティ教育の計画と実施を、さまざまな関係者が異なるレベルで、
どのようにサポートできるのかについての情報を提供する。

国・地域レベル

　いくつかの国では、地域の教育省が、関連する政策の開発、ナショ
ナルカリキュラムの改善、包括的セクシュアリティ教育プログラムの

開発と実施における支援のため、国家諮問委員会や特別委員会を設置している。

　諮問委員会や特別委員会のメンバーは、多くの場合、［包括的セクシュアリティ教育の＝訳者］意識化と擁護に参加すること、ナショナルカリキュラムや政策の草案資料や改善点を再検討すること、モニタリングや評価のための計画を含む教室での実践のための包括的な取り組み計画を開発することができる。政策レベルでは、包括的セクシュアリティ教育に関して十分に開発された国内政策は、教育部門の計画、ならびにHIVと性と生殖に関する健康についての国家戦略計画および政策枠組みと明確に結びつけることができる。

学校レベル
学校の権限とマネジメントの役割

　総合的に見て、学校のポジティブな環境が、［包括的セクシュアリティ教育の＝訳者］プログラムの十分な実施を促進し、それによる効果を確かなものにすることがわかっている（Picot et al., 2012 in UNESCO, 2016c）。学校の権限とマネジメントによって違いが生じるいくつかの方法には以下のものが含まれる。

- **リーダーシップとマネジメントの提供**：包括的セクシュアリティ教育への動機づけやサポートだけでなく、包括的セクシュアリティ教育を実施し若者のニーズに対応するための適切な環境をつくり出すため、学校のマネジメントによるリードが期待されている。教室の観点から見れば、発見、学習、成長を通して、セクシュアリティについてのよりよい理解に子ども、若者たちを導くことが、指導的リーダーシップとして、教員に求められている。不確実で対立的な環境の中では、管理職や教員のリーダーシップの能力によって、その計画的な介入が成功するか失敗するかという違いが生じうる。

- **包括的セクシュアリティ教育の準備をサポートする方針の策定と強化**：繊細で時に論争の的にもなるという包括的セクシュアリティ教育の性質により、支援的で包括的な法律と政策を整えることが重要になる。なぜなら、包括的セクシュアリティ教育

の実施は、個々の個人的選択というよりはむしろ制度政策の問題だということが示されているからである。国内および学校全体の、明確で関連する一連の政策あるいはガイドラインの中で包括的セクシュアリティ教育を実施することには、非常に多くの利点がある。その中には、包括的セクシュアリティ教育プログラム実施のための制度的基盤の提供、包括的セクシュアリティ教育プログラムの実施に対する懸念の予測と対応、守秘に関する基準設定、適切な行動の基準設定、包括的セクシュアリティ教育を実践する教員の責任の保護とサポート、もし必要ならば、学校やコミュニティの中でのかれらの地位を保護しあるいは向上させることが含まれる。

　前述したことのいくつかは、既存の学校の方針の中に位置づけられているものもあるが、既存の指針がない場合は、包括的セクシュアリティ教育に関する方針が、次のような学校の責務を明らかにし強化するだろう。

・研修を受けた教師によってカリキュラムを実施する。
・親を巻き込む。
・ジェンダー平等、セックス／ジェンダー／性的指向／ジェンダーアイデンティティにかかわらず差別しないこと、そして、すべての学習者の権利を尊重することを促進する。
・包括的セクシュアリティ教育の実施をサポートするための財源と人材を割り当てる。
・親の懸念に対する対応手順を設定する。
・妊娠した学習者がかれらの教育を継続できるよう支援する。
・学校を包括的セクシュアリティ教育の実施にとって安全な環境にする。例えば、性的指向やジェンダーアイデンティティを理由にしたスティグマや差別を含む、セクシュアルハラスメントやいじめは一切容認しない。
・学校を健康が促進される環境にする。例えば、男子にも女子にもそれぞれ、清潔で、プライバシーが保たれた個室の、水洗トイレを用意する。
・方針に違反した場合は何らかの行動をとる。例えば、守秘義務違反、スティグマや差別、セクシュアルハラスメント

やいじめなど。

・その地域の法律に従いながら、地域の性と生殖に関する健康サービスおよびその他のサービスへのアクセスと連携を促進する。

・教員と学習者の性的関係を禁止する職業上の行動規範（それを厳格に守らせること）を確認し、その規範に対する違反が発覚した教員に対して一貫した対応をする。

教師の役割

　教師は、包括的セクシュアリティ教育の実施において中心的な存在である。かれらはセクシュアリティおよび性と生殖に関する健康についてより複雑な問題を教えることができるようになるために、信頼と委任と資源を必要としている。包括的セクシュアリティ教育カリキュラムを効果的に実施するためには、かれらは法律的枠組み、学校マネジメント、地域の権威ある立場にある人々に支えられていると感じ、研修と資源にアクセスできる必要がある。包括的セクシュアリティ教育は、誰か特定の教員の努力や責任によってなされるのではなく、すべての教育者が互いに支え合い、包括的セクシュアリティ教育プログラム実施の経験を共有する共同の努力でなされるべきである。包括的セクシュアリティ教育の実施を担当する教員には、セクシュアリティを正確かつ明確に説明するために必要な特定のスキルや活動的な参加型の学習方法を使う研修が必要である。

学校内で活動している保健医療提供者および教員以外のスタッフの役割

　包括的セクシュアリティ教育と関連するサービスの連携は、若者の性と生殖に関する健康をサポートする効果的な方法として示されている（UNESCO, 2015a; Hadleyet al., 2016）。例えば、学校看護師は追加の情報やカウンセリングを提供し、クラスでの活動をサポートし、子どもや若者に外部の性と生殖に関する健康やその他のサービスを紹介することができる。管理人や清掃員など他のすべての教員以外のスタッフは、包括的セクシュアリティ教育および子どもの保護に関する方針と原則、ならびに、HIVと共に生きる若者やLGBTIなどに関するガイドラインを知っていなければならない。

174

学校における生徒の役割

　生徒は包括的セクシュアリティ教育のサポートを構築するうえで、積極的な役割を果たす必要がある。生徒会、その他の学生グループ、個々の若手リーダーたちが、包括的セクシュアリティ教育プログラムの設計・モニタリング・評価についての意見を提供すること、包括的セクシュアリティ教育の正当性を明らかにするためにかれらの仲間のニーズに関する情報を収集すること、あるいはかれらの人生における包括的セクシュアリティ教育の重要性について親や他のコミュニティメンバーとの対話を始めることを、積極的に奨励するべきである。

コミュニティレベル

信仰に基づく組織や非政府組織（NGO）を含む、コミュニティ内の多様な関係者グループ

- コミュニティの指導者は、フォーマルな場でもノンフォーマルな場でも、実施される包括的セクシュアリティ教育プログラムを受け入れ、サポートするための道を開くことができる。これらの関係者と協働し、不正確な情報に対処し、コミュニティが抱えるかもしれない包括的セクシュアリティ教育に関する既存の神話や誤解を払拭することが極めて重要である。コミュニティの指導者たちはまた、プログラムの内容をその地域の状況にあったものにするための努力に対するサポートを提供することもできる。

- 宗教や信仰に基づく組織は、多くのコミュニティの生活の中で重要な役割を果たしている。宗教指導者は、そのコミュニティに与える影響と権威によって、人間の尊厳と全体性を尊重するという神学的基盤から話をすることができる（Religious Institute, 2002）。こうした組織と共に、そして異なる信仰をもつ若者と共に対話を続けることは重要である。議論を通してのみ、包括的セクシュアリティ教育プログラムの内容に関する複雑な問題に取り組むことができるのである。ほとんどの宗教は、強制と虐待から解放された健康的で愛情のある関係の構築を推進しており、すべての宗教は、若者が健康で幸せでいることを望んでいる。対話は、宗教が教えていること、科学的根拠が証明して

いること、そしてその地域の若者にとっての生きている現実との間のバランスを見つけることを助けることができる。

●その地域のNGOは、学校や教員がより多くの情報を求めたり、あるいは包括的セクシュアリティ教育カリキュラムを強化または補完するトピックについて話し合うためのゲストスピーカーとして招いたりする貴重な資源として役立つ。コミュニティを基盤とした包括的セクシュアリティ教育プログラムをもつNGOもある。

親

　若者の認識や行動は、家族やコミュニティの価値観、社会的規範や状況に大きく影響される。したがって、親や家族、その他の地域関係者の協力と支援は、最初の段階から求められ、定期的に強化される必要がある。子どもと若者の安全やウェルビーイング（幸福）を促進するうえで、学校と親・保護者の両方が共有する主要な関心事を強調することが重要である。長期的な成果を確実にするためには、親・保護者が包括的セクシュアリティ教育の提供について理解し、サポートし、関与することが不可欠である。親あるいは他の信頼できるおとなと、選定されたトピックについて話し合う宿題を生徒たちに提供することが、セクシュアリティに関する親と子のコミュニケーションを向上させる最も効果的な方法の一つであることを研究は示している（UNESCO, 2009）。指針に示された構造的な教育と学習のプロセスを実行する際に、教員と親が互いにサポートするならば、子どもや若者の個々の成長の可能性ははるかに高くなるだろう。

メディアとその他のゲートキーパー

　テレビ、新聞、雑誌、インターネットなどのマスメディアは、包括的セクシュアリティ教育に関する人々の考えや誤解に大きな影響を与える。これらの発信は、そのメッセージの結果に必ずしも関心があるわけではなく、健康的なセクシュアリティの促進よりも、観衆を惹きつけることにより重点が置かれていることもある。正確なメッセージを伝えるためには、メディアが、科学的根拠に基づいた情報にアクセスできることが重要である。

医療提供者

　医療提供者は、性と生殖に関する健康についての若者の共通のニーズに関する情報を提供することによって、また、かれらの教育手法の結果についての情報や教訓を共有することによって、さらに包括的セクシュアリティ教育と保健サービスの連携強化の努力に積極的に参加することによって、包括的セクシュアリティ教育をサポートするのに適した立場にある。

訳注 ─────────────

1　prosocial behaviours。他者に利益をもたらすために自発的になされる意図的行動のこと（山本多喜司監修『発達心理学用語辞典』北大路書房、1991 年参照）。
2　科学的方法（主として数学や行動科学）および用具（主としてコンピュータ）を体系（システム）の運営方策に関する問題に適用して、方策の決定者（例えば経営者）に問題の解を提供する技術（ブリタニカ国際大百科事典）。

効果的な包括的セクシュアリティ
教育プログラムの実施

7

本章では、知識の向上、価値観や態度の明確化、スキルの向上、行動への影響という点で効果的であることが判明している評価済みの包括的セクシュアリティ教育プログラムに共通する特徴を説明する。また包括的セクシュアリティ教育の設計、実践、モニタリング、評価、拡大など、包括的セクシュアリティ教育の開発と実施のすべての段階に対する推奨事項も含まれている。

7.1　はじめに

以下に述べる、効果的なカリキュラムの開発、実施、モニタリングの特徴は、包括的セクシュアリティ教育プログラムの一連の研究およびレビューでの知見に基づいている（UNESCO, 2009; WHO Europe and BZgA, 2010; UNFPA, 2014; UNESCO, 2016c; Pound et al., 2017）。包括的セクシュアリティ教育を開発し、実施する際には、既存の基準やガイドラインを基に進め、実践と評価のための明確な手順を開発することが重要である。

包括的セクシュアリティ教育について、その内容だけでなく、その実施自体も同等に重要であることを示す科学的根拠が増えている。効果的なセクシュアリティ教育は、若者が居心地よく参加し、プライバシーが尊重され、ハラスメントから保護され、包括的セクシュアリティ教育の内容に示されている原則が学校の精神に反映されている安全な環境で行われなければならない（Pound et al., 2017）。

これらの推奨事項は、世界各地の包括的セクシュアリティ教育の各分野の専門家や実践者によって開発された既存の実用的なマニュアル、ガイド、ツールキット、および活動枠組みによって補完することができる。

7.2　効果的なカリキュラム開発の特徴

準備段階

1. 人間のセクシュアリティ、行動変容、および関連する教育学理論の専門家を巻き込む

　数学や科学、その他の分野と同様に、人間のセクシュアリティは広

範な研究や知識に基づいて確立された分野である。この研究と知識に精通している専門家を、カリキュラムの開発、選定、適用に巻き込むべきである。さらに包括的セクシュアリティ教育カリキュラムの開発者は、ジェンダー、人権、健康といった問題について理解している必要がある。同時に、若者がさまざまな年齢でとるリスクのある行動、これらの行動に影響を与える環境や認知的要因、そして三つの学習領域（ジェンダー、人権、健康）に取り組む参加型の方法論を通して、これらの要因にどのように対処するのが最善かについても理解している必要がある。包括的セクシュアリティ教育のカリキュラム開発者はまた、ポジティブな結果をもたらした他の包括的セクシュアリティ教育プログラム、特に似たようなコミュニティや若者を対象としたものについての知識も必要である。開発者がこの経験を欠いている場合は、子どもや若者の発達やセクシュアリティに関する専門家が、適切な内容や文脈を保障するために参画すべきである。

2. 若者、親／家族、その他のコミュニティ関係者を巻き込む

　セクシュアリティ教育の質は、若者の計画性のある参加によって向上する。学習者はセクシュアリティ教育をただ受けるだけの存在ではなく、むしろセクシュアリティ教育の内容の編成、試行、実践、改善において積極的な役割を果たすことができ、またそうすべき存在である。若者の参加は、セクシュアリティ教育が単に教育者によって事前に設定された計画に従うものではなく、若者のニーズに即し、自分自身のセクシュアリティを模索する中での現実に基づくことを確実にするものである（WHO Europe and BZgA, 2010）。若者の意見は、ピアエデュケーターを含むさまざまなタイプの教育者によるカリキュラムの使い方や、フォーマルおよびインフォーマルな設定を含むさまざまな文脈に活動を適応させる方法を決定するのに役立ちうる。親やコミュニティのリーダーたちもまた、重要な役割を果たす。宿題を課したり、親と子どものための時間を放課後に設けたり、親にプログラムについて学ぶことを奨励したりするなど、より高いレベルで親の関与やコミュニティへの関心を伴った介入は、子どもの性の健康の改善に最も大きな影響を示した（Wight and Fullerton, 2013 in UNESCO, 2016c）。

3. プログラムの対象となる子どもや若者の能力の発達に基づいて、
   社会的および性と生殖に関する健康のニーズと行動を評価する

　カリキュラムの計画プロセスにおいては、望まない、意図しない、無防備な性的行動につながる既存の障壁を含む、若者の性的ニーズや行動に関する科学的根拠に基づく情報を考慮に入れるべきである。さらに、包括的セクシュアリティ教育カリキュラムの開発プロセスは、子どもや若者の発達する能力と同様に、かれらの特定の状況、環境、文化的価値などに基づく異なるニーズも考慮しなければならない。そのプロセスが、子どもや若者の既存の知識、ポジティブな態度、スキルを基に進められていることを確認することも重要である。若者のニーズや強みは、フォーカスグループ（質的調査のための集団）や若者自身へのインタビュー、かれらと共に活動する専門家へのインタビューを通して評価することができる。これらの相互作用は、ターゲットグループ（対象となる集団）または同様の集団からの調査データのレビューで補完することができる。

4. カリキュラムの開発と実施に利用可能な資源（人的、時間的、財政
   的）を評価する

　これはすべてのプログラムにとって重要なステップである。このことは自明だと思われるかもしれないが、スタッフの時間、スキル、施設のスペースや備品を含む利用可能な資源とかみ合わなかったことで、完全には実施できなかったり、途中で終わってしまったカリキュラムの例も多数ある。

カリキュラムの内容を開発するにあたって

5. 内容、アプローチ、アクティビティを決めるために、明確な目標、
   結果、重要な学習に焦点を当てる

　効果的なカリキュラムには、健康に関連する明確な目標と、これらの目標に直接関連する行動上の結果がある。行動上の結果に加えて、カリキュラムは、安全や健康、ポジティブな人間関係に貢献する態度やスキルと同様に、人権やジェンダー平等および多様性の尊重を含むポジティブな価値観の発達にも焦点を当てるべきである。年齢、セックス、その人が置かれている状況（HIV、ジェンダーに基づいた暴力、意図

しない妊娠など）の異なる子どもや若者に影響を及ぼす重要な問題もまた強調するべきである。詳細については第5章「キーコンセプト、トピック、学習目標」を参照のこと。

6. 論理的順序でトピックをカバーする

　多くの効果的なカリキュラムは、まず、セクシュアリティに関する価値、態度、規範を探求する学習者の強化と動機づけに焦点を合わせる。それは、安全で健康的でポジティブなライフスタイルを実現するために、HIVや性感染症および意図しない妊娠を予防するために、そして学習者の権利と他者の権利を守るために必要とされる特定の知識、態度、スキルを取り扱う前になされる。

7. 文脈を重視し、批判的思考を促進するような活動を設計する

　学習者は多様な社会経済的背景から来ている可能性があり、年齢、セックス、性的指向、ジェンダーアイデンティティ、家族やコミュニティの価値観、宗教、その他の特徴でさまざまである。学習者の環境に適切に注意を払うカリキュラム、そして、セクシュアリティや人間関係における、既存の個人的およびコミュニティの価値観、ならびに家族やコミュニティ、仲間の認識についての理解と批判的思考を促進していくカリキュラムを実施することが重要である。

8. 同意とライフスキルを扱う

　同意についての教育は、健康的で尊重し合える関係を築き、良好な性の健康を促進し、潜在的に脆弱な人々を被害から保護するために不可欠である。他者の個人の境界線を認め、尊重するように若者に教えることは、誰もが積極的に性的行動をとり、またはそれを拒否し、またはいつでも同意を取り消すことを恥じない社会の実現に役立ちうる（IPPF, 2015b）。同意に関する質の高い教育は、リスクを見極め、望まない性的行為につながる可能性がある状況から自分を守るために若者をサポートするよう努めるべきであり、また、他の個々人とポジティブな関係を模索するための知識や自信を深めることを助けるべきである。

　リスクの見極めや交渉能力などのライフスキルは、子どもや若者に

とって不可欠である。リスクの見極めのスキルは、学習者が、ネガティブな、または意図しない性と生殖に関する健康の結果に自分たちが影響されやすいことを明らかにし、また、HIVやその他の性感染症、意図しない妊娠や他の問題の影響を理解するのに役立つ。推奨意見やシミュレーション、ロールプレイはすべて、統計的およびその他の事実に関する情報を補完するのに役立つことがわかっており、それにより、学習者がリスクや影響の受けやすさ、重大度といった概念について探求することを助ける。交渉スキルは、子どもや若者が自分を守るための行動を実践することができるようになるために不可欠である。例えば、初交年齢を遅らせたり、性的行為を行うようしむけるピアプレッシャーに対処したり、性的に活動することを決心したときにコンドームや現代的避妊具の使用を増進したりする。交渉スキルはまた、子どもや若者が、セクシュアリティに関する会話をしやすくしたり、同意を形成したり、他者との違いを受け入れたりするためのツールを提供する。一連の典型的な状況を表すロールプレイング活動は、だんだんと複雑になるシナリオを通して明らかにされるそれぞれのスキルの要素とともに、これらのスキルを教えるために一般的に使用される。

9. HIVとAIDS、その他の性感染症、避妊、早期妊娠や意図しない妊娠やそれらの効果的で入手可能なさまざまな予防法について、科学的に正確な情報を提供する

　カリキュラムにおける情報は科学的根拠に基づいて形成されるべきである。それには、科学的に正確でバランスがとれたものであること、コンドームやその他の避妊具（伝統的および現代的）のリスクまたは効果を過大評価あるいは過小評価しないことが挙げられる。多くのカリキュラムは、現代的避妊法、特に緊急避妊薬や女性用コンドーム、あるいはPrEPやPEPに限らず、それらについての適切な情報を提供していない。禁欲だけを教えるプログラムは、そのアプローチが効果的ではないという確固たる科学的根拠があるにもかかわらず、多くの国で実施されている。また、禁欲だけを教えるプログラムは、性交、同性愛、マスターベーション、人工妊娠中絶、ジェンダー役割と期待、コンドーム、HIVなどに関する不十分で、不正確な情報も含んでい

る傾向が強い（UNFPA, 2014）。

10. 生物学的経験、ジェンダー規範、文化的規範が、一般的に、子どもや若者の経験にどのように影響するか、セクシュアリティや性と生殖に関する健康をどのように導くかについて扱う

　生物学的経験、ジェンダー規範、他の文化的規範は、一般的に子どもや若者が自らのセクシュアリティや性と生殖に関する健康を実現しながら生きる方法に影響を及ぼす。例えば、月経は多くの女子にとっては重要な生物学的経験である。しかしながら、一部の貧困地域では、女子は、ジェンダー不平等を強化するような月経にまつわる特有の困難に直面している（Secor-Turner et al., 2016）。ジェンダー差別は日常的で、若い女性は人間関係における力がなく、コントロールできないことが多く、男子や男性、特に年長の男性からの強制、虐待、搾取に対してより脆弱な状況に置かれる。男性や男子もまた、男性の性的ステレオタイプ（身体的強靭さ、攻撃的行動、性的経験など）に従い、有害な行動に加わることへのピアプレッシャーを感じることがある。

　平等な関係性の推進やリスクのある性的行動の低減を効果的に行うには、カリキュラムが生物学的経験やジェンダー不平等およびジェンダーステレオタイプを扱い、批判的に考察する必要がある。プログラムは、若い女性と若い男性が直面する特定の状況について議論し、望まない、または無防備な性的活動を回避するための効果的なスキルや方法を提供するべきである。それらの活動は、ジェンダー不平等、社会規範、ステレオタイプを変容することに注力すべきで、決して有害なジェンダーステレオタイプを促進するべきではない。

11. 特定の性的行動に影響を与える特定のリスクと予防要因を扱う

　リスクのある行動や、予防行動についての明確なメッセージを提供することは、効果的なプログラムの最も重要な特徴の一つとなる。最も効果的な包括的セクシュアリティ教育プログラムは、さまざまな形式で予防行動について明確で一貫したメッセージを繰り返し強化する。これらのメッセージの例をいくつか示す。

● HIV、その他の性感染症を防ぐ

若者は、性交を避けるか、あるいは性交をする際にはいつでもどんな相手でも常にコンドームを正しく使用するべきである。確実に効果的なプログラムでは、一対一の関係性をもつこと、そして複数のまたは同時並行の性的パートナーをもつのを避けることを強調する。また、いくつかの国における文化的特徴を考慮したメッセージは、「シュガーダディー」（性的行為の見返りとして、贈り物やお金、欲しいものを与える年上男性）の危険性や、コンドームが毎回使われない場合の、複数および同時並行の関係に伴うリスクの増大について強調する。その他のプログラムでは、HIVを含む性感染症の検査と治療を奨励する。カリキュラムの内容と教員の能力はまた、PrEPなどのより新しい生物医学的予防法や、コンドーム、HIV検査、PrEP、PEPなどの総合的なHIV予防サービスを必要とする若者がそれにアクセスできる方法を含む、HIV予防に関する最新の科学と根拠にも歩調を合わせるべきである（UNAIDS, 2016）。

● 妊娠を防ぐ

　　若者は性的関係を避けるべきであり、または、セックス（性行動）をする際にはいつでも現代的避妊法を使うべきである。さらに、若者は性と生殖に関する健康サービスにアクセスできる場所を知る必要がある。

● ジェンダーに基づく暴力と差別を防ぐ

　　包括的セクシュアリティ教育プログラムは、（家庭、学校、コミュニティでの）不平等を強化する行動を変える方法や、女性に対する有害な慣習を変える必要性について明確なメッセージを含めるべきである。

　リスクと予防要因は、性的行動に関する若者の意思決定において重要な役割を果たす。そこには認知的、心理社会的要因と同時に、思春期の若者が利用しやすい健康および社会的サポートサービスへのアクセスなどの外部要因も含まれる。カリキュラムに基づいたプログラム、特に学校を基盤としたプログラムでは、一般的に内的認知要因に焦点が当てられるが、生殖に関する健康サービスへのアクセス方法に関する情報も含む。セクシュアリティ教育で強調される知識、価値、規範

などは、社会規範によって支えられ、それらを形成し強化する信頼できるおとなによって促進される必要がある。

12. HIV感染、その他の性感染症、望まないまたは無防備な性交や暴力につながる可能性がある特定の状況に対処する方法を扱う

　理想的には、若者が自身の知識を使って、若者が望まない性的活動に追い込まれるリスクのある特定の状況を明らかにし、それを避けたり交渉したりする方法を練習してみることが重要である。同意について理解し、望まない状況や行為に他者を追い詰めない方法を理解することは、すべての若者にとって同様に重要である。薬物やアルコールの使用と、無防備な性交が結びつけられるコミュニティでは、性的行動に対する薬物やアルコールの影響を扱うことも重要である。

13. コンドームやその他あらゆる避妊法に関する個人の態度や仲間の規範について扱う

　個人の態度や仲間の規範は、コンドームや避妊具の使用に影響を与える。効果的な包括的セクシュアリティ教育カリキュラムは、コンドームやその他の現代的避妊法について、それらの効果についての正確な情報とともに、明確なメッセージを提示する。これらのプログラムはまた、生徒たちがコンドームや現代的避妊法に対するかれらの態度を探求することを支援し、それらを使用する際に予想できる障壁を明らかにすることを助ける。加えて、例えば、コンドームを入手し持ち運ぶことの難しさ、パートナーにコンドームの使用を依頼する際の困惑の可能性、実際にコンドームを使用する際の難しさなどの障壁を克服する方法について話し合う機会を提供する。

14. 子どもや若者の健康に関するニーズ、特に性と生殖の健康に関するニーズに対処するために利用可能なサービスについての情報を提供する

　効果的な包括的セクシュアリティ教育のカリキュラムは、若者が利用しやすい保健サービスにアクセスする方法についての情報を含む。例えば、セクシュアリティや人間関係に関するカウンセリング、月経に関する健康管理、現代的避妊法と妊娠検査、（合法の地域では）人

表 4. 効果的な包括的セクシュアリティ教育の特徴

準備段階

1. 人間のセクシュアリティ、行動変容、および関連する教育学理論の専門家を巻き込む。
2. 若者、親／家族、その他のコミュニティ関係者を巻き込む。
3. プログラムの対象となる子どもや若者の能力の発達に基づいて、社会的および性と生殖に関する健康のニーズと行動を評価する。
4. カリキュラムの開発と実施に利用可能な資源（人的、時間的、財政的）を評価する。

内容の開発

5. 内容、アプローチ、アクティビティを決めるために、明確な目標、結果、重要な学習に焦点を当てる。
6. 論理的順序でトピックをカバーする。
7. 文脈を重視し、批判的思考を促進するような活動を設計する。
8. 同意とライフスキルを扱う。
9. HIV と AIDS、その他の性感染症、避妊、早期妊娠、意図しない妊娠、効果的で入手可能なさまざまな予防法について、科学的に正確な情報を提供する。
10. 生物学的経験、ジェンダー規範、文化的規範が、一般的に、子どもや若者の経験にどのように影響するか、セクシュアリティや性と生殖に関する健康をどのように導くかについて扱う。
11. 特定の性的行動に影響を与える特定のリスクと予防要因を扱う。
12. HIV 感染、その他の性感染症、望まないまたは無防備な性交や暴力につながる可能性がある特定の状況に対処する方法を扱う。
13. コンドームやその他あらゆる避妊法に関する個人の態度や仲間の規範について扱う。
14. 子どもや若者の健康に関するニーズ、特に性と生殖の健康に関するニーズに対処するために利用可能なサービスについての情報を提供する。

188

工妊娠中絶、性感染症やHIVの予防・カウンセリング・検査・治療、HPVワクチン接種、自発的な医療男性割礼、女性性器切除／切断の予防と結果への対処などである（もちろんこれだけに限らない）。

　カリキュラムの一部として含まれる活動はまた、例えば、インフォームド・コンセント、プライバシー、守秘義務の重要性を省察することによって、また、既存の法的枠組みがどのように自分の健康に関する意思決定能力をサポートするのか、あるいは妨げるかについて学ぶことによって、若者が自分自身のケアなどに関する意思決定において積極的役割を果たすことが、どうしたらできるか、どのようにすべきかを理解できるように奨励すべきである。最後に、例えば、セックス、性的指向、ジェンダーアイデンティティ、地理的位置、婚姻状態、障がいのために若者がこれらのサービスにアクセスするときに直面する可能性のある障壁について省察したり、ケアの提供に関する既存の法的要件について学んだりすることなどによって、仲間やパートナーが性と生殖に関する健康サービスへアクセスするのにどのように

積極的な役割を果たすことができるかを学習者が理解するのに、カリキュラムは役立つべきである（IPPF、2017）。

7.3　包括的セクシュアリティ教育プログラムの設計と実践

1. 独立プログラムと統合プログラムのどちらを使用するかを決定する

　セクシュアリティ教育を、独立した教科として教えるべきか、健康や生物学などの既存の主流の教科に統合するべきか、独立した教科とカリキュラム全体に統合された形の両方で教えるべきか、あるいはライフスキルプログラムに含めるべきか、決定する必要がある（UNESCO、2015a）。この決定は、一般的な教育方針、教材の入手しやすさ、学校カリキュラムにおける競合する優先事項、学習者のニーズ、包括的セクシュアリティ教育プログラムに対するコミュニティのサポート、お

表5．独立した包括的セクシュアリティ教育にするか
統合的な包括的セクシュアリティ教育にするか重要な考慮すべき事項

独立型	統合型
・それ自体が独立しているため、教科の重要性を表している。	・既存のカリキュラムの教科を補完し、特定のスキルや知識領域が他のテーマ（社会科、ライフスキルなど）と結びつけられる。
・完全に独立した教科として教えるためのカリキュラムにおける十分な時間または空間がないかもしれない。	・教員がセクシュアリティ教育の内容を「はめ込もう」とすると、学習の詳細な側面、または困難なトピックは、試験にとって重要と思われるような他の教科の内容によって圧縮されるかもしれない。
・研修を受ける必要があるのは一人の教員だけである。しかしそうなるとその教科は、一人の個人の責任と能力に依存してしまう。	・多くの教員が、すべての「カリキュラム」を全教科にわたって確実に網羅するために、研修やサポート、調整機能を必要とする。
・評価と試験がより簡単にできる。	・カリキュラムの枠組みに沿って複数の教科にまたがって試験を行うと、全カリキュラムの進捗状況と評価の概要を把握することがより複雑になる可能性がある。
・研修を受ける教員の数や、開発される教育学習教材の数の点から、費用対効果が高いかもしれない。	・包括的セクシュアリティ教育に関連する特定の内容を追加することで、研修、教材、評価にかかるコストを、既存のさまざまな領域に分散させることができる。
・このセンシティブな教科のために、教師が孤立していると感じたり、サポートが欠けていると感じたりするかもしれない。	・より多くの教職員が関与し、包括的セクシュアリティ教育を理解することで、より総体的な「学校全体」のアプローチにつなげることができる。

よび時間割の問題によって影響を受ける。セクシュアリティ教育を分離した教科として導入すること、または包括的セクシュアリティ教育の内容をライフスキルのような既存の教科内に統合することは理想的であるが、教師がすでに教えていることを土台にしてそれを改善し、社会科学、生物学、ガイダンスカウンセリングなどの既存の教科に包括的セクシュアリティ教育を統合することのほうがより現実的だ、という認識が実際の反応かもしれない。このような状況では、包括的セクシュアリティ教育の内容の希薄化を防止すること、および、教員養成要件の引き上げと、さまざまなキャリア科目にわたって包括的セクシュアリティ教育の内容を提供するために必要な教育学習教材を考慮することが重要である。

　その他の重要な考慮事項には、包括的セクシュアリティ教育の内容を実施形態（独立型か統合型か）ごとに必修とみなすかどうか、および包括的セクシュアリティ教育に関連する内容を正式に試験するかどうかが含まれる。試験や他の評価方法がなされる場合、教師も学習者もその内容をより真剣に受け止める傾向がある。試験はまた、教師の力量と学習者の成果を測定するためのより重要な機会も提供する。

2. 数年にわたる多様で連続した授業を含める

　学びを最大限にするためには、セクシュアリティを取り扱う多様なトピックを、スパイラル型カリキュラムのアプローチを用いて、数年間にわたり年齢に適した方法でカバーする必要がある。若者に行動についての明確なメッセージを伝え、重要な概念を数年間にわたって強化することが重要である。若者における性的リスクを軽減するために、意思決定に影響を与えるリスクと予防要因の両方を取り扱う必要がある。これらのアプローチには時間がかかる。サハラ以南のアフリカでの研究のレビュー（Michielsen et al., 2010 in UNESCO, 2016c）では、より多くの介入を経験した若者においてより大きな影響があったと報告している。包括的セクシュアリティ教育の期間と強度はその効果に対して重要な要因となり、その内容は時間割に沿ったクラスでの授業で教えられる必要があり、特別な活動やプロジェクト、イベントによって補完することができる（Pound et al., 2017）。12回以上、場合によっては30回以上のコマが提供されるプログラムで、各回が約50分のもの

では、よい結果が見られる。この「ガイダンス」にもあるように、包括的セクシュアリティ教育の効果を高めるためには、学年度内の、および学年を横断するクラスのカリキュラムや授業計画は、十分な時間と空間を慎重に割り当てる必要がある（UNESCO, 2009）。

3. 包括的セクシュアリティ教育カリキュラムを試行する

　包括的セクシュアリティ教育カリキュラムを試行することで、その構成要素を調整することが可能になる。これにより、プログラム開発者は内容を微調整し、変更を必要とする重要な点を発見することができる。カリキュラム全体を試行するべきであり、参加者から実践的なフィードバックを得るべきである。特に、参加者にとってカリキュラムのどの要素がうまく機能したのか、しなかったのかということと同時に、どのように弱点を強化し、より関連性をもたせ、より効果的にするかというさまざまな方法についてのフィードバックを得るべきである。

4. 子どもや若者を積極的に巻き込み、かれらが情報を内面化し統合することを助けるような、参加型教授法を採用する

　教育者は、学習の重要な領域（知識、態度、スキル）を横断した学習を可能にする、多様な対話型、参加型および学習者中心のアプローチを使用するべきである。質の高い試行からの知見は、最も効果的な学校ベースの介入は対話型であることを示し、実践的なスキルをもって知識ベースの学習を補完するさまざまな活動（Lopez et al., 2016 in UNESCO, 2016c）、および価値と態度を反映する機会を提供してくれている。教授法は特定の学習目的に合わせるべきである。例えばロールプレイング、課題への情報通信技術利用の統合、匿名の質問箱、講義や説明会、グループでの振り返りなどがある（Amaugo et al., 2014; Fonner et al., 2014; Tolli, 2012）。

5. 学校およびノンフォーマルな環境でカリキュラムを実施するため、能力と意欲のある教育者を選択する

　セクシュアリティ教育プログラムは、最も一般的には教員、同僚、医療専門家、またはこれら三者の組み合わせによって提供される

（Fonner et al., 2014）。Poundら（2016）によれば、よい教育者の資質に関する若者の意見は、以下のような人になる。(a) 知識がある、(b) 性の健康に関する専門知識・技術がある、(c) 専門家である、(d)「性と人間関係の教育」について特別な研修を受けている、(e) 自信があり、恥じておらず、率直で、話しかけやすく、動じず、性について話す経験が豊富で、日常の言葉を使う、(f) 信頼でき、情報の秘密を守れる、(g) 経験的な知識があり、自身のセクシュアリティを肯定的に感じている、(h) 若者と協働することに長けている、(i) 若者の性的活動にかかわり、受け入れる能力をもつ、(j) 若者および若者の自主性を尊重し、平等に接する、(k) 若者に近い価値観をもち、バランスのとれた見解を提供し、道徳的な判断をしない。

　さらに、教育者は個人的な価値観や態度を、専門家としての役割や責任から明確に区別すべきである。若者の意見を考慮に入れることは、包括的セクシュアリティ教育プログラムが確実にポジティブな結果をもたらすために不可欠である。

　教育者は、既存のクラス担任や教科の教員（特に健康教育やライフスキル教育の教員）か、セクシュアリティ教育のみを教える特別な研修を受けクラス間を移動してすべての関連する学年に教える教員になるだろう。研究は、両方のタイプの教員によってプログラムが効果的に提供できることを示している（Kirby et al., 2006）。プログラムの効果はさまざまな要因によって影響を受けることがある。例えば、おとなが受ける研修のレベルや質、プログラムの質、意図したとおりにプログラムが提供されているかどうか、学校やより広い社会の環境などがある（UNESCO, 2016c）。

6. 教育者に意識高揚、価値の明確化、質の高い教員養成および現職研修、継続的な専門能力開発の機会を提供する

　セクシュアリティ教育を実施することは、しばしば新しい考えや教育方法を必要とするので、教員にとって意識高揚や価値観の明確化、研修機会が重要になる。これら研修等のプロセスには次のようなことが必要である。参加型学習方法形式で教え実践を提供すること、学習内容とスキルの間によいバランスを与えること、実践されるカリキュラムに基づいていること、カリキュラムの中で重要な内容の模擬授業

をする機会を提供すること、明確な目的と目標をもっていること、そして、内容を実施することにおける教育者の効果について、それぞれの教員に建設的なフィードバックを提供することである。さらに、その研修は以下のことを必要とする。教育者が自身の個人的価値観と学習者の健康上のニーズを区別することを助けるものであること、教育者の信頼と能力を向上させること、教育者が選択的ではなくすべてのカリキュラムを教えることを奨励すること、いくつかのコミュニティで起こりうる困難を取り扱うこと（非常に大規模なクラスなど）、最も重要な知識の内容とスキルをカバーするのに十分な継続した時間、そして、教育者が研修内容を自身に落とし込み、質問や問題を提起できる時間を与えることである。可能であれば、この研修ではまた、性と生殖に関する健康やセクシュアリティ全般についての教員自身の懸念を取り扱う。最後に、経験および知識が豊富な講師が研修を実施し、研修の最後に、参加者からのフィードバックを求めるべきである。

　学校の管理者は、包括的セクシュアリティ教育の実施にかかわる教員たちを励まし、指針やサポートを提供するべきである。スーパーバイザーは、カリキュラムが計画通りに実践されていること、すべてが完全に実践されていること（試験の一部であることが多い生物学的内容だけではない）、そして、教員が実践の過程で生じる新たな困難な状況に対応できるようサポートを受けられることを確実なものにする必要がある。学校のプログラムに必要な調整を加えるには、スーパーバイザーがセクシュアリティ教育の領域における重要な進展について常に情報を入手する必要がある。これには、包括的セクシュアリティ教育（の授業）の実施に対するモニタリングと評価の体系的な指針となる国が推奨する観察ツールだけでなく、スーパーバイザーや指導主事が、教室の教員たちが経験しているものと同様の、もしくは変更が加えられた教員研修に参加する機会が含まれる。

7. すべての子どもや若者の秘密やプライバシーが守られる安全な環境を確保する

　セクシュアリティがとりわけ強い感情、反応や不安感、恥ずかしさや脆弱性などを喚起しうるテーマであることを考慮すると（Pound et al., 2016, p. 4）、すべての子どもや若者が、疑問を共有し、孤独を感じ

ることなく学び、参加するために、秘密やプライバシーが守られる安全な環境をもつことが重要である。この安心感は、教員が難しい質問や意見に対処するための十分な研修を受けることが保障され、また、より小規模のクラスやグループでの議論が奨励されることによって達成されうる。教育者はまた、性的虐待を経験した学習者が、自分の権利についてもっと学ぶことで、この情報を開示することを決心するかもしれないことを認識する必要がある。学校は、地域の法律や政策に適切に沿った手順で、被害を開示したり、援助を求めたり、さらなるサービスを必要とする子どもや若者をサポートし、そこにつなげるための準備をしておくべきである。

8. 多元的な新たな取り組みを実践する

若者の性と生殖に関する健康を保障するうえで最も有望な展開の一つは、課外の、コミュニティまたは保健施設を基盤としたサービスとともに、学校を基盤としたセクシュアリティ教育を提供する多元的プログラムである。いくつかの研究では、学校を基盤にしたプログラムが、若者が利用しやすいサービスやコンドームの配布を実施するための保健提供者の研修と、親や教員の関与を含むコミュニティの要素で補完される場合に、最も高いレベルでの影響をもたらすということを示している（Chandra-Mouli et al., 2015; Fonner et al., 2014; UNESCO, 2015a; 2016c）。

9. 実践手法としてデジタルメディアを使用することの妥当性を評価する

デジタルメディアを基盤にしたセクシュアリティ教育の実施は、ユーザーの特定のニーズに合わせてデジタルメディアを調整できるため、豊富な機会を提供すると思われる。そのユーザーには、特に学校の授業で行われるカリキュラムを基盤にした活気のないプログラムでは適切に対応できない可能性がある若者のサブグループが含まれる（UNESCO, 2016c）。デジタルメディアを通して実施されたセクシュアリティ教育についての最近の研究では、初交年齢が遅くなることを含む、対象となる行動の変化と同様に、コンドームに対する自己効力感や、禁欲的態度、HIVや性感染症および妊娠の知識のような、知識と態

度における変化も見出された（Guse et al., 2012 in UNESCO, 2016c）。

　デジタルメディアを使用した包括的セクシュアリティ教育を実践するには、幅広い要素を慎重に考慮に入れるべきである。例えば、プログラムを適切に実践するために、どの程度の技術サポートと機器が必要とされるかなどである。多くの場合、携帯電話は広く利用しやすく安く提供されるため、若者に情報を伝達するための効果的な手段を提供できる。そこには、大規模なカリキュラムを基盤にしたプログラムの一部としてであれ、独立型の介入としてであれ、若者のオンライン行動や個人的なプロフィールを、プログラムスタッフ、教員、研究者に明らかにすべきかどうかを含む、デジタルメディアを使ったセクシュアリティ教育を提供することに関連する倫理的な影響も存在する（Guse et al., 2012 in UNESCO, 2016c）。若者たちは、教員、親、その他の年上の人たちよりもずっとテクノロジーの使用に精通しているため、計画プロセスに若者を巻き込むことによって、デジタルメディアを使用したセクシュアリティ教育のチャンスやリスクを最もよく理解することができる。

10. 包括的セクシュアリティ教育プログラムを再現するときは質を維持する

　ある国や文化で効果的であることが判明しているプログラムは、たとえそれらが資源が豊かな環境から貧しい環境へ移されたとしても、異なる文脈の中でうまく再現することができる（Gardner et al., 2015; Leijten et al., 2016）。しかしながら、社会、コミュニティ、プログラム、実施者、組織からの影響や、さらには、実施プロセス自体も、プログラムの再現の質に影響を与える可能性がある（Durlak, 2013 in UNESCO, 2016c）。これには、環境、学校、生徒たち、教員集団、あるいはコミュニティといった、それぞれの特定のニーズに応じることを意図した調整が含まれる。調整は、プログラムやカリキュラムの中核となる内容の慎重な検討と理解をもって実行されるべきである。中には、プログラムの再現の忠実性に限定的な影響しか与えない調整もある。これらは、例えば、言語の変更（語彙の翻訳や修正）、対象となる聞き手や文脈になると思われる若者や家族や状況の画像の差し替え、そして文化的な参照事項の変更などが含まれる。リスクのある調整には、授

表6. 包括的セクシュアリティ教育プログラムの設計と実践

1. 独立プログラムと統合プログラムのどちらを使用するかを決定する。
2. 数年にわたる多様で連続した授業を含める。
3. 包括的セクシュアリティ教育カリキュラムを試行する。
4. 子どもや若者を積極的に巻き込み、かれらが情報を内面化し統合することを助けるような、参加型教授法を採用する。
5. 学校およびノンフォーマルな環境でカリキュラムを実施するため、能力と意欲のある教育者を選択する。
6. 教育者に意識高揚、価値の明確化、質の高い教員養成および現職研修、継続的な専門能力開発の機会を提供する。
7. すべての子どもや若者の若者の秘密やプライバシーが守られる安全な環境を確保する。
8. 多元的な新たな取り組みを実践する。
9. 実践手法としてデジタルメディアを使用することの妥当性を評価する。
10. 包括的セクシュアリティ教育プログラムを再現するときは質を維持する。

業の回数や長さの短縮、参加者の関与の削減、重要なメッセージや学ぶべきスキルの排除、トピックの完全な除去、理論的アプローチの変更、適切な研修を受けていなかったり資格がないスタッフやボランティアの採用、または、推奨より少ない数のスタッフの使用がある（O'Connor et al., 2007 in UNESCO, 2016c）。内容をより関連性のあるものにするために、いくつかの言語、画像、文化的参照を変更することは、効果には影響がない。

7.4 包括的セクシュアリティ教育プログラムの モニタリングと評価

1. **プログラムを評価し、プログラムがどのようにその成果を達成しているかについて、学校、コミュニティ、教育者、学習者から継続的なフィードバックを得る**

　プログラムの定期的なモニタリングと評価には、例えば、参加者数、学習者の属性などのデータの頻繁なレビューや、教員研修や伝え方、介入に関する説明資料の入手を必要とするべきである。モニタリングと評価にはまた、用いられている教授アプローチ、カリキュラムへの忠実度、学生の学習経験に対する認識、学習環境の安全性に関するデータを収集するための標本となるクラスでの観察やインタビューも含むべきである（UNFPA, 2014）。

　学校内外におけるセクシュアリティ教育の機会、内容および実施を

評価するためのフレームワークを提供する「セクシュアリティ教育の
レビューおよび評価ツール」(UNESCO, 2011b) や国際家族計画連盟
(IPPF) の「インサイド・アンド・アウト」(IPPF, 2015a) のような、さ
まざまな文脈に適応できる多様なモニタリングと評価のツールが近年
開発されている。

2. セクシュアリティ教育の実施についての体系的測定を確実に行う
　　ため、国の教育モニタリングシステムに、一つ以上のセクシュア
　　リティ教育に関する重要な指標を組み込む

　さまざまな教育問題に関する定期的なデータ収集の際に、セクシュ
アリティ教育に関する重要な質問を一つか二つ含めるといった、国の
システムを通して、セクシュアリティ教育の実践についての体系的モ
ニタリングを実施することができる。以下に述べる指標は、教育管理
情報システム (EMIS) を用いた国での使用が推奨されている。この指
標は、教育分野におけるHIV/AIDSへの対応の幅広いモニタリング
枠組みの一部として、ライフスキルに基づくHIVやセクシュアリ
ティ教育の質、包括性および適用範囲を調査するために、UNESCO
と機関間教育タスクチーム (Inter-Agency Task Team on Education) に
よって開発された (UNESCO, 2013a)。

　指標はEMIS年次学校国勢調査 (EMIS Annual School Census) と学校
基本調査のどちらでも追跡できる。調査は、教えられている内容の幅

表7. ライフスキルを基盤としたHIVとセクシュアリティ教育の質、包括性、
適用範囲を調査するために、教育管理情報システム (EMIS) を用いた国での
使用が推奨される指標

| あなたの学校の生徒は、前年度にライフスキルを基盤とした包括的なHIVとセクシュア
リティ教育を受けましたか？		
はい／いいえ		
「はい」の場合、ライフスキルを基盤としたHIVとセクシュアリティ教育プログラムで
取り扱ったトピックを示してください。		
一般的なライフスキルに関する指導（意思決定／コミュニケーション／拒否スキルなど）	はい	いいえ
性と生殖に関する健康にかかわる指導／セクシュアリティ教育（人間の成長と発達、家庭生活、生殖に関する健康、性的虐待、性感染症にかかわる指導など）	はい	いいえ
HIV感染と予防に関する指導	はい	いいえ

出典：UNESCO, 2013a. HIVとエイズに対する教育部門の対応の測定：コア指標の構築と利用のため
　　　のガイドライン. Paris, UNESCO.

についてより詳細な分析を可能にし、それは、全国の代表性をもつ学校のサンプルを通して実施されている。学校基本調査の場合、指標は、学校を基盤にしたセクシュアリティ教育に必須のまたは望ましい基準が含まれる程度を測定するものである。必須のトピックは、HIV予防に最も直接的な影響を与えるものであり、一方、望ましいトピックは、HIV予防に間接的な影響を与えるが、セクシュアリティ教育プログラム全体の一部として重要なものである。提案された必須および望ましい基準についての詳細は、付録Ⅷを参照のこと。

3. プログラムの結果と影響を評価する

結果の評価では、態度や行動、スキルの変化、特定対象集団において達成した若者の割合、その他の短期的な指標など、リスク要因と予防要因を見極める。いくつかの指標の科学的根拠は、特定の種類の調査を通して収集できる。例えば、対象集団へのインタビューやプログラムモニタリングデータの分析を、若者の包括的セクシュアリティ教育への参加を評価する際に使用することができる。受講者集団のメンバーが他の受講者との会話形式のインタビューを行うピアレビュー法は、受講者のストーリーや視点に対する理解を深める機会を提供する（IPPF, 2013）。直接的な観察やインタビューは、重要なスキルを実践する若者の能力を評価するために使用することができるが、一方、検証済みの尺度や調査は、知識、態度、実践の変化についての情報を提供するために使用することができる。例えば、「自尊感情尺度」「コンドームの正しい使い方と自己効力感の尺度」「思春期の連結性におけるヘミングウェイ尺度」「親と思春期の若者のコミュニケーション尺度」「性的関係における力の尺度」などがある（UNFPA, 2014）。

影響の評価は、観察された結果の変化と特定のプログラムを関連づける。指標には最終的なプログラムの目標が含まれる。例えば、HIVやAIDS、意図しない妊娠、性感染症の率の低減や、ジェンダー平等、または、特定の状況の中で包括的セクシュアリティ教育プログラムの目標に含めるために明らかにされてきた他の結果などがある。影響は、その要因の特定を可能にする無作為化比較対照試験のような調査方法を用いて評価される。しかし、思春期の妊娠やHIVの発生のような健康指標に従って包括的セクシュアリティ教育の影響をモニタリング

することが難しい場合がある。サービスへのアクセスなどの他の要因が、観察された変化に重要な役割を果たしている可能性があることを想起することは重要である（UNESCO, 2014a）。

7.5　包括的セクシュアリティ教育を拡大する

　大きな効果をもたらすためには、質の高いセクシュアリティ教育が持続的な規模で実施されなければならず、また、国の教育システムの中で制度化されなければならない。特に、包括的セクシュアリティ教育の研修が教員養成大学に確立されると、幅広い包括的セクシュアリティ教育のトピックをカバーすることができ、それらを効果的に実施することができる人材が増え続けるので、そこから国は利益を得られる。この包括的セクシュアリティ教育実施の将来的な発展に投資することは、その持続可能性と正確な実践に貢献する。この投資はまた、包括的セクシュアリティ教育が体系的に教員養成に組み込まれていない場合、臨時の方法で実施される必要がある現職教員研修の費用を将来的に軽減する。包括的セクシュアリティ教育の制度化は社会的変化への重要な貢献者であり、思春期の若者のウェルビーイング（幸福）と発達だけではなく、最終的には地域レベルの公衆衛生指標に利益をもたらすかもしれない社会的規範と性別規範に影響を与える。包括的セクシュアリティ教育の拡大はまた、学校レベルでの保健サービスなどへの照会の仕組みと、全国レベルでの連携アプローチを通して、教育と保健サービスの結合的制度化も伴う。

　UNESCOは、セクシュアリティ教育を拡大するための重要な10原則を明らかにしている（BOX 4）（UNESCO, 2014）。

BOX 4　UNESCOによるセクシュアリティ教育を拡大するための重要な10原則

1. 既存のシステムの中で拡大できる介入やアプローチを選択する。
2. 拡大の目的とさまざまな関係者の役割を明確にし、地域／国の権限／主導的役割を確実にする。
3. 認識されているニーズを理解し、既存の政府システムや政策に適合させる。
4. 拡大の前に、試験的プログラムの効果に関するデータを入手し、広める。
5. プログラム効果における介入がもたらす変化による影響を記録し、評価する。
6. リーダーシップの役割を認識する。
7. 持続可能な計画を立て、拡大のための資源の入手を確実なものとし、もしくは資金調達を計画する。
8. 長期の計画（寄付による資金調達サイクルではない）を立て、変化や逆行を予測する。
9. 時間の経過とともに拡大プロセスを導く「リソースチーム（資源に関する協力体制）」における変化の必要性を予測する。
10. 政治的環境における変化に拡大戦略を適応させる。それらが発生したときは、「政策窓口」を利用する。

　拡大には、セクシュアリティ教育を導入し実践するための望ましい条件と行動が必要となる。UNESCO（2010）によると、成功の要因には以下のものが含まれることがわかっている。

- 望ましい政策の文脈に反映されたHIVとセクシュアリティ教育の両方に取り組むための積極的関与
- 例えば教育省と保健省の間、政府と市民社会組織の間のような、パートナーシップ（およびそのための公的な仕組み）
- 若者の視点を代表し、それに貢献する組織や団体
- カリキュラムの見直しのための共同プロセス
- 大きな反対に直面したとしても、包括的セクシュアリティ教育の根拠を訴える市民社会組織の意志
- 政策決定者の中の「アライ（味方）」の明確化と、かれらの積極

的な関与

- 適切な技術サポートが利用可能であること（国連パートナーや国際非政府組織からのような）。例えば、意思決定者の意識の高さ、教員による参加型学習方法の使用の促進、国際的ネットワークや会議への参加などに関するもの
- 同性愛嫌悪的な教材の回収のような、包括的セクシュアリティ教育に対する特定の障壁の除去

　多くの国において、セクシュアリティ教育に関する国内政策と戦略が存在する。しかしながら、それらのプログラムの実践は制限され、途切れ途切れであった。それにもかかわらず、一様に、政府主導の努力が進行中で定着しつつある中低所得国が少数ながらも増加している。その努力は大規模（国内すべてまたはほとんどの地域をカバーしている）かつ持続的（資金は期間によって限定されていない）である。

　これらの国々における成功にとって重要だったことは、政府の強いリーダーシップ、政府と経験豊富な非政府組織や大学との連携、適切な資源、そして、政策や計画を、最終的には若者の生活に影響を与えるような活動に変換する長いプロセスのための、関係者間の共同的な積極的関与であった。

　多くの拡大されたプログラムは、その成果を維持するうえでの欠点をもち、課題に直面しているが、積極的関与、専門知識、努力、資源の適切な組み合わせにより、セクシュアリティ教育の拡大は世界のすべての地域で可能であるというはっきりとした兆しがある。

参考資料

Adeyemi, B. A. 2008. Effects of cooperative learning and problem-solving strategies on junior secondary school students' achievement in social studies. *Journal of Research in Educational Psychology*, Vol. 6, No. 3, pp. 691-708.

Advocates for Youth, Answer, GLSEN, the Human Rights Campaign, Planned Parenthood Federation of America and the Sexuality Information and Education Council of the U.S. 2015. *A Call to Action: LGBTQ youth need inclusive sex education*. http://www. advocatesforyouth.org/storage/advfy/documents/a%20call%20to%20action%20lgbtq %20youth%20need%20inclusive%20sex%20education%20final.pdf (Accessed 30 April 2017).

Ahmad, F. and Aziz, J. 2009. Students' perceptions of the teachers' teaching of literature communicating and understanding through the eyes of the audience. *European Journal of Social Sciences*, Vol. 7, No. 3, pp. 17-39.

Amaugo, L.G., Papadopoulos, C., Ochieng, B. and Ali, N. 2014. The effectiveness of HIV/AIDS school-based sexual health education programmes in Nigeria: A systematic review. *Health Education Research*, Vol. 29, No. 4, pp. 633-648. https://pdfs.semanticscholar.org/a82e/36d bd9ab9171656d6fa6d9cce134726c124a.pdf (Accessed 5 May 2017).

Arends, R. I. 1997. *Classroom Instruction and Management*. Boston, U.S., McGraw Hill.

Ayot, H. O. and Patel, M. M. 1992. *Instructional Methods*. Nairobi, Educational Research and Publications Ltd.

Baltag, V., and Sawyer, S.M. 2017. Quality healthcare for adolescents. In: Cherry A., Baltag V., Dillon M. (eds). *International Handbook on Adolescent Health and Development: The public health response*. New York, Springer International Publishing.

Barth, J., Bermetz, L., Heim, E., Trelle, S. and Tonia, T. 2012. The current prevalence of child sexual abuse worldwide: A systematic review and meta-analysis. *International Journal of Public Health*. Vol 58, No 3, pp 469-83. DOI: 10.1007/s00038-012-0426-1.

Bekker, LG., Johnson, L., Wallace, M. and Hosek, S. 2015. Building our youth for the future. *Journal of the International AIDS Society*, 18 (2 Suppl 1): 20076. DOI: 10.7448/IAS.18.2.20027. http://www.jiasociety.org/index.php/jias/article/view/20027/html (Accessed 24 August 2017).

Birungi, H., Mugisha, J. F. and Nyombi, J. K. 2007. Sexuality of young people perinatally infected with HIV: A neglected element in HIV/AIDS programming in Uganda. *Exchange on HIV/AIDS, Sexuality and Gender*, No. 3, pp. 7-9.

Blum, R.W., Mmari, Kristin Nelson. 2005. *Risk and Protective Factors Affecting Adolescent Reproductive Health in Developing Countries*. Geneva, WHO/ Baltimore, Johns Hopkins Bloomberg School of Public Health.

Bridges, A. J., Wosnitzer, R., Scharrer, E., Sun, C. and Libermann, R. 2010. Aggression and sexual behavior in best-selling pornography videos: A content analysis update. *Violence Against Women*, Vol. 16, No. 10, pp. 1065-1085.

Brown, J. and L'Engle, L. 2009. *X-rated: Sexual attitudes and behaviours associated with US early adolescents exposure to sexually explicit media*. Sage Journals. http://journals.sagepub.com/

doi/abs/10.1177/0093650208326465 (Accessed 30 May 2017).

Bundeszentrale für gesundheitliche Aufklärung (BZgA), UNFPA and WHO. 2015. *Sexuality Education Policy Brief No. 1*. Cologne, Germany, BZgA. http://eeca.unfpa.org/sites/default/files/pub-pdf/GAKC_Policy_Brief_No_1_rz.pdf (Accessed 30 April 2017).

Bundeszentrale für gesundheitliche Aufklärung (BZgA), UNFPA and WHO. 2016. *Sexuality Education Policy Brief No. 2*. Cologne, Germany, BZgA. http://www.bzga-whocc.de/fileadmin/user_upload/Dokumente/Sexuality_education_Policy_brief_No_2.pdf (Accessed 30 April 2017).

Cash, S.J. and A. Bridge, J.A. Epidemiology of Youth Suicide and Suicidal Behavior. *Current Opinion in Pediatrics*. 21(5):613–619, October 2009 - Volume 21 - Issue 5 - p 613–619. DOI:10.1097/MOP.0b013e32833063e1 (Accessed 5 May 2017).

Cathy, J. 2011. *Theory of Change Review*: A report commissioned by Comic Relief.

Chandra-Mouli, V., Lane, C. and Wong, S. 2015. What does work in adolescent sexual and reproductive health: A review of evidence on interventions commonly accepted as best practices. *Global Health: Science and Practice*, Vol. 3, pp. 333-340.

Chandra-Mouli, V. and Vipul Patel, S. 2017. Mapping the knowledge and understanding of menarche, menstrual hygiene and menstrual health among adolescent girls in low and middle-income countries. *Reproductive Health*, Vol. 1, No. 14, pp. 14-30.

Child Rights International Network. 2016. *Rights, Remedies and Representation: Global report on access to justice for children*. London, Child Rights International Network. https://www.crin.org/sites/default/files/crin_a2j_global_report_final_1.pdf (Accessed 30 April 2017).

Constantine, N. A., Jerman, P., Berglas, N. F., Angulo-Olaiz, F., Chou, C. P. and Rohrbach, L. A. 2015b. Short-term effects of a rights-based sexuality education curriculum for high-school students: a cluster-randomized trial. *BioMed Central Public Health*, 15,p. 293. Retrieved from http://onlinelibrary.wiley.com/o/cochrane/clcentral/articles/662/CN-01109662/frame.html doi:10.1186/s12889-015-1625-5

Council of Europe. 2014. *Sexual Orientation and Gender Identity: Questions and answers. Brussels, Council of Europe*. https://edoc.coe.int/en/lgbt/7031-sexual-orientationand-gender-identity-sogi-questions-and-answers.html (Accessed 4 May 2017).

Dicenso, A., Guyatt, G., Willan, A. and Griffith, L. 2002. Interventions to reduce unintended pregnancies among adolescents: Systematic review of randomised controlled trials. *British Medical Journal*, Vol. 324, No. 7351, pp. 1426-1426.

Döring, N. 2014. Consensual sexting among adolescents: Risk prevention through abstinence education or safer sexting? *Cyberpsychology: Journal of Psychosocial Research on Cyberspace*, Vol. 8, No. 1. https://cyberpsychology.eu/article/view/4303/3352 (Accessed 30 May 2017).

Döring, N., Daneback, K., Shaughnessy, K., Grov, C. and Byers, E. S. 2015. Online sexual activity experiences among college students: A four-country comparison. *Archives of Sexual Behavior*. https://www.researchgate.net/publication/286638680_Online_Sexual_Activity_Experiences_Among_College_Students_A_Four-Country_Comparison

Duflo, E., Dupas, P., Kremer, M. and Sinei, S. 2006. *Education and HIV/AIDS Prevention: Evidence from a randomized evaluation in Western Kenya*. Boston, Department of Economics and Poverty Action Lab.

Dupas, P. 2006. *Relative Risks and the Market for Sex: Teenagers, sugar daddies and HIV in Kenya*. Hanover, Dartmouth College.

Durlak, J.A., Weissberg, R.P., Dymnicki, A.B., Taylor, R.D., and Schellinger, K. B. 2011. The Impact of Enhancing students' Social and Emotional Learning: A meta-analysis of schoolbased universal interventions. *Child Development*. Volume 82, Issue 1, pp. 405–432. DOI: 10.1111/j.1467-8624.2010.01564.x. http://onlinelibrary.wiley.com/doi/10.1111/j.1467-8624.2010.01564.x/abstract

Economic and Social Commission for Asia and the Pacific (ESCAP). 2013. *Report of the Sixth Asian and Pacific Population Conference*. Bangkok, ESCAP. http://www.unescapsdd.org/files/documents/Report of the Sixth APPC.pdf

Elder, S. K. 2014. *Labour Market Transition of Young Women and Men in Sub-Saharan Africa*. Work 4 Youth Publication Series No. 9. Geneva, Youth Employment Programme, Employment Policy Department.

European Union Agency for Fundamental Rights. 2014. *Violence against Women, an EU-wide Survey: Main results report*. http://fra.europa.eu/en/publication/2014/violence-againstwomen-eu-wide-survey-main-results-report (Accessed 4 May 2017).

Fisher, J. and McTaggart J. 2008. *Review of Sex and Relationships Education in Schools*. Geneva, UNAIDS. http://www.cornwallhealthyschools.org/documents/SRE final jim knoght review recommedations.pdf (Accessed 30 May 2017).

Fonner, V. A., Armstrong, K. S., Kennedy, C. E., O'Reilly, K. R. and Sweat, M. D. 2014. School based sex education and HIV prevention in low- and middle-income countries: A systematic review and meta-analysis. *PLoS One*, 9(3), e89692. http://journals.plos.org/plosone/article?id=10.1371/journal.pone.0089692. doi:10.1371/journal.pone.0089692

Gardner, F., Montgomery, P. and Knerr, W. 2015. Transporting evidence-based parenting programs for child problem behavior (Age 3-10) between countries: Systematic review and meta-analysis. *Journal of Clinical Child and Adolescent Psychology*. 1-14. http://www.tandfonline.com/doi/full/10.1080/15374416.2015.1015134

Garofalo, R., Wolf, R., Wissow, L., Woods, E. and Goodman, E. 1999. Sexual orientation and risk of suicide attempts among a representative sample of youth. *Archives of Pediatrics and Adolescent Medicine*, Vol. 153, No. 5.

Giroux, H. A. 1994. Toward a pedagogy of critical thinking. In *Re-Thinking Reason: New Perspectives in Critical Thinking*. Kerry S. Walters (ed.). Albany, SUNY Press.

Gordon, P. 2008. *Review of Sex, Relationships and HIV education in Schools*. Paris, UNESCO.

Gordon, P. 2010. *Sexuality Education and the Prevention of Violence*. Council of Europe. www.coe.int/t/dg3/children/1in5/source/publicationsexualviolence/ (Accessed 4 May 2017).

Goulds, S. 2015. *Because I Am a Girl*. Toronto, Plan. (Accessed 4 May 2017).

The Guttmacher Institute. 2014. Intended and unintended pregnancies worldwide in 2012 and recent trends. *Studies in Family Planning*, Vol. 45, No. 3. https://www.guttmacher.org/sites/default/files/article_files/j.1728-4465.2014.00393.x.pdf (Accessed 4 May 2017).

The Guttmacher Institute. 2015a. *Adolescent Pregnancy and Its Outcomes Across Countries Factsheet*. New York, The Guttmacher Institute. https://www.guttmacher.org/factsheet/adolescent-pregnancy-and-its-outcomes-acrosscountries (Accessed 4 May 2017).

Guttmacher Institute. 2015b. *Adolescent Women's Need for and Use of Sexual and Reproductive Health Services in Developing Countries*. New York, The Guttmacher Institute. https://www.guttmacher.org/fact-sheet/adolescent-womens-need-anduse-sexual-and-reproductive-health (Accessed 4 May 2017).

Haberland, N. 2015. The case for addressing gender and power in sexuality and HIV education: A comprehensive review of evaluation studies. *International Perspectives on Sexual and Reproductive Health*, Vol. 41, No. 1, pp. 31-42. https://www.guttmacher.org/journals/ipsrh/2015/03/case-addressinggender-and-power-sexuality-and-hiv-educationcomprehensive (Accessed 30 April 2017).

Haberland, N., Rogow, D. 2015. Sexuality education: Emerging trends in evidence and practice. *Journal of Adolescent Health*, Vol. 56, No. 1, pp. 15-21.

Hadley, A., Ingham, R. and Chandra-Mouli, V. 2016. Teenage pregnancy strategy for England. *The Lancet*, Volume 388, No. 10044. DOI: http://dx.doi.org/10.1016/S0140-6736(16)30619-5. http://www.thelancet.com/journals/lancet/article/PIIS0140-6736(16)30619-5/fulltext?rss%3Dyes. (Accessed 4 May 2017).

Hall, W., Patton, G., Stockings, E., Weier, M., Lynskey, M., Morley, K. and Degenhardt, L. 2016. Why young people's substance use matters for global health. *The Lancet Psychiatry*, Vol. 3, No. 3, pp. 265-279.

Hillier, L., Jones, T., Monagle, M., Overton, N., Gahan, L., Blackman, J. and Mitchell, A. 2010. *Writing Themselves in 3 (WTi3). The third national study on the sexual health and wellbeing of same sex attracted and gender questioning young people*. Melbourne, Australian Research Centre in Sex, Health and Society and La Trobe University.

Hughes, K., Bellis, M., Jones, L., Wood, S., Bates, G., Eckley, L., McCoy, E., Mikton, C., Shakespeare, T. and Officer, A. 2012. Prevalence and risk of violence against adults with disabilities: A systematic review and meta-analysis of observational studies. *The Lancet*, Vol. 379, No. 9826, pp. 1621-1629.

International Planned Parenthood (IPPF). 2013. *Explore; Toolkit for involving young people as researchers in sexual and reproductive health programmes*. Rapid PEER review handbook. London, IPPF. https://www.rutgers.international/sites/rutgersorg/files/pdf/AW_Explore-PEER%20Handbook.pdf (Accessed 25 April 2017).

International Planned Parenthood Federation (IPPF). 2015. *Teaching about Consent and Healthy Boundaries: A guide for educators*. London, IPPF. https://www.ifpa.ie/sites/default/files/documents/Reports/teaching_about_consent_healthy_boundaries_a_guide_for_educators.pdf (Accessed 4 May 2017).

International Planned Parenthood Federation (IPPF). 2016. *Everyone's Right to Know:*

Delivering comprehensive sexuality education for all young people. London, IPPF. http://www.ippf.org/sites/default/files/2016-05/ippf_cse_report_eng_web.pdf (Accessed 25 April 2017).

International Planned Parenthood Federation (IPPF). 2017 (unpublished). *Toolkit Deliver+Enable: Scaling-up comprehensive sexuality education (CSE).* London, IPPF.

International Planned Parenthood Federation (IPPF) and Coram Children's Legal Centre. 2014. *Inception Report: Qualitative research on legal barriers to young people's access to sexual and reproductive health services.* London, IPPF. http://www.ippf.org/resource/inception-report-qualitativeresearch-legal-barriers-young-peoples-access-sexual-and (Accessed 4 May 2017).

ILO, OHCHR, UNAIDS Secretariat, UNDP, UNESCO, UNFPA, UNHCR, UNICEF, UNODC, UN Women, WFP and WHO. 2015. *Joint UN statement on Ending violence and discrimination against lesbian, gay, bisexual, transgender and intersex people.* New York, United Nations. http://www.ohchr.org/Documents/Issues/Discrimination/Joint_LGBTI_Statement_ENG.PDF (Accessed 24 August 2017).

Jemmott, J. B., Jemmott, L. S., Fong, G. T. and Morales, K. H. 2010. Effectiveness of an HIV/STD risk-reduction intervention for adolescents when implemented by community-based organizations: A cluster-randomized controlled trial. *American Journal of Public Health,* 100(4), 720–726. https://www.ncbi.nlm.nih.gov/pmc/articles/PMC2836337/ http://doi.org/10.2105/AJPH.2008.140657

Jennings, L., Parra-Medina, D., Hilfinger-Messias, D. and McLoughlin, K. 2006. Toward a critical social theory of youth empowerment. *Journal of Community Practice,* Vol. 14, No. 1-2, pp. 31-55.

Kennedy, A.C. and Bennett, L. 2006. Urban adolescent mothers exposed to community, family and partner violence: Is cumulative violence exposure a barrier to school performance and participation? *Journal of Interpersonal Violence.* 6, pp. 750–773.

Killermann, S. 2015. The Genderbread Person v3. [Blog] It's Pronounced Metrosexual. http://itspronouncedmetrosexual.com/2015/03/the-genderbread-person-v3/#sthash.F0QoolEk.dpbs (Accessed 5 February 2017).

Kirby, D. 2007. E*merging Answers 2007: Research findings on programs to reduce teen pregnancy and sexually transmitted diseases.* Washington, DC, The National Campaign to Prevent Teen and Unplanned Pregnancy. https://thenationalcampaign.org/sites/default/files/resourceprimary-download/EA2007_full_0.pdf

Kirby, D. 2009. Recommendations for Effective Sexuality Education Programmes. Unpublished review prepared for UNESCO. Paris, UNESCO.

Kirby, D. 2011. Sex Education: Access and impact on sexual behaviour of young people. United Nations Expert Group Meeting on Adolescents, Youth and Development. New York, Population Division, Department of Economic and Social Affairs, United Nations Secretariat.

Kirby, D., Korpi, M., Barth, R. P. and Cagampang, H. H. 1997. The impact of the postponing sexual involvement curriculum among youths in California. *Family Planning Perspectives*, Vol. 29, No. 3, pp. 100-108.

Kirby, D., Laris, B. and Rolleri, L. 2005. *Impact of Sex and Sex Education Programs on Sexual Behaviors of Youth in Developing and Developed Countries*. Washington DC, Family Health International (FHI).

Kirby, D., and Lepore, G. 2007. *Sexual Risk and Protective Factors: Factors affecting teen sexual behavior, pregnancy, childbearing and sexually transmitted disease: Which are important? Which can you change?* Washington DC, National Campaign to Prevent Teen Pregnancy.

Kirby, D., Obasi, A. and Laris, B. 2006. The effectiveness of sex education and hiv education interventions in schools in developing countries. *Preventing HIV/AIDS in Young People: A systematic review of the evidence from developing countries* in D. Ross, B. Dick and J. Ferguson (eds.) Geneva, WHO, pp. 103-150.

Kirby, D., Rolleri, L. and Wilson, M. M. 2007. *Tool to Assess the Characteristics of Effective Sex and STD/HIV Education Programmes*. Washington, DC, Healthy Teen Network.

Kivela, J., Ketting, E. and Baltussen, R. 2013. Cost analysis of school-based sexuality education programs in six countries. *Cost Effectiveness and Resource Allocation*, 11(1), 1-7. doi:10.1186/1478-7547-11-17

Kontula, O. 2010. The evolution of sex education and students' sexual knowledge in Finland in the 2000s. *Sex Education*, Vol. 10, No. 4, pp. 373-386.

Krug, E. G., Dahlberg, L. L., Mercy, J. A., Zwi, A. B. and Lozano, R. 2002. *World Report on Violence and Health*. Geneva, WHO. http://www.who.int/violence_injury_prevention/violence/world_report/en/introduction.pdf

Lansdown, G. 2001. *Promoting Children's Participation in Democratic Decision Making*. Florence, UNICEF. https://www.unicef-irc.org/publications/pdf/insight6.pdf (Accessed 5 February 2017).

Leijten, P., Melendez-Torres, G. J., Knerr, W., and Gardner, F. 2016. Transported versus homegrown parenting interventions for reducing disruptive child behavior: A multilevel metaregression study. *Journal of the American Academy of Child and Adolescent Psychiatry*. 55(7), 610-617. doi: http://dx.doi.org/10.1016/j.jaac.2016.05.003.

Loaiza, E. and Liang, M. 2013. *Adolescent Pregnancy: A review of the evidence*. New York, UNFPA. https://www.unfpa.org/sites/default/files/pub-pdf/ADOLESCENT%20PREGNANCY_UNFPA.pdf (Accessed 25 April 2017).

Lopez, L. M., Bernholc, A., Chen, M. and Tolley, E. 2016. School-based interventions for improving contraceptive use in adolescents. The Cochrane Library. doi:10.1002/14651858.CD012249

Madise, N., Zulu, E. and Ciera, J. 2007. Is poverty a driver for risky sexual behaviour? Evidence from national surveys of adolescents in four African countries. *African Journal of Reproductive Health*, Vol. 11, No. 3, p. 83. https://www.guttmacher.org/sites/default/files/pdfs/pubs/journals/reprints/AJRH.11.3.83.pdf (Accessed 5 February 2017).

McKee, A. 2014. Methodological issues in defining aggression for content analyses of sexually explicit material. *Archives of Sexual Behavior*, Vol. 44, No. 1, pp. 81-87.

Meyer, E. 2010. *Gender and Sexual Diversity in Schools*. Dordrecht, Netherlands, Springer Science+Business Media.

Michielsen, K., Chersich, M. F., Luchters, S., De Koker, P., Van Rossem, R. and Temmerman, M. 2010. Effectiveness of HIV prevention for youth in sub-Saharan Africa: Systematic review and meta-analysis of randomized and nonrandomized trials. *AIDS*, 24(8), pp. 1193-1202.

Nixon, C. 2014. Current perspectives: The impact of cyberbullying on adolescent health. *Adolescent Health, Medicine and Therapeutics*, Vol. 5, pp. 143–158.

O'Connor, C., Small, S. A. and Cooney, S. M., 4. 2007. *Program fidelity and adaptation: Meeting local needs without compromising program effectiveness*. Madison, WI, University of Wisconsin-Madison/Extension. Retrieved from http://fyi.uwex.edu/whatworkswisconsin/files/2014/04/whatworks_04.pdf

Office of the High Commissioner for Human Rights (OHCHR). *2003. CRC General Comment 4: Adolescent health and development in the context of the Convention on the Rights of the Child (CRC)*. New York, UN. http://www.ohchr.org/Documents/Issues/Women/WRGS/Health/GC4.pdf (Accessed 30 April 2017).

Office of the Special Advisor on Gender Issues and Advancement of Women. 2001. *Gender Mainstreaming: Strategy for promoting gender equality*. New York, Office of the Special Advisor on Gender Issues and Advancement of Women. http://www.un.org/womenwatch/osagi/pdf/factsheet1.pdf (Accessed 30 April 2017).

Ofsted 2013. *Ofsted Annual Report 2012/13: Schools report*. London, Ofsted.

Okonofua, F. 2007. New research findings on adolescent reproductive health in Africa [Nouveaux résultats de recherche sur la santé de reproduction en Afrique]. *African Journal of Reproductive Health*, Vol. 11, No. 3, p. 7.

Oosterhof, P., Muller, C. and Shephard, K. 2017. Sex education in the digital era. *IDS Bulletin*, Vol. 48, No. 1. http://bulletin.ids.ac.uk/idsbo/issue/view/223 (Accessed 30 May 2017).

Oringanje, C., Meremikwu, M. M., Eko, H., Esu, E., Meremikwu, A. and Ehiri, J. E. 2009. Interventions for preventing unintended pregnancies among adolescents. *Cochrane Database of Systematic Reviews*, N.PAG-N.PAG. doi:10.1002/14651858.CD005215.pub2

Otieno, A. 2006. *Gender and Sexuality in the Kenyan Education System: Is history repeating itself? An exploratory study of information on sexuality within Nakuru town*. MA. Southern and Eastern African Regional Centre for Women's Law at the University of Zimbabwe.

Organisation for Economic Co-operation and Development (OECD). 2017. *Early Learning Matters*. Paris, OECD. https://www.oecd.org/edu/school/Early-Learning-Matters-Project-Brochure.pdf. (Accessed 30 April 2017).

Office of the United Nations High Commissioner for Human Rights (OHCHR). 2016. *Living Free and Equal. What States are doing to tackle violence and discrimination against lesbian, gay, bisexual, transgender and intersex people*. New York and Geneva, United Nations.

Pan American Health Organization (PAHO) and WHO. 2000. *Promotion of Sexual Health. Recommendations for Action*. Washington D.C., PAHO.

Peter and Valkenburg. 2007. Online communication and adolescent well-being: Testing the stimulation versus the displacement hypothesis. *Journal of Computer-mediated communication*. Vol. 12, 4, pp. 1169-1182.

Plan International. 2016. *Counting the Invisible: Using data to transform the lives of girls and women by 2030*. Woking, Plan International. http://www.ungei.org/resources/files/2140_biaag_2016_english_finalv2_low_res.pdf (Accessed 30 April 2017).

Plan International. 2017. *Teenage Pregnancy*. Woking, Plan International. https://plan-international.org/sexual-health/teenage-pregnancy (Accessed May 2017).

Pound P., Denford S., Shucksmith J., Tanton C., Johnson A.M., Owen J., Hutten R., Mohan L., Bonell C., Abraham C. and Campbell R. 2017. What is best practice in sex and relationship education? A synthesis of evidence, including stakeholders' views. *British Medical Journal Open*. 2017 Jul 2; 7(5): e014791. doi: 10.1136/bmjopen-2016-014791. http://bmjopen.bmj.com/content/bmjopen/7/5/e014791.full.pdf (Accessed 21 July 2017).

Pound, P., Langford, R., and Campbell, R. 2016. What do young people think about their school-based sex and relationship education? A qualitative synthesis of young people's views and experiences. *British Medical Journal Open*, 6(9). doi:10.1136/bmjopen-2016-011329

Religious Institute. 2002. Open letter to religious leaders about sex education. http://religiousinstitute.org/wp-content/uploads/2009/06/Open-Letter-Sex-Education.pdf (Accessed 30 April 2017).

Rohleder, P. and Swartz, L. 2012. Disability, sexuality and sexual health. *Understanding Global Sexualities: New Frontiers (Sexuality, culture and health series)*. 138-152. DOI: 10.4324/9780203111291

Rohrbach, L. A., Berglas, N. F., Jerman, P., Angulo-Olaiz, F., Chou, C. P. and Constantine, N. A. 2015. A Rights-Based Sexuality Education Curriculum for Adolescents: 1-Year Outcomes From a Cluster-Randomized Trial. *Journal of Adolescent Health*, 57(4), 399-406. Retrieved from http://onlinelibrary.wiley.com/o/cochrane/clcentral/articles/910/CN-01131910/frame.html doi:10.1016/j.jadohealth.2015.07.004

Ross, D., Dick, B. and Ferguson, J. 2006. *Preventing HIV/AIDS in Young People: A systematic review of the evidence from developing countries*. Geneva, WHO.

Save the Children. 2015. *What do children want in times of emergency and crisis? They want an education*. London, Save the Children. https://www.savethechildren.org.uk/sites/default/files/images/What_Do_Children_Want1.pdf (Accessed 30 April 2017)

Secor-Turner, M., Schmitz, K. and Benson, K. 2016. Adolescent experience of menstruation in rural Kenya. *Nursing Research*, Vol. 65, No. 4, pp. 301-305.

Sedgh, G., Ashford, L. S. and Hussain, R. 2016. *Unmet Need for Contraception in Developing Countries: Examining women's reasons for not using a method*. New York, Guttmacher Institute. https://www.guttmacher.org/report/unmet-needfor-contraception-in-developing-countries (Accessed 30 April 2017).

Shepherd, J., Kavanagh, J., Picot, J., Cooper, K., Harden, A., Barnett-Page, E., . . . Price, A. 2010.

The effectiveness and cost effectiveness of behavioural interventions for the prevention of sexually transmitted infections in young people aged 13-19: A systematic review and economic evaluation. *Health Technology Assessment*, 14(7), 1-230.

Stead, M., Stradling, R., MacNeil, M., MacKintosh, A. and Minty, S. 2007. Implementation evaluation of the Blueprint multicomponent drug prevention programme: Fidelity of school component delivery. *Drug and Alcohol Review*, Vol. 26, No. 6, pp. 653-664.

Stephenson, J., Strange, V., Forrest, S., Oakley, A., Copas, A., Allen, E., Babiker, A., Black, S., Ali, M., Monteiro, H. and Johnson, A. 2004. Pupil-led sex education in England (RIPPLE study): cluster-randomised intervention trial. *The Lancet*, Vol. 364, No. 9431, pp. 338-346.

Stirling, M., Rees, H., Kasedde, S. and Hankins, C. 2008. *Addressing the vulnerability of young women and girls to stop the HIV epidemic in Southern Africa*. Geneva, UNAIDS.

Straight Talk Foundation. 2008. *Annual Report*. Kampala, Straight Talk Foundation. https://www.scribd.com/document/17357627/Straight-Talk-Foundation-Annual-Report-2008 (Accessed 30 May 2017).

Thomas, F. and Aggleton, P. 2016. School-based sex and relationships education: Current knowledge and emerging themes. In: Sundaram, V. and Sauntson, H. (eds) *Global Perspectives and Key Debates in Sex and Relationships Education: Addressing Issues of Gender, Sexuality, Plurality and Power*. Basingstoke, Palgrave Macmillan.

Tolli, M. V. 2012. Effectiveness of peer education interventions for HIV prevention, adolescent pregnancy prevention and sexual health promotion for young people: A systematic review of European studies. *Health Education Research*. 27(5), 904-913. doi:10.1093/her/cys055

Trenholm, C., Devaney, B., Fortson, K., Quay, L., Wheeler, J. and Clark, M. 2007. *Impacts of Four Title V, Section 510 Abstinence Education Programs: Final Report*. Trenton, NJ, Mathematica Policy Research Inc.

Uganda Bureau of Statistics (UBOS) and Macro International Inc. 2007. *Uganda Demographic and Health Survey 2006*. Calverton, Md., UBOS and Macro International Inc. http://www.dhsprogram.com/pubs/pdf/FR194/FR194.pdf (Accessed 30 May 2017).

Underhill, K., Montgomery, P. and Operario, D. 2007. Sexual abstinence only programmes to prevent HIV infection in high income countries: Systematic review. *British Medical Journal*, Vol. 335, No. 7613, pp. 248-248. http://bmj.com/cgi/content/full/335/7613/248 (Accessed 13 August 2017).

United Nations. 1989. *Convention on the Rights of the Child*. New York, UN. http://www.ohchr.org/en/professionalinterest/pages/crc.aspx (Accessed 30 May 2017).

United Nations. 1995. *Platform for Action of the United Nations Fourth World Conference on Women*. New York, UN. http://www.un.org/esa/gopher-data/conf/fwcw/off/a--20.en (Accessed 30 May 2017).

United Nations. 1999. *Overall Review and Appraisal of the Implementation of the Programme of Action of the International Conference on Population and Development*. New York, UN. http://www.unfpa.org/sites/default/files/resource-pdf/A_S-21_AC.1_L.pdf (Accessed 30

May 2017).

United Nations. 2001. *Declaration of Commitment on HIV/AIDS*. New York, UN. http://www.
unaids.org/sites/default/files/sub_landing/files/aidsdeclaration_en_0.pdf (Accessed 30
May 2017).

United Nations. 2007. *Convention of the Rights of Persons with Disabilities*. New York, UN.
https://www.un.org/development/desa/disabilities/resources/generalassembly/
convention-on-the-rights-of-persons-withdisabilities-ares61106.html (Accessed 30 May
2017).

United Nations. 2010. *Report of the United Nations Special Rapporteur on the Right to
Education*. http://www.right-toeducation.org/sites/right-to-education.org/files/
resourceattachments/UNSR_Sexual_Education_2010.pdf (Accessed 30 May 2017).

United Nations. 2014. *Programme of Action adopted at the International Conference on
Population and Development Cairo, 5-13 September 1994*. New York, UNFPA. http://www.
unfpa.org/publications/international-conference-population-and-development-
programme-action (Accessed 30 May 2017).

UNAIDS. 2006. *Scaling up Access to HIV Prevention, Treatment, Care and Support: The next steps*.
Geneva, UNAIDS. http://data.unaids.org/publications/irc-pub07/jc1267-univaccessthe
nextsteps_en.pdf (Accessed 30 May 2017).

UNAIDS. 2008. *2008 Report on the Global AIDS Epidemic*. Geneva, UNAIDS. http://www.unaids.
org/sites/default/files/media_asset/jc1510_2008globalreport_en_0.pdf (Accessed 30 May
2017).

UNAIDS. 2012 *Factsheet on Young people, Adolescents and HIV*. Geneva, UNAIDS. http://files.
unaids.org/en/media/unaids/contentassets/documents/factsheet/2012/20120417_FS_
adolescentsyoungpeoplehiv_en.pdf (Accessed 30 May 2017).

UNAIDS 2014. *The Gap Report*. Geneva, UNAIDS. http://www.unaids.org/sites/default/files/
media_asset/UNAIDS_Gap_report_en.pdf (Accessed 30 May 2017).

UNAIDS. 2016. *HIV Prevention among Adolescent Girls and Young Women: Putting HIV
prevention among adolescent girls and young and including boys & men women on the
Fast-Track and engaging men and boys*. Geneva, UNAIDS. http://www.unaids.org/sites/
default/files/media_asset/UNAIDS_HIV_prevention_among_adolescent_girls_and_
young_women.pdf

UNAIDS. 2017. *Ending AIDS. Progress towards the 90-90-90 Targets. Global AIDS Update*. Geneva,
UNAIDS. http://www.unaids.org/en/resources/documents/2017/20170720_Global_AIDS_
update_2017

UNAIDS and WHO. 2007. *2007 AIDS Epidemic Update*. Geneva, UNAIDS. http://data.unaids.
org/pub/epislides/2007/2007_epiupdate_en.pdf (Accessed 30 May 2017).

UNDP. 2015. *Report of the Regional Dialogue on LGBTI Human Rights and Health in Asia-Pacific*.
Bangkok, UNDP. http://www.asiapacific.undp.org/content/dam/rbap/docs/Research%20
and%20Publications/hiv_aids/rbap-hhd-2015-reportregional-dialogue-lgbti-rights-
health.pdf (Accessed 30 May 2017).

UNDP (in press). *Leave no one Behind: Advancing social, economic, cultural and political inclusion of LGBTI people in Asia and the Pacific.*

UNESCO. 1996. *Learning: The treasure within. Report to UNESCO of the International Commission on Education for the Twentyfirst Century.* Paris, UNESCO. http://unesdoc. unesco.org/images/0010/001095/109590eo.pdf (Accessed 30 May 2017).

UNESCO. 2000a. *Dakar Framework for Action, Education for All. Meeting our collective commitments.* Paris, UNESCO. http://unesdoc.unesco.org/images/0012/001211/121147e. pdf (Accessed 30 May 2017).

UNESCO. 2000b. *General Comment No. 14. Substantive issues arising in the implementation of the international covenant on economic, social and cultural rights.* Geneva, UNESCO. http:// data.unaids.org/publications/external-documents/ecosoc_cescr-gc14_en.pdf (Accessed 30 May 2017) .

UNESCO. 2008. *School-centred HIV and AIDS Care and Support in Southern Africa: Technical consultation report, 22-24 May 2008, Gaborone, Botswana.* Paris, UNESCO. http://unesdoc. unesco.org/images/0015/001578/157860e.pdf (Accessed 30 May 2017).

UNESCO. 2009. *International Technical Guidance on Sexuality Education: An Evidence-informed approach for schools, teachers and health educators.* Paris, UNESCO. http://unesdoc.unesco. org/images/0018/001832/183281e.pdf (Accessed 3 May 2017).

UNESCO. 2010. *Levers of Success: Case studies of national sexuality education programmes.* Paris, UNESCO. http://unesdoc.unesco.org/images/0018/001884/188495e.pdf (Accessed 30 April 2017).

UNESCO. 2011a. *Cost and Cost-effectiveness Analysis of School-based Sexuality Education Programmes in Six Countries.* Paris, UNESCO. http://unesdoc.unesco.org/images/0021/ 002116/211604e.pdf

UNESCO. 2011b. *Sexuality Education Review and Assessment Tool.* Paris, UNESCO. http:// hivhealthclearinghouse.unesco.org/library/ documents/sexuality-education-review-andassessment-tool-serat-0 (Accessed 4 May 2015).

UNESCO. 2012. *Review of Policies and Strategies to Implement and Scale Up Sexuality Education in Asia and the Pacific.* Bangkok, UNESCO Bangkok. http://unesdoc.unesco.org/ images/0021/002150/215091e.pdf

UNESCO. 2013a. *Measuring the Education Sector Response to HIV and AIDS: Guidelines for the construction and use of core indicators.* Paris, UNESCO. http://unesdoc.unesco.org/ images/0022/002230/223028e.pdf (Accessed 30 May 2017).

UNESCO. 2013b. *Ministerial Commitment on Comprehensive Sexuality Education and Sexual and Reproductive Health Services for Adolescents and Young People in Eastern and Southern African (ESA).* Paris, UNESCO. http://www.unesco.org/fileadmin/MULTIMEDIA/HQ/ HIV-AIDS/pdf/ESACommitmentFINALAffirmedon7thDecember.pdf (Accessed 30 May 2017).

UNESCO. 2014a. *Comprehensive Sexuality Education: The challenges and opportunities of scaling-up.* Paris, UNESCO. http://unesdoc.unesco.org/images/0022/002277/227781e.pdf

(Accessed 5 May 2017).

UNESCO. 2014b. *Good Policy and Practice in Health Education: Puberty education and menstrual hygiene management*. Paris, UNESCO. http://unesdoc.unesco.org/images/0022/002267/226792e.pdf (Accessed 3 May 2017).

UNESCO. 2015a. *Emerging Evidence, Lessons and Practice in Global Comprehensive Sexuality Education: A global review*. Paris, UNESCO. http://www.unfpa.org/sites/default/files/pub-pdf/CSE_Global_Review_2015.pdf (Accessed 4 May 2017).

UNESCO. 2015b. *From Insult to Inclusion: Asia-Pacific report on school bullying, violence and discrimination on the basis of sexual orientation and gender identity*. Paris, UNESCO. http://unesdoc.unesco.org/images/0023/002354/235414e.pdf (Accessed 5 May 2017).

UNESCO. 2016a. *2016 Global Education Monitoring Report. Education for people and planet: Creating sustainable futures for all*. Paris, UNESCO. http://unesdoc.unesco.org/images/0024/002457/245745e.pdf (Accessed 5 May 2017).

UNESCO. 2016b. *Out in the Open: Education Sector Responses to Violence based on Sexual Orientation and Gender Identity/Expression*. Paris. UNESCO. http://unesdoc.unesco.org/images/0024/002447/244756e.pdf

UNESCO. 2016c. Review of the Evidence on Sexuality Education. Report to inform the update of the UNESCO International Technical Guidance on Sexuality Education; prepared by Paul Montgomery and Wendy Knerr, University of Oxford Centre for Evidence-Based Intervention. Paris, UNESCO.

UNESCO. 2017a. *Early and Unintended Pregnancy: Recommendations for the education sector*. Paris, UNESCO. http://unesdoc.unesco.org/images/0024/002484/248418e.pdf (Accessed 30 May 2017).

UNESCO. 2017b. *Good Policy and Practice in Health Education. Booklet 10. Education sector responses to the use of alcohol, tobacco and drugs*. Paris, UNESCO. http://unesdoc.unesco.org/images/0024/002475/247509E.pdf (Accessed 30 May 2017).

UNESCO. 2017c. Review of Curricula and Curricular Frameworks. Report to inform the update of the UNESCO International Technical Guidance on Sexuality Education: prepared by Advocates for Youth. Paris, UNESCO.

UNESCO. 2017d. *School Violence and Bullying: Global status report*. Paris, UNESCO. http://unesdoc.unesco.org/images/0024/002469/246970e.pdf (Accessed 5 May 2017).

UNESCO and The Global Network of People Living with HIV (GNP+). 2012. *Positive Learning: Meeting the needs of young people living with HIV (YPLHIV) in the education sector*. Paris/Netherlands, UNESCO/GNP+ http://unesdoc.unesco.org/images/0021/002164/216485E.pdf (Accessed 5 May 2017).

UNESCO and UNAIDS. 2008. *EDUCAIDS Framework for Action*. Paris/Geneva, UNESCO/UNAIDS. http://unesdoc.unesco.org/images/0014/001473/147360e.pdf (Accessed 30 April 2017).

UNFPA. 2010. *Comprehensive Sexuality Education: Advancing human rights, gender, equality and improved sexual and reproductive health*. Bogota, UNFPA. https://www.unfpa.org/sites/

default/files/resource-pdf/Comprehensive%20Sexuality%20Education%20Advancing%20Human%20Rights%20Gender%20Equality%20and%20Improved%20SRH-1.pdf (Accessed 3 May 2017).

UNFPA. 2013. *Adolescent Pregnancy: A review of the evidence*. New York, UNFPA. https://www.unfpa.org/sites/default/files/pub-pdf/ADOLESCENT%20PREGNANCY_UNFPA.pdf (Accessed 5 May 2017).

UNFPA. 2014. *Operational Guidance for Comprehensive Sexuality Education: A focus on human rights and gender*. New York, UNFPA. http://www.unfpa.org/sites/default/files/pub-pdf/UNFPA%20Operational%20Guidance%20for%20CSE%20-Final%20WEB%20Version.pdf (Accessed 5 May 2017).

UNFPA. 2015. *The Evaluation of Comprehensive Sexuality Programmes: A Focus on the gender and empowerment outcomes*. New York, UNFPA. https://www.unfpa.org/sites/default/files/pub-pdf/UNFPAEvaluationWEB4.pdf (Accessed 5 May 2017).

UNFPA, UNESCO and WHO. 2015. *Sexual and Reproductive Health of Young People in Asia and the Pacific: A review of issues, policies and programmes*. Bangkok, UNFPA. http://unesdoc.unesco.org/images/0024/002435/243566E.pdf (Accessed 30 April 2017).

UNICEF. 2002. *The State of the World's Children 2003*. New York, UNICEF. https://www.unicef.org/sowc03/contents/pdf/SOWC03-eng.pdf (Accessed 30 May 2017).

UNICEF. 2014a. *Ending Child Marriage: Progress and prospects*. New York, UNICEF. https://www.unicef.org/media/files/Child_Marriage_Report_7_17_LR..pdf (Accessed 5 May 2017).

UNICEF. 2014b. *Hidden in Plain Sight: A statistical analysis of violence against children*. New York, UNICEF. http://files.unicef.org/publications/files/Hidden_in_plain_sight_statistical_analysis_EN_3_Sept_2014.pdf (Accessed 5 May 2017).

USAID. 2009. *Factsheet on Youth Reproductive Health Policy: Poverty and youth reproductive health*. Washington, DC, USAID. http://pdf.usaid.gov/pdf_docs/Pnadr402.pdf (Accessed 5 May 2017).

USAID. 2013. *Getting to Zero. A discussion paper on ending extreme poverty*. Washington, USAID. https://www.usaid.gov/sites/default/files/documents/1870/USAID-Extreme-Poverty-Discussion-Paper.pdf (Accessed 3 May 2017).

Villa-Torres, L., and Svanemyr, J. 2015. Ensuring Youth's Right to Participation and Promotion of Youth Leadership in the Development of Sexual and Reproductive Health Policies and Programs. *Journal of Adolescent Health*, 56(1), S51-S57. doi:10.1016/j.jadohealth.2014.07.022

Weeks, J. 2011. *The Languages of Sexuality*. Oxon, Routledge.

WHO. 2001. *Regional Strategy on Sexual and Reproductive Health*. Copenhagen, WHO, Regional Office for Europe. http://www.euro.who.int/__data/assets/pdf_file/0004/69529/e74558.pdf (Accessed 31 May 2017).

WHO. 2002. *Defining Sexual Health: Report of a technical consultation on sexual health*. Geneva, WHO. http://www.who.int/reproductivehealth/topics/gender_rights/defining_sexual_health.pdf (Accessed 31 May 2017).

WHO. 2003. *Skills for Health. Skills-based health education including life skills: An important component of a child-friendly/health-promoting school.* Geneva, WHO. http://www.who.int/school_youth_health/media/en/sch_skills4health_03.pdf (Accessed 31 May 2017).

WHO. 2004. *Adolescent Pregnancy: Issues in adolescent health and development.* Geneva, WHO. http://apps.who.int/iris/bitstream/10665/42903/1/9241591455_eng.pdf (Accessed 5 May 2017).

WHO. 2005. *Sexually Transmitted Infections among Adolescents. The need for adequate health services.* Geneva, WHO. http://www.who.int/maternal_child_adolescent/documents/9241562889/en/ (Accessed 5 May 2017).

WHO. 2006a. *Defining Sexual Health: Report of a technical consultation on sexual health, 28–31 January 2002.* Geneva, WHO. http://www.who.int/reproductivehealth/topics/sexual_health/sh_definitions/en/ (Accessed 5 May 2017).

WHO. 2006b. *Pregnant Adolescents: Delivering on global promises of hope.* Geneva, WHO. http://www.youthnet.org.hk/adh/2_AD_sexual_reproductiveH/Adolescent_Pregnancy/WHO%20-%20Pregnant%20Adolescents.pdf (Accessed 30 May 2017).

WHO. 2007a. *Unsafe Abortion: Global and regional estimates of the incidence of unsafe abortion and associated mortality in 2003*, 5th edn. Geneva, WHO. http://apps.who.int/iris/bitstream/10665/43798/1/9789241596121_eng.pdf (Accessed 5 May 2017).

WHO 2007b. *Adolescent Pregnancy - Unmet needs and undone deeds: A review of the literature and programmes.* Geneva, WHO. http://apps.who.int/iris/bitstream/10665/43702/1/9789241595650_eng.pdf (Accessed 5 May 2017).

WHO. 2008. *Pregnant Adolescents: Delivering on Global Promises.* Geneva, WHO. http://www.youthnet.org.hk/adh/2_AD_sexual_reproductiveH/Adolescent_Pregnancy/WHO%20-%20Pregnant%20Adolescents.pdf (Accessed 30 May 2017).

WHO. 2010. *The ASSIST-linked Brief Intervention for Hazardous and Harmful Substance Use: Manual for use in primary care. Manual 1.* Geneva, WHO. http://apps.who.int/iris/bitstream/10665/44320/1/9789241599382_eng.pdf (Accessed 30 May 2017).

WHO. 2011. *WHO Guidelines on Preventing Early Pregnancy and Poor Reproductive Outcomes Among Adolescents in Developing Countries.* Geneva, WHO. http://www.who.int/immunization/hpv/target/preventing_early_pregnancy_and_poor_reproductive_outcomes_who_2006.pdf (Accessed 5 May 2017).

WHO. 2014a. *Adolescent Pregnancy Factsheet.* Geneva, WHO. http://apps.who.int/iris/bitstream/10665/112320/1/WHO_RHR_14.08_eng.pdf (Accessed 30 May 2017).

WHO. 2014b. *World Health Statistics 2014.* Geneva, WHO. http://apps.who.int/iris/bitstream/10665/112738/1/9789240692671_eng.pdf?ua=1 (Accessed 30 May 2017).

WHO. 2015. *Every Woman, Every Child, Every Adolescent: Achievements and prospects. The final report of the independent Expert Review Group on Information and Accountability for Women's and Children's health.* Geneva, WHO.

WHO. 2016a. *Global Health Estimates 2015: Deaths by cause, age, sex, by country and by region, 2000-2015.* Geneva, WHO. http://www.who.int/healthinfo/global_burden_disease/en/

WHO. 2016b. *Violence against Women: Intimate Partner and Sexual Violence Against Women Factsheet.* Geneva, WHO. http://www.who.int/mediacentre/factsheets/fs239/en/ (Accessed 5 May 2017).

WHO. 2016c. *Youth Violence factsheet.* Geneva, WHO. http://www.who.int/mediacentre/factsheets/fs356/en/ (Accessed 5 May 2017).

WHO. 2017a. *Female Genital Mutilation Factsheet.* Geneva, WHO. http://who.int/mediacentre/factsheets/fs241/en/ (Accessed 30 May 2017).

WHO. 2017b. *Global Accelerated Action for the Health of Adolescents (AA-HA!): Guidance to support country implementation - summary.* Geneva, WHO. http://apps.who.int/iris/bitstream/10665/255418/1/WHO-FWC-MCA-17.05-eng.pdf?ua=1 (Accessed 30 May 2017).

WHO and UNAIDS. 2009. *Operational Guidance for Scaling Up Male Circumcision Services for HIV Prevention.* Geneva, WHO. http://apps.who.int/iris/bitstream/10665/44021/1/9789241597463_eng.pdf (Accessed 5 May 2017).

WHO and UNICEF. 2008. *More Positive Living: Strengthening the health sector response to young people living with HIV.* Geneva, WHO. http://apps.who.int/iris/bitstream/10665/43957/1/9789241597098_eng.pdf (Accessed 5 May 2017).

WHO and UNFPA. 2006. *Married Adolescents: No place of safety.* Geneva, WHO. http://apps.who.int/iris/bitstream/10665/43369/1/9241593776_eng.pdf (Accessed 30 April 2017).

WHO, UNFPA and UNICEF. 1999. *Programming for Adolescent Health and Development.* Geneva, WHO. http://apps.who.int/iris/bitstream/10665/42149/1/WHO_TRS_886_(p1-p144).pdf (Accessed 5 May 2017).

WHO Regional Office for Europe and Die Bundeszentrale fur gesundheitliche Aufklarung (BZgA). 2010. *Standards for Sexuality Education in Europe: A framework for policy makers, educational and health authorities and specialists.* Cologne, BZgA. http://www.oif.ac.at/fileadmin/OEIF/andere_Publikationen/WHO_BZgA_Standards.pdf (Accessed 5 May 2017).

Wight, D. 2011. The effectiveness of school-based sex education: What do rigorous evaluations in Britain tell us? *Education and Health*, 29(4), 72-78.

Women's Refugee Commission, Save the Children, UNHCR, UNFPA. 2012. *Adolescent Sexual and Reproductive Health Programs in Humanitarian Settings: An In-depth Look at Family Planning Services.* New York, UNFPA. https://www.unfpa.org/sites/default/files/resourcepdf/AAASRH_good_practice_documentation_English_FINAL.pdf (Accessed 30 April 2017).

Woog V., Singh, S.S, Browne, A. and Philbin, J. 2015. *Adolescent Women's Need for and Use of Sexual and Reproductive Health Services in Developing Countries.* New York, Guttmacher Institute. http://www.guttmacher.org/pubs/Adolescent-SRHS-Need-Developing-Countries.pdf. (Accessed 30 May 2017).

用語集

9

この文書で使用されている用語と概念は、広く受け入れられている定義だけでなく、UNESCOおよび他の国連機関によって作成された文書で使用されている定義も反映している。

この文書で使用されている一般的な用語と概念の定義は次のとおりである。

思春期 Adolescent	国連の定義に基づき、10歳から19歳の人。
バイセクシュアル Bisexual	二つ以上のジェンダーの人々に惹かれる人。
いじめ Bullying	身体的な接触、言葉による攻撃、または心理的な操作によって、意図的に傷害または不快感を与えるような、繰り返される行動。いじめは力の不均衡を伴う。
子ども Child	国連の定義に基づき、18歳以下の人。
強制 Coercion	力や脅しを使って他者に何かをするように説き伏せてさせる行動や実践。
カリキュラム Curriculum	さまざまな年齢の生徒が何を学び、何ができるようになるべきか、また、それはなぜ、どのように、どうすればよりよく行えるのかなどの疑問に取り組むもの。
ネットいじめ Cyberbullying	一般的には威嚇的または脅迫的な性質のメッセージを送信することにより、人をいじめるために電子コミュニケーションツールを使用すること。
差別 Discrimination	人種、セックス、宗教、国籍、民族、性的指向、障がい、年齢、言語、社会的出自、その他の身分を理由にしたあらゆる不当な扱い、恣意的な区別のこと。
公平 Equity	権利、利益、義務および機会の不均衡を是正するための平等な待遇または異なる待遇を含む正当で公正な待遇。
ゲイ Gay	主に同じジェンダーの人に惹かれている、主に同じジェンダーの人と関係をもっている、その両方あるいはいずれか一方の人。一般的に男性に使われるが、女性がこの言葉を使うこともある。
ジェンダー Gender	男性および女性であることに関連する社会的属性と機会、ならびに女性と男性、女子と男子の関係性、女性間の関係性、男性間の関係性を指す。これらの属性、機会および関係は社会的に構築されており、社会化のプロセスを通して学習される。
ジェンダー規範と ジェンダー役割 Gender norms or roles	女性と男性、男子と女子、またはその他のジェンダーアイデンティティをもつ人との間における、ジェンダーにかかわる属性、機会、関係性は社会によって異なり、時とともに変化しうる。またこれらは、ジェンダーとの関連で何をするべきか、どうあるべきかを文化的に期待され、許可され、または評価されるといった、社会化のプロセスを通して学習される。非常に硬直的で差別的なジェンダー概念は、伝統、文化、宗教、または迷信に基づいて正当化されている不平等や有害な慣習につながる可能性がある。
ジェンダー表現 Gender expression	例えば、名前、服装、歩き方、話し方、コミュニケーションの仕方、社会的役割、一般的な振る舞いなどを通して、自分自身のジェンダーを社会にどのように表現するかということ。

ジェンダーアイデンティティ Gender identity	ジェンダーに関する内面的および個人的な経験の深い感覚。これは出生時に割り当てられたセックスと一致する場合と一致しない場合がある。これは、自由な選択の下での身体の外観または機能の変更（内科的、外科的または他の手段による）を伴いうる身体の個人的な感覚を含む。
ジェンダーノンコンフォーミティ／ノンコンフォーミング Gender non-conformity/non-conformity/non-conforming	男性または女性という二つのジェンダーの定義に自分を当てはめない人、および標準的とされるジェンダー規範とは異なるジェンダー表現をする人。中には、個人のジェンダー表現を理由に、社会の中でジェンダーノンコンフォーミング（不適合）とみなされることもある。しかし、これらの個人は自分自身をジェンダー不適合として認識していないかもしれない。ジェンダー表現とジェンダーノンコンフォーミティ（不一致）は、男性性（男らしさ）と女性性（女らしさ）の個人的および社会的認識に明らかに関連している。
ジェンダーヴァリアンス Gender variance	出生時に割り当てられたセックスによって予測されるものと一致しないジェンダーの表現。
ジェンダーを基にした暴力 Gender-based violence	ジェンダー差別やジェンダー役割への期待やジェンダーステレオタイプを理由にした暴力。または、身体的・性的・心理的な害、または苦痛をもたらす、あるいはそれらを引き起こす可能性がある、ジェンダーに関連した力の違いによる暴力。
ハラスメント Harassment	他人への不快感や屈辱を引き起こすつもりの、または引き起こすとみなされる、すべての不適切で望ましくない行為。ハラスメントは、他者を怒らせる、怖がらせる、虐める、おとしめる、威嚇する・けなす・侮辱する、または恥ずかしがらせるような、また、脅迫的、敵対的、または攻撃的な環境をつくり出す言葉、ジェスチャー、行為という形をとる。
ヘテロノーマティヴィティ Heteronormativity	異性愛が正常あるいは標準的な性的指向であるという信条。
同性愛嫌悪（ホモフォビア） Homophobia	ホモセクシュアリティ（同性愛）、および実際に同性愛である人、あるいは他者から同性愛だとみなされた人に対する、恐怖や不快感、不寛容や憎しみのこと。
同性愛嫌悪に基づく暴力 Homophobic violence	実際の性的指向、あるいは他者からみなされた性的指向を理由とした、ジェンダーに基づいたいじめの類型。
同性愛者（ホモセクシュアル） Homosexual	身体的、感情的、および／または性的に同じ性別の人々に惹かれる人。
インクルーシブ教育 Inclusive education	すべての学習者に届くよう、教育システムの受容能力を増強するプロセス。
インフォームド・コンセント Informed consent	研究に参加したり何かに関与するときに、自発的合意を得るプロセス。

インターセックス Intersex	生まれたときの性的特徴（性器、生殖腺、染色体パターンなど）が、一般的とされる男性のからだ、女性のからだの二分化に、当てはまらない人。「インターセックス」は、からだの自然なバリエーションを広く包摂する言葉でもある。インターセックスの特徴が生まれたときにわかる人もいれば、前期思春期になるまで現れない人もいる。染色体のかかわるインターセックスのバリエーションが身体的には一切表に現れない場合もある。生物学的な性的特徴にかかわるインターセックスであることは、性的指向やジェンダーアイデンティティとは関係がない。からだはインターセックスでも、異性愛者、ゲイ、レズビアン、バイセクシュアルの可能性はあるし、自身を女性だとみなすこともあれば男性だとみなすこともあり、それらの両方に当てはめることもあれば、両方に当てはめないこともある。
レズビアン Lesbian	主に他の女性に身体的、感情的、性的な魅力を感じたことがある女性、および他の女性と親密な関係をもつ可能性がある女性。
教育学 Pedagogy	個々人がさまざまな方法で学ぶことを前提にし、さまざまな子どもたちが教育内容に関心をもち、より効果的に学習できるよう支援する多様な方法論を用いることを含む、教育内容を実行する方法。
生殖に関する健康 （リプロダクティブ・ヘルス） Reproductive health	生殖システムに関するすべてのことにおいて、完全な身体的、精神的、社会的なウェルビーイング（幸福）がある状態であり、単に生殖疾患や虚弱質がないというということではない。リプロダクティブ・ヘルスは、生涯のあらゆる段階における生殖の過程、機能、システムを扱い、人々が満足のいく安全な性生活を営むことができ、生殖能力をもち、子どもを産むか産まないか、いつ、何人産むかを決める自由をもつことを意味する。
生殖に関する権利 （リプロダクティブ・ライツ） Reproductive rights	国内法、国際人権文書、その他の合意文書で認められている人権と結びついたものであり、すべてのカップルや個人が自由に責任をもって子どもの数、間隔、タイミングを決定する基本的権利である。そして、情報、教育およびそのための手段、ならびに達成可能な最高水準の性と生殖に関する健康への権利をもつことである。また、人権文書に示されているように、差別、強制、暴力の制約を受けず、生殖に関して意思決定をする権利も含まれる（付録 I を参照）。
学校で起こるジェンダーを基にした暴力 School-related gender-based violence	ジェンダー規範やステレオタイプ、不平等な力関係によってもたらされる、学校内や学校周辺で起こる性的、身体的、精神的な暴力の脅迫や行為。
セックス Sex	男性または女性のいずれかの集団のメンバーとして人々を分類するために使われてきた生物学的および生理学的特徴（遺伝的、内分泌的、解剖学的）（インターセックスの定義も参照）。
性の健康 Sexual health	セクシュアリティに関連して、身体的、感情的、精神的、社会的にウェルビーイング（幸福）である状態。それは単に疾病、機能不全、虚弱質ではないことではない。性の健康が実現されるためには、セクシュアリティや性的関係に対してポジティブで尊重されたアプローチや、さらに、強制や差別、暴力のない、よろこびのある安全な性的経験をもつ可能性を必要とする。性の健康が達成され、維持されるためには、すべての人の性の権利が尊重され、保障され、満たされねばならない。
性的指向 Sexual orientation	感情的、愛情的、性的な魅力を心から感じ、親密で性的な関係をもつ対象が、異なるジェンダーの人であるか（異性愛）、同じジェンダーの人であるか（同性愛）、二つ以上のジェンダーの人であるか（両性愛または全性愛）といった、個々人の性質。

スティグマ Stigma	個人やグループにネガティブに影響する、人々や社会がもつ意見や判断。スティグマが作用しているときに差別が生じる。
トランスジェンダー Transgender	自分のジェンダーの内的感覚（ジェンダーアイデンティティ）と、出生時に割り当てられたセックスが異なる人。トランスジェンダーの人々は、異性愛、同性愛、または両性愛の場合がある。トランスジェンダーの人々は、男性、女性、あるいはその他のジェンダー、ジェンダーが組み合わさっている、またはジェンダーがない、などと自身を定義する場合がある。
トランスセクシュアル Transsexual	「トランスセクシュアル」という用語は、自分のからだを、自分のジェンダーアイデンティティと一致させるために医療処置（外科的手術、ホルモン療法を含む）を受けたことがある、または受けたいと思っているトランスジェンダーの人々を説明するためにしばしば使用されている。
トランス嫌悪（トランスフォビア） Transphobia	トランスジェンダーの人々に対する恐れや不快感、不寛容、憎悪。
トランス嫌悪に基づく暴力 Transphobic violence	実際の、または認識されているジェンダーアイデンティティを理由とした、ジェンダーに基づく暴力の類型。
暴力 Violence	身体的、性的、心理的危害をもたらす、もしくは引き起こす可能性のある、明示的もしくは表象的なすべての行為。
若者 Young person	国連の定義に基づき、10歳から24歳の人。
若者 Youth	国連の定義に基づき、15歳から24歳の人。国連は統計的な目的のためにこの年齢層を用いるが、国や地域における若者の定義を尊重する。

付　録

10

付録 I
包括的セクシュアリティ教育（CSE）に関連する国際協定、文書、スタンダード

包括的セクシュアリティ教育に関連する国際協定、文書、およびスタンダードからの関連する段落を以下に引用する。

我々の世界を変革する：持続可能な開発のための 2030 アジェンダ（A/RES/70/1）
持続可能な開発目標（SDG）を含む政治宣言、2015 年

（外務省仮訳参照）

19.（人権）我々は、世界人権宣言およびその他の人権に関する国際文書並びに国際法の重要性を確認する。我々は、すべての国が国連憲章に則り、人種、肌の色、性別、言語、宗教、政治若しくは信条、国籍若しくは社会的出自、貧富、出生、障がい等の違いに関係なく、すべての人の人権と基本的な自由の尊重、保護および促進責任を有することを強調する。

20.（ジェンダー）ジェンダー平等の実現と女性・女児の能力強化は、すべての目標とターゲットにおける進展において死活的に重要な貢献をするものである。人類の潜在力の開花と持続可能な開発の達成は、人類の半数に上る（女性の）権利と機会が否定されている間は達成することができない。女性と女児は、質の高い教育、経済的資源への公平なアクセス、また、あらゆるレベルでの政治参加、雇用、リーダーシップ、意思決定において男性と同等の機会を享受するべきである。我々は、ジェンダー・ギャップを縮めるための投資を顕著に増加するために努力するとともに国、地域およびグローバルの各レベルに

おいてジェンダー平等と女性の能力強化を推進する組織への支援を強化する。女性と女児に対するあらゆる形態の暴力は男性および男子の参加も得てこれを廃絶していく。新たなアジェンダの実施において、ジェンダーの視点をシステマティックに主流化していくことは不可欠である。

25.（教育）我々は就学前、初等、中等、高等、技術、職業訓練等のすべてのレベルにおける包摂的で公正な質の高い教育を提供することにコミットする。性、年齢、人種、民族、に関係なくすべての人々が、また障がい者、移民、先住民、子供、青年、脆弱な状況下にある人々が社会への十全な参加の機会を確保するために必要とされる技能や知識を獲得するための生涯学習の機会を有するべきである。安全な学校および結束力のある地域社会や家族等を通じ、国が人口ボーナスを享受できるようにすることにより、我々は、子供や若者にかれらの権利と能力を完全に実現するための育成環境を提供するよう努める。

26.（保健 UHC）身体的および精神的な健康と福祉の増進並びにすべての人々の寿命の延長のために、我々はユニバーサル・ヘルス・カバレッジ（UHC）と質の高い保健医療へのアクセスを達成しなければならない。誰一人として取り残されてはならない。我々は、2030年までに新生児、子供、妊産婦の死亡のような防ぐことのできる死をなくすことによって、これらを削減するために今日までに実現した進歩を加速することを約束する。家族計画、情報、教育を含む、性と生殖に関するサービスへの普遍的なアクセスを確保することに全力で取り組む。

持続可能な開発目標（SDGs）

目標3．あらゆる年齢のすべての人々の健康的な生活を確保し、福祉を促進する

3.3 2030年までに、エイズ、結核、マラリアおよび顧みられない熱帯病といった伝染病を根絶するとともに肝炎、水系感染症およびその他の感染症に対処する。

3.7 2030年までに、家族計画、情報・教育および性と生殖に関する健康の国家戦略・計画への組み入れを含む、性と生殖に関する保健サービスをすべての人々が利用できるようにする。

目標 4. すべての人々への、包摂的かつ公正な質の高い教育を提供し、生涯学習の機会を促進する

4.1　2030 年までに、すべての子どもが男女の区別なく、適切かつ効果的な学習成果をもたらす、無償かつ公正で質の高い初等教育および中等教育を修了できるようにする。

4.7　2030 年までに、持続可能な開発のための教育および持続可能なライフスタイル、人権、男女の平等、平和および非暴力的文化の推進、グローバル・シチズンシップ、文化多様性と文化の持続可能な開発への貢献の理解の教育を通して、全ての学習者が、持続可能な開発を促進するために必要な知識および技能を習得できるようにする。

目標 5. ジェンダー平等を達成し、すべての女性および女児の能力強化を行う

5.1　あらゆる場所におけるすべての女性および女児に対するあらゆる形態の差別を撤廃する。

5.2　人身売買や性的、その他の種類の搾取など、すべての女性および女児に対する、公共・私的空間におけるあらゆる形態の暴力を排除する。

5.3　未成年者の結婚、早期結婚、強制結婚および女性器切除など、あらゆる有害な慣行を撤廃する。

5.6　国際人口開発会議（ICPD）の行動計画および北京行動綱領、ならびにこれらの検証会議の成果文書に従い、性と生殖に関する健康および権利への普遍的アクセスを確保する。

目標 10. 各国内および各国間の不平等を是正する

10.3　差別的な法律、政策および慣行の撤廃、ならびに適切な関連法規、政策、行動の促進などを通じて、機会均等を確保し、成果の不平等を是正する。

目標 16. 持続可能な開発のための平和で包摂的な社会を促進し、すべての人々に司法へのアクセスを提供し、あらゆるレベルにおいて効果的で説明責任のある包摂的な制度を構築する

16.1　あらゆる場所において、すべての形態の暴力および暴力に関

連する死亡率を大幅に減少させる。

16.2　子どもに対する虐待、搾取、取引およびあらゆる形態の暴力および拷問を撲滅する。

16.b　持続可能な開発のための非差別的な法規および政策を推進し、実施する。

2030 年に向けた教育：「仁川（インチョン）宣言」および持続可能な開発目標 4 の実施のための行動の枠組み包括的かつ公平な質の高い教育および万人のための生涯学習に向けて世界教育フォーラム 2015

（訳し下ろし）

　包括的セクシュアリティ教育は、持続可能な開発のための教育（ESD）およびグローバル・シチズンシップ教育（GCED）の関連の中に位置づけられている。教育 2030 アジェンダを監視するための主題指標。SDGs ターゲット 4.7 の指標：28.（p.79）：「ライフスキルに基づく HIV とセクシュアリティ教育を提供する学校の割合」

　63.　指標となる戦略：ESD と GCED を促進するための政策方針とプログラムを開発し、システム全体への介入、教師トレーニング、カリキュラム改革、教育的支援を通じて、公式、非公式、非公式の教育の主流にそれらを持ち込む。これには、国家の経験と能力に基づいて、ESD に関するグローバルアクションプログラム※の実施、人権、ジェンダー平等、健康、包括的セクシュアリティ教育、気候変動、持続可能な暮らし、責任ある市民活動などのテーマへの取り組みが含まれる。

（※UNESCO 総会（37C/Resolution 12）で承認され、国連持続可能な開発のための教育の 10 年のフォローアップとして国連総会（A/RE /69/211）で承認された。）

HIVとエイズに関する政治宣言：HIVとの闘いを高速対応軌道に乗せ、2030年のエイズ流行終結を目指す、2016年（A/RES/70/266）

（エイズ＆ソサエティ研究会議・HATプロジェクトによる日本語仮訳参照）

41. 世界全体で見ると、女性と女子は今なお、流行病に最も大きな影響を受けている集団であり、彼女たちのケア提供の負担は極端に大きいことを引き続き深く憂慮する。また、ジェンダーの平等と女性と女子の自立に向けた歩みが受け入れがたいほど遅く、女性と女子が自らをHIV感染から守る能力が、不平等な男女間の社会的力関係、同等でない法的、経済的、社会的立場、そして性と生殖に関する健康を含む保健ケアへの不十分なアクセスなど、生理上の要因やジェンダー不平等、ならびに人身売買、性的な暴力、搾取、有害な行為を含む公私にわたるあらゆる形の差別と暴力によって妨げられ続けていることにも留意する。

61.（c）ジェンダーの不平等やジェンダーに基づく虐待や暴力をなくし、HIV感染のリスクから身を守るための女性と思春期の女子の能力を高めることを誓約する。これは特に性と生殖に関する健康をはじめとするヘルスケアとサービスだけではなく、包括的な情報と教育への完全なアクセスの提供によってなされる。女性がHIV感染から身を守る能力を高めるために、性と生殖に関する健康を含む、強制や差別および暴力からの自由など自らのセクシュアリティに関する問題について自由に責任をもって決定する権利を確実に行使できるようにすること、女性のエンパワーメントのための環境を整え、経済的自立を強化するために必要なすべての措置を講じることを誓約する。この点に関し、ジェンダーの平等の実現には男性と少年の役割が重要なことを繰り返し指摘する。

62.（c）科学的に正しく、対象年齢に即した包括的教育の規模拡大を文化状況に適した形で加速させることを約束する。この教育は思春期の女子や男子、若者を対象に、学校内および学校外で、発達段階に合わせ、性と生殖に関する健康とHIV予防、ジェンダーの平等と女性の地位向上、人権、前期思春期における身体と心理の発達、男女間の力関係などの情報を提供する。その目的は、教育を受けるかれらが、

自ら HIV 感染を防げるようにするために、若者自身、親、保護者、ケア提供者、教育者、保健医療従事者らと全面的に協力して、自尊心を高め、情報を得て自ら判断し、コミュニケーション能力とリスクを減らすスキルを身につけ、相手を尊重する関係を生み出すことができるようにすることである。

人権文書、規約および基準

1　世界人権宣言（1948）
2　女性に対するあらゆる形態の差別の撤廃に関する条約（CEDAW 1979）
3　子どもの権利に関する条約（1989/90）
4　経済的、社会的および文化的権利に関する国際規約（1966/76）
5　障害者の権利に関する条約（2006）

人権理事会：女性に対する暴力を根絶するための取り組みを加速：すべての女性と少女に対する暴力の防止と対応に男性と少年を関与させる　A/HRC/35/L.15、2017

（訳し下ろし）

（g）両親や法的保護者からの適切な指示と指導や、すべての関係者の積極的な関与により、発達する能力にあった方法で、すべての青少年および若者のための十分かつ正確な情報に基づいて、すべての年齢の男性と女性の行動の社会的および文化的パターンを修正し、偏見を排除し、ジェンダーの平等と人権に基づいた敬意のある関係を発展させるための意思決定、コミュニケーション、リスク削減のスキルを促進および構築するため、包括的な性教育を含む教育プログラムと教材の開発・実施を行う。同様に公式な教育と非公式な教育の両方の教員養成と研修プログラムの開発と実施を行う。

人権理事会：女性に対する暴力を根絶するための取り組みを加速：先住民族の女性や少女を含む女性や少女に対する暴力の予防と対応　A/HRC/32/L.28/Rev.1、2016

（外務省仮訳参照）

7 (c) 特に女性の経済的自治を強化することにより女性をエンパワーメントする措置を取り、財源とディーセント・ワークへの完全で平等なアクセス、土地およびその他の財産を所有し、アクセスし、管理する完全で平等な権利のみならず、包括的な性教育を含めた質の高い教育と訓練、料金が手頃で適切な公共サーヴィスと社会サーヴィスへの完全で平等なアクセスを女性に保障する社会・経済政策を採用し、実施することにより、社会と意思決定プロセスへの完全で平等な参画を保障し、女性と少女の相続権を保障すること。

経済的、社会的および文化的権利委員会による、性と生殖に関する健康の権利に関する一般意見第22号（経済的、社会的および文化的権利に関する国際規約第12条）、2016

（訳し下ろし）

II.5.　性と生殖に関する健康の権利には、一連の自由と権利の保障が必要である。自由には、身体や性と生殖に関する健康に関して、暴力、強制、差別のない、自由で責任ある決定と選択を行う権利が含まれる。権利には、すべての人々が規約第12条に基づく性と生殖に関する健康の権利を完全に享受することを保障する、あらゆる範囲の保健施設、商品、サービス、および情報への妨げられることのないアクセスが含まれる。

II.6.　性の健康と生殖に関する健康は、互いに区別されているが、密接に関連している。WHOで定義されている性の健康とは、「セクシュアリティに関連した身体的、感情的、精神的、社会的ウェルビーイング（幸福）の状態」である。生殖に関する健康は「ICPD行動計画」で説明されているように、生殖能力と、情報に基づいた自由で責任ある意思決定の自由に関係している。また、さまざまな生殖に関する健康にかかわる情報、商品、施設、サービスへのアクセスも含まれ

ており、個人が生殖に関する行動について情報に基づいた、自由で責任ある意思決定を行えるようにするものである。

9. 性と生殖に関する健康にかかわる権利を実現するには、締約国が規約の他の条項に基づく義務をも果たす必要がある。例えば、性と生殖に関する権利は、教育への権利（第13条および第14条）および男女間の非差別および平等の権利（第2条（2）および第3条）と組み合わされており、包括的、非差別的、科学的根拠に基づいた、科学的に正確で、年齢に適した性と生殖に関する教育への権利を必然的に伴う。

28. 女性の権利とジェンダーの平等を法律上および実務上で実現するには、性と生殖に関する健康の分野で差別的な法律、政策、慣行を廃止または改革する必要がある。性と生殖に関する包括的な保健サービス、商品、教育、情報への女性のアクセスを妨げるすべての障壁を取り除くことが必要である。妊産婦死亡率および罹患率を低下させるには、農村部および遠隔地を含む緊急産科医療と熟練した助産婦、および安全ではない人工妊娠中絶の防止が必要である。意図しない妊娠と安全ではない人工妊娠中絶を防止するには、すべての個人が安価で安全かつ効果的な避妊具と包括的セクシュアリティ教育（思春期の若者のためのものを含む）へのアクセスを保障するための法律および政策措置を採択し、制限の多い人工妊娠中絶法をゆるやかにし、医療提供者のトレーニングなどによって女性と女子が安全な人工妊娠中絶サービスや質の高い中絶後のケアへアクセスすることを保障し、性と生殖に関する自主的な決定を下す女性の権利を尊重する必要がある。

子どもの権利委員会、CRC/C/GC/20、一般的意見20号、思春期における子どもの権利の実施、2016年
（「平野裕二の子どもの権利・国際情報サイト」参照）

33. レズビアン、ゲイ、バイセクシュアル、トランスジェンダーおよびインターセックスである思春期の子どもは、虐待および暴力を含む迫害、スティグマの付与、差別、いじめ、教育および訓練からの排除に直面し、かつ、家族および社会による支援を受けられず、またはセクシュアル／リプロダクティブヘルスにかかわるサービスおよび情報にアクセスできないのが通例である。極端な場合には、性的攻撃お

および強姦ならびに死にさえ直面している。これらの経験に関連する形で、自尊感情の低さならびにうつ病罹患率、自殺率およびホームレス率の高さが生じている。

59. 委員会は、各国に対し、思春期の子どもを対象として、セクシュアル／リプロダクティブヘルスにかかわる、ジェンダーおよびセクシュアリティに配慮した包括的な政策を採用するよう促すとともに、思春期の子どもがこれらの情報、物資およびサービスに平等にアクセスできないことは差別にあたることを強調する。このようなサービスにアクセスできないことは、思春期の女子が、妊娠および出産の際に死亡しまたは重大なもしくは生涯にわたる外傷を負う危険性が最も高い集団になることを助長する。思春期のすべての子どもが、セクシュアル／リプロダクティブヘルスにかかわる、無償の、信頼できる、思春期の子どもへの反応性が高くかつ差別のない、オンラインでも対面でも利用可能なサービス、情報および教育にアクセスできるべきである。これには、家族計画、避妊（緊急避妊を含む）、性感染症の予防、ケアおよび治療、カウンセリング、受胎前のケア、母子保健サービスおよび生理衛生に関するものが含まれる。

60. セクシュアル／リプロダクティブヘルスならびにこれらにかかわる権利についての物資、情報およびカウンセリングに関しては、第三者による同意または許可の要件などのいかなる障壁も設けられるべきではない。加えて、例えば思春期の女子、障がいのある女子ならびにレズビアン、ゲイ、バイセクシュアル、トランスジェンダーおよびインターセックスである思春期の子どもがこのようなサービスにアクセスする際に経験する、スティグマおよび恐怖の障壁を克服するために特段の努力が必要である。委員会は、締約国に対し、女子が安全な中絶および中絶後のサービスにアクセスできることを確保するために中絶を非犯罪化し、思春期の妊婦の最善の利益を保障する目的で法律を見直し、かつ、中絶関連の決定において思春期の妊婦の意見が常に聴かれかつ尊重されることを確保するよう、促す。

61. 科学的根拠および人権基準を基盤とし、かつ思春期の子どもたちと共に開発された、年齢にふさわしい、包括的かつインクルーシブなセクシュアル／リプロダクティブヘルス教育が、義務教育カリキュラムの一環に位置づけられるべきであり、かつ、学校に行っていない

思春期の子どもにも提供されるべきである。ジェンダー平等、性の多様性、セクシュアル／リプロダクティブヘルスにかかわる権利、責任のある親としてのあり方および性的活動ならびに暴力の防止に対して、また若年妊娠および性感染症の予防に対して注意を向けることが求められる。情報は、思春期のすべての子ども、特に障がいのある思春期の子どもにとってのアクセシビリティを確保するため、代替的形式で利用可能とされるべきである。

人権理事会：性的指向およびジェンダーアイデンティティに基づく暴力と差別に対する保護　A/HRC/32/L.2/Rev.1（2016）　　（「国際連合広報センター」参照）

　1.　全ての人類は、生まれながらに自由でそして尊厳と権利において平等であり、全て人は、人種、皮膚の色、性、言語、宗教、政治上その他の意見、国民的若しくは社会的出身、財産、門地その他の地位等いかなる差別もなしに、世界人権宣言に規定するすべての権利と自由とを享有する権利を有することを再確認する。

　2.　性的指向およびジェンダーアイデンティティの故に個人に対して犯された、世界のあらゆる地域における、暴力行為と差別を強く憂慮する。

人権理事会：人権、性的指向、性同一性
A/HRC/27/L.27/Rev.1（2014）　　（訳し下ろし）

　世界のすべての地域で、性的指向とジェンダーアイデンティティを理由にした個人に対して犯された暴力行為と差別行為に重大な懸念を表明する。

　性的指向とジェンダーアイデンティティに基づく暴力と差別との闘いにおける国際的、地域的、国家的レベルでの積極的な発展を歓迎する。

CEDAW一般勧告第24号：1999年の女性差別撤廃委員会の第20回会議で採択された条約第12条（女性と健康）（文書A/54/38/Rev.1, chap. Iに含まれる）

（「国際連合広報センター」参照）

18. とりわけ、締約国は、女性のプライバシーと秘密保持の権利を尊重した特別に計画されたプログラムにおいて適切に訓練された職員によって行われるセクシュアル・ヘルスおよびリプロダクティブ・ヘルス教育を享受する思春期の男女の権利を確保するべきである。

23. あらゆる家族計画の方法に関する情報やカウンセリングをはじめ、思春期の若者の健康教育に特に注意を払うべきである（注 思春期の若者の健康教育は、とりわけ、ジェンダー平等、暴力、性感染症の予防、並びにリプロダクティブおよびセクシュアル・ヘルス・ライツにさらに取り組むべきである）。

31. (b) セクシュアル・ヘルスおよびリプロダクティブ・ヘルスの分野を含め、女性が保健のサービス、教育および情報を享受する機会を阻害するあらゆる障がいの排除を確保するとともに、とりわけ、HIV/AIDSを含む性感染症の予防および治療のための思春期の若者向けのプログラムに資源を配分すること。

障害者の権利に関する条約（2006）　　　（日本政府公定訳）

第五条　平等及び無差別　1　締約国は、全ての者が、法律の前に又は法律に基づいて平等であり、並びにいかなる差別もなしに法律による平等の保護及び利益を受ける権利を有することを認める。2　締約国は、障害に基づくあらゆる差別を禁止するものとし、いかなる理由による差別に対しても平等かつ効果的な法的保護を障害者に保障する。

第二十四条　教育　1　締約国は、教育についての障害者の権利を認める。締約国は、この権利を差別なしに、かつ、機会の均等を基礎として実現するため、障害者を包容するあらゆる段階の教育制度及び生涯学習を確保する。当該教育制度及び生涯学習は、次のことを目的とする。(a)　人間の潜在能力並びに尊厳及び自己の価値についての

意識を十分に発達させ、並びに人権、基本的自由及び人間の多様性の尊重を強化すること。

第4回世界女性会議　北京宣言および行動綱領（1995年）およびそのレビュー会議の結果文書　　　（訳し下ろし）

決議 60/2 女性、女子、HIV および AIDS
女性の地位に関する委員会 E/CN.6/2016/22、2016

　9.　以下を政府に要請する。ジェンダーの不平等とジェンダーに基づく虐待と暴力を排除すること。主にヘルスケアとサービスの提供、中でも性と生殖に関する健康のケア、および包括的な情報と教育への十分なアクセスを通じて、HIV 感染のリスクから自分自身を守るために女性と思春期の女子の能力を高めること。女性が、HIV 感染から身を守る能力を高めるために、性と生殖に関する健康を含む自らのセクシュアリティに関連する問題を、強制、差別および暴力がないように管理し、自由に責任をもって決定する権利を行使できるように保障すること。そして、女性のエンパワーメントを可能にする環境を構築し、経済的自立を強化するために必要なすべての措置を講じること。あわせて、その文脈において、ジェンダー平等の達成における男性と男子の役割の重要性を改めて表明する。

　11.　政府に対し、HIV 感染からかれらが身を守ることができるようにするために、若者、両親、法的保護者、介護者、教育者、医療提供者との十分なパートナーシップをもって、自尊心、情報に基づいた意思決定、コミュニケーション、リスクを低減するスキルを育成し、敬意ある関係を築けるように、性と生殖に関する健康とHIV予防、ジェンダー平等と女性のエンパワーメント、人権、身体・心理・思春期の発達、女性と男性の関係における力についての情報を用いて、学校内外を問わず、思春期の女子と男子、若い女性と男性に、学校の内外で、かれらの発達する能力に合わせて、文化的文脈に関連した、科学的に正確で、年齢に応じた包括的な教育を増強する努力を加速するよう要請する。

女性及び女児に対するミレニアム開発目標の実施における課題と成果、女性の地位委員会、合意結論 2014

（内閣府仮訳）

　（o）政策と法的枠組の開発と施行を通して、さらに、特に安全で効果的な近代的避妊法、緊急避妊、思春期の妊娠防止プログラム、熟練した出産介添えのような妊産婦保健ケア、産科フィスチュラ（瘻孔）及びその他の妊娠・出産併発症を減らす緊急産科ケア、人工妊娠中絶サービスが国内法で認められているところでは安全な人工妊娠中絶、生殖器官感染、性感染症、HIV 及び生殖器官がんの予防と治療を含めた質の高い包括的な性と生殖に関する健康サービス、商品、情報及び教育に普遍的にアクセスでき、利用できるものにする保健制度を強化し、人権には、性と生殖に関する健康を含めた自分の性（セクシュアリティ）に関連する問題に関して、強制、差別及び暴力を受けることなく、自由に、責任をもって、管理し、決定する権利が含まれることを認め、「国際人口・開発会議行動計画」、「北京行動綱領」及びこれらのレビュー会議の成果文書に従って、その性と生殖に関する健康及び生殖に関する権利とすべての女性の人権の推進と保護を確保すること。

　（x）男女共同参画及び人権並びに正規・非正規教育のための教員教育・訓練プログラムに基づいて、偏見をなくし、尊重し合う関係の開発のための情報を得た意思決定、コミュニケーション及びリスク削減スキルを推進し築くため、すべての年代における男性及び女性の社会的・文化的行動パターンを修正するために、女性非政府機関、青少年非政府機関及び専門的政府機関と調整して、子ども、思春期の若者、青少年及び地域社会の関わりを得て、両親及び法的後見人からの適切な指導とガイダンスを得て、発達する能力に従って、すべての思春期の若者と青少年のための完全で正確な情報に基づき、包括的で証拠に基づく人間の性（セクシュアリティ）に関する教育を含め、教育プログラム及び教材を開発し、実施すること。

国際人口開発会議（ICPD）行動計画（PoA）、そのさらなる実施のための主要な行動、およびレビュー会議の結果文書

（訳し下ろし）

決議 2014/1、国際人口開発会議の行動計画の実施状況の評価、人口開発委員会、2014

11. 政府、国際社会、およびその他すべての関係者に対し、健康システムの強化、ならびに質が高く統合された包括的な性と生殖の健康サービスへの公平で普遍的なアクセスを通じた予防可能な母体の罹患率および死亡率の低減など、行動計画の実施における不足分野に特に注意を払うよう要請する。これは、人間のセクシュアリティに関するエビデンスに基づいた包括的な教育、およびすべての人権、特に女性と女子の人権の促進、尊重、保護、およびその履行とともに、性と生殖に関する健康と生殖の権利を含む、思春期の子どもや若者が性と生殖に関する健康についての十分かつ正確な情報と教育にアクセスできるようにすることによってなされる。そして、長く続く差別的な法律と、法律の不公正かつ差別的な適用に対処することによってなされる。

決議 2012/1 思春期と青年期、人口開発委員会（2012）

26. 若者たちの十分な関与と国際社会の支援を得て、若者たちのプライバシーと秘匿性を最大限に尊重し、差別のない状態で、生殖医療サービス、情報と教育のニーズを満たすことに十分な注意を払うよう政府に要請する。そしてかれらがセクシュアリティにポジティブで責任ある方法で対処できるようにするために、人間のセクシュアリティ、性と生殖に関する健康、人権、ジェンダー平等に関する科学的根拠に基づいた包括的な教育を提供することを求める。

ICPD＋5（1999）

（訳し下ろし）

63.（i）家族計画の方法として人工妊娠中絶を促進すべきではない。すべての政府および関連する政府間および非政府組織は、女性の健康に対するコミットメントを強化し、公衆衛生上の主要な関心事として

安全でない人工妊娠中絶の健康への影響に対処し、家族計画サービスの拡大および改善を通じて人工妊娠中絶への依存度を低減するよう要請する。望まない妊娠の防止を常に最も高い優先順位とし、人工妊娠中絶が必要にならないようにあらゆる試みを行う必要がある。望まない妊娠をしている女性は、信頼できる情報と思いやりのあるカウンセリングにすぐにアクセスできる必要がある。保健システム内の人工妊娠中絶に関連するあらゆる措置または変更は、国内の立法プロセスに従って、国内または地方レベルでのみ決定できる。人工妊娠中絶が法律に違反していない状況では、そこでの中絶は安全でなければならない。すべての場合において、女性は人工妊娠中絶から生じる合併症の管理のために質の高いサービスを利用できなければならない。人工妊娠中絶後のカウンセリング、教育、家族計画サービスを迅速に提供する必要がある。これは、人工妊娠中絶を繰り返してしまうことを防ぐことにも役立つ。（ii）政府は、女性が人工妊娠中絶をしなくても済むように支援するために適切な措置を講じるべきであり、中絶はいかなる場合にも家族計画の方法として促進されるべきではない。また、すべての場合において、中絶することとなった女性に対する人道的な治療とカウンセリングを提供しなければならない。（iii）上記を認識して実施する際、および人工妊娠中絶が法律に違反していない状況では、保健システムは医療サービス提供者の養成と配置を進め、人工妊娠中絶が安全でアクセスしやすいことを保障するその他の措置を講じる必要がある。女性の健康を保護するために、さらなる対策を講じる必要もある。

240

【地域ごとの参考文献】

東アフリカおよび南部アフリカ（ESA）の思春期および青年期の若者向けの包括的セクシュアリティ教育および性と生殖に関する健康へのサービスに関する閣僚のコミットメント（2013）

(訳し下ろし)

3.0　上記の考慮事項に基づいて、教育大臣と健康大臣は、ESA 地

域で質の高い包括的セクシュアリティ教育と若者が利用しやすい性と生殖に関する健康サービスを確保するための果敢な行動を主導する。

　具体的には、次のことを約束する。

　3.1　すべての思春期および青年期の若者のための共通のアジェンダに協力し、包括的セクシュアリティ教育と若者が利用しやすい性と生殖に関する健康サービスを提供し、HIV流行に対する国家の対応を強化し、新規のHIV/性感染症の感染、早期および意図しない妊娠を減らし、特にHIVと共に生きている人々への支援など、ケアとサポートを強化すること。既存の地域経済共同体、EAC、SADC、およびECSAを通じて主導された部門間調整システムを確立すること。そのようなシステムがすでに存在する場合、それらを強化し、サポートする必要がある。

　3.5　前期思春期以前、ほとんどの人が性的に活発になる前、およびHIV感染または意図しない妊娠のリスクが増加する前に、小学校教育中に年齢に適した包括的セクシュアリティ教育を開始および拡大し、ほとんどの思春期の若者に届けること。合意された国際基準を使用して、包括的セクシュアリティ教育が年齢、性別、文化的に適切で、権利ベースであり、セクシュアリティ、人間関係、ジェンダー平等、性と生殖に関する健康および市民権に関する意思決定など、成人期の準備としての知識、スキル、および価値の中核要素を含むことを保障する。可能であれば、学校内の包括的セクシュアリティ教育プログラムをカリキュラム化し調査可能にすること。

　3.6　包括的セクシュアリティ教育および性と生殖に関する健康プログラムの設計と提供に、コミュニティや家族、特に思春期の子ども、若者、市民社会、および信仰に基づく組織を含むその他のコミュニティ構造による十分な参加が含まれるようにすること。同時に、思春期と青年期の若者は、安全な空間、自分のコミュニティにおける変化に対する主権者や行為者である権利、そしてかれらのニーズに合ったすぐれた実践と革新を推奨する権利を保障されるべきである。

　3.7　コンドーム、避妊、HPVワクチン、HIVカウンセリングおよび検査（HCT）、HIV/性感染症の治療とケア、家族計画、安全な中絶（合法な場合）、中絶後のケア、安全な出産、母子感染の予防（PMTCT）、および学校内外の若者向けのその他の関連サービスを含む、質の高い

性と生殖に関する健康サービスおよび商品への年齢に応じたアクセスと理解の状況を改善するために、社会的および文化的背景を考慮した若者向けのHIVおよび性と生殖に関する健康サービスを統合し拡大すること。

3.9　男子と女子、若い男性と女性のための法的およびその他のサービスへの完全かつ平等なアクセスを確保しながら、学校周辺および地域社会の状況での性的およびその他の形態の暴力、虐待および搾取に対処するための措置を含む、教育および保健サービスにおけるジェンダー平等および権利を強化すること。

ラテンアメリカおよびカリブ海地域の人口開発に関する地域会議の最初のセッション：人口動態を平等な権利ベースの持続可能な開発に完全に統合：2014 年以降のカイロ行動計画の鍵（Montevideo Consensus on Population and Development）、UNECLAC（2013） （訳し下ろし）

11.　男子と女子の発達する能力、ならびに参加型の観点、異文化交差的な観点、ジェンダーセンシティブな観点、人権の観点から、自らのセクシュアリティに関して思春期と青年期の若者が情報に基づいて行う意思決定について、人間関係の感情的側面を認識することで幼少期からの包括的セクシュアリティ教育プログラムの効果的な実施を保障する。

12.　ジェンダー、人権、世代間および異文化間の視点を備えた若者が利用しやすい性の健康および生殖に関する健康サービスを含む、思春期と青年期の若者向けの包括的で時期に適した良質な性の健康および生殖に関する健康プログラムを実施する。それは、秘匿性とプライバシーの原則を尊重し、思春期や青年期の若者が性的権利と生殖の権利を行使し、責任感があり、楽しく、健康な性生活をもち、早期の望まない妊娠、HIVおよびその他の性感染症への感染を避け、また、かれらの性および生殖に関する生活や、性的指向に関する行為について、無料の情報に基づいた責任のある決定をするために、安全で効果的な現代の避妊方法へのアクセスを保障する。

14.　情緒的な発達とセクシュアリティに関する包括的な教育、お

および処方箋なしの緊急経口避妊や男性用および女性用コンドームを含む、質の高い情報、カウンセリング、テクノロジーおよびサービスへの即時的かつ秘匿的なアクセスを通して、思春期における妊娠の予防を優先し、安全ではない人工妊娠中絶を削減する。

2014年以降のアフリカの人口開発に関するアディスアベバ宣言（2013）　（訳し下ろし）

40.　両親、コミュニティ、伝統的、宗教的、オピニオンリーダー、そして若者自身の積極的な関与により、性と生殖に関する健康サービスに関連する、学校内外の包括的セクシュアリティ教育プログラムを採用および実施する。

第6回アジア太平洋人口会議（APPC）ICPDレビュー（2013）　（訳し下ろし）

59.　発達する能力に合わせ、年齢に適した、科学的根拠に基づいた包括的セクシュアリティ教育とライフスキルは、思春期と青年期の若者が責任ある情報に基づいた決定を下すために、そして、自らのセクシュアリティのあらゆる側面をコントロールする権利を行使し、意図しない妊娠、安全でない妊娠中絶、HIV、性感染症から身を守り、人間関係における寛容、相互尊重、非暴力の価値を促進し、両親の役割と責任を認識しながらかれらの生活を計画するために不可欠であること、またそれらをサポートするために教師やピアエデュケーターへの教育も必要であることに留意する。

113.　あらゆるレベルの女子への無料の教育の提供、性と生殖に関する健康情報サービスにアクセスできること、早期婚および強制婚の排除を優先する。

146.　発達する能力に合わせ、年齢に適した包括的セクシュアリティ教育プログラムを設計、資源の確保、実施し、両親の役割と責任を認識しながら、人間のセクシュアリティ、ジェンダー平等、人権、人間関係、性と生殖に関する健康に関する正確な情報を提供する。

付録Ⅱ
包括的セクシュアリティ教育諮問
グループの参加者のリスト 2016-2017

名前	組織
Qadeer BAIG	Rutgers WPF（former）
Doortje BRAEKEN	International Planned Parenthood Federation（IPPF）（former）
Shanti CONLY	United States Agency for International Development（USAID）（former）
Esther CORONA	World Association of Sexology
Helen CAHILL	University of Melbourne
Pia ENGSTRAND	Swedish International Development Cooperation Agency（Sida）
Nyaradzayi GUMBONZ-VANDA	Rozaria Memorial Trust; African Union Goodwill Ambassador on Ending Child Marriage
Nicole HABERLAND	Population Council
Wenli LIU	Beijing Normal University
Anna-Kay MAGNUS-WATSON	Ministry of Education, Jamaica
Peter MLADENHOV	Y-Peer
Sanet STEENKAMP	Ministry of Education, Namibia
Remmy SHAWA	Sonke Gender Justice（former）
Aminata TRAORÉ SECK	Ministry of Education, Senegal
Alice WELBOURN	Salamander Trust
Christine WINKELMANN	Die Bundeszentrale für gesundheitliche Aufklärung（BZgA）

国連パートナー	
UNAIDS	Aurelie ANDRIAMIALISON, Kreena GOVENDER, Hege WAGAN
UNDP	Caitlin BOYCE, Natalia LINOU, Suki BEAVERS
UNFPA	Ilya ZHUKOV, Maria BAKAROUDIS, Elizabeth BENOMAR
UNICEF	Susan KASEDDE, Abdelkader BACHA, Vivian LOPEZ, Myungsoo CHO, Sudha BALAKRISHNAN
UN Women	Nazneen DAMJI, Elena KUDRAVTSEVA
WHO	Venkatraman CHANDRA-MOULI
UNESCO	Chris CASTLE, Joanna HERAT, Jenelle BABB, Karin NILSSON, Christophe CORNU, Yong Feng LIU, Xavier HOSPITAL, Patricia MACHAWIRA, Mary Guinn DELANEY, Tigran YEPOYAN, Hongyan LI, Alice SAILI

付録Ⅲ
UNESCO関係者協議および諮問グループ会議の参加者のリスト

「国際セクシュアリティ教育ガイダンス」（ITGSE）の改訂に関する関係者協議
2016年10月25～27日、UNESCO国際教育計画研究所、パリ、フランス

Maria-Antonieta Alcalde
International Planned Parenthood
　Federation/Western Hemisphere Region
　(IPPF/ WHR)
United States of America

Aurelie Andriamialison
Joint United Nations Programme on HIV
　and AIDS (UNAIDS)
Switzerland

Ben Aliwa
Save the Children
Republic of South Africa

Jenelle Babb
United Nations Educational, Scientific and
　Cultural Organization (UNESCO)
France

Qadeer Baig
Rutgers WPF
Pakistan

Maria Bakaroudis
United Nations Population Fund (UNFPA)
East and Southern Africa

Diane Bernard

University of Oxford
United Kingdom of Great Britain and
　Northern Ireland

Margaret Bolaji
Population and Reproductive Health
　Initiative
Nigeria

Elisa Bonilla-Ruis
Secretaria de Education
Mexico

Doortje Braeken
International Planned Parenthood
　Federation (IPPF)
United Kingdom of Great Britain and
　Northern Ireland

Helen Cahill
University of Melbourne
Australia

Chris Castle
United Nations Educational, Scientific and
　Cultural Organization (UNESCO)
France

Nicole Cheetham

Advocates for Youth

United States of America

Christophe Cornu

United Nations Educational, Scientific and
　Cultural Organization (UNESCO)

France

Esther Corona

World Association for Sexual Health (WAS)

Mexico

Nazneen Damji

The United Nations Entity for Gender
　Equality and the Empowerment of
　Women (UN Women)

United States of America

Mary Guinn Delaney

United Nations Educational, Scientific and
　Cultural Organization (UNESCO)

Chile

Stephanie Dolata

United Nations Educational, Scientific and
　Cultural Organization (UNESCO)

International Institute for Educational
　Planning

France

Pia Engstrand

Swedish International Development
　Cooperation (SIDA)

Sweden

Eleonor Faur

Universidad National, San Martin

Argentina

Iehente Foote

Global Youth Coalition

Canada

Hayley Gleeson

International Planned Parenthood
　Federation (IPPF)

United Kingdom of Great Britain and
　Northern Ireland

Nyaradzayi Gumbonzvanda

Rozaria Memorial Trust (former World
　YWCA)

Zimbabwe

Nicole Haberland

Population Council

United States of America

Joanna Herat

United Nations Educational, Scientific and
　Cultural Organization (UNESCO)

France

Xavier Hospital

United Nations Educational, Scientific and
　Cultural Organization (UNESCO)

Senegal

Alan Jarandilla Nuñez

The PACT, Youth Coalition

Bolivia (Plurinational State of)

Temir Kalbaev

Kyrgz Indigo

Kyrgyzstan

Jane Kato-Wallace

Promundo

Cabo Verde

Jean Kemitare

Raising Voices

Uganda

Sarah Keogh

Guttmacher Institute

United States of America

Evert Kettering

Independent Consultant

The Netherlands

Thanomklang Kornkaew

Minitry of Education

Thailand

Hongyan Li

United Nations Educational, Scientific and
　Cultural Organization (UNESCO)

China

Wenli Liu

Beijing Normal University
China

Patricia Machawira
United Nations Educational, Scientific and
    Cultural Organization (UNESCO)
Eastern Southern Africa

Anna-Kay Magnus Watson
Ministry of Education
Jamaica

Vincent Maher
Irish Aid
Ireland

Manak Matiyani
YP Foundation
India

Kristien Michielsen
International Centre for Reproductive
    Health (ICRH), University of Ghent
Belgium

Beth Miller-Pittman
Education Development Center (EDC)
United States of America

Peter Mladenhov
Y-Peer
Bulgaria

Paul Montgomery
University of Oxford
United Kingdom of Great Britain and
    Northern Ireland

Venkatraman Mouli-Chandra
World Health Organization (WHO)
Switzerland

Rita Muyambo
World Young Women's Christian Association
    (World YWCA)
Switzerland

Alan Jarandilla Nuñez
The PACT, Youth Coalition
Bolivia (Plurinational State of)

Hans Olsson

Swedish Association for Sexuality Education
    (RFSU)
Sweden

Alice Saili
United Nations Educational, Scientific and
    Cultural Organization (UNESCO)
Zimbabwe

Josephine Sauvarin
United Nations Population Fund (UNFPA)
Asia Pacific

Remmy Shawa
Sonke Gender Justice
Zambia

Saipan Sripongpankul
Ministry of Education
Thailand

Marina Todesco
United Nations Educational, Scientific and
    Cultural Organization (UNESCO)
France

Aminata Traoré Seck
Ministry of National Education
Senegal

Alice Welbourn
Salamander Trust
United Kingdom of Great Britain and
    Northern Ireland

Christine Winkelmann
Bundeszentrale für gesundheitliche
    Aufklärung (BZgA)
Germany

Susan Wood
International Women's Health Coalition
    (IWHC)
United States of America

Tigran Yepoyan
United Nations Educational, Scientific and
    Cultural Organization (UNESCO)
Russian Federation

Justine Sass

United Nations Educational, Scientific and
　Cultural Organization (UNESCO)

France

Jihad Zahir

Y-Peer

Morocco

Ilya Zhukov

United Nations Population Fund (UNFPA)

United States of America

付録Ⅳ
評価研究およびレビュー方法の選択基準

エビデンスレビュー 2016（Oxford Centre for Evidence-Based Intervention の Paul Montgomery および Wendy Knerr が実施）

内容	研究の背景
属性	5〜18歳の子どもと思春期の若者（系統的レビューの分析には24歳までの若者が含まれていたことに留意すること）。
介入	学校、グループ、およびカリキュラムに基づく性感染症、HIV、セクシュアリティ、性と生殖に関する健康、または人間関係に関する教育への介入（ライフスキルや「家庭生活」プログラムなどの異なる名前を使用して識別される場合がある）。主に性的行動、知識、態度への影響に焦点を当てている（薬物やアルコールの使用など、他のリスク行動を減らすことを主な目的としたものとは対照的に）。
比較介入	次の比較グループを使用した研究が含まれる。 ・介入なし ・対照統制：形式と時間は同じだが、セクシュアリティ教育に関連した行動のない者を対象とした介入 ・同じプログラムの拡張バージョンと非拡張バージョンの比較 ・日常的な通常のケアまたはサービス
結果	一次：行動／生物学／健康の結果（性感染症およびHIVや妊娠の発生率、初交の年齢、コンドームの使用、その他の避妊具の使用、禁欲、性的パートナーの数など）。 二次：性的健康、性的リスク行動、ジェンダーに関する知識と態度。自信、自己認識、社会的スキル。およびその他の関連する非生物学的結果。
研究デザイン	行動の変化や知識／態度／自信に影響を与えるように設計されたプログラムの効果を評価した、統制された介入のみを含む（上記の結果測定を参照）。 これらには、無作為化および準無作為化比較試験が含まれる。コインをめくる、参加者を交互にするなど、一貫したバイアスにつながる可能性が低い割り当て方法を使用して、無作為化に近似したものとして準無作為化比較試験を定義する。さらに、すべての試験には同時期の比較グループを含めなければならない。

エビデンスレビュー 2008（「国際セクシュアリティ教育ガイダンス」、学校、教師、健康教育の教師向けの科学的根拠に基づいたアプローチ、第I部、セクシュアリティ教育の論理的根拠、UNESCO、2009 年）

　性、関係性、HIV や性感染症の教育プログラムに関するこのレビューに含まれるためには、それぞれの研究は以下の基準を満たさなければならない。

1. 評価されたプログラムは、次のような条件が必要である。
   - （a） カリキュラムベースかつグループベースの（つまり、自然に起こる議論だけとか一対一の対話だけ、また一般的な学校やコミュニティだけ、あるいはメディアを観るだけの活動ではない）性感染症、HIV、性、関係性の教育プログラムであること。また、カリキュラムは、禁欲よりも、妊娠や性感染症を予防する科学的方法を奨励していること。
   - （b） 何よりもまず性的行動について焦点を当てていること（性的行動に加えて薬物使用、アルコールの摂取や暴力などのさまざまなリスクある行動までをカバーするのではなく）。
   - （c） アメリカ国外の 24 歳までの、またアメリカ国内の 18 歳までの若者に焦点を当てていること。
   - （d） 世界中のあらゆる場所で実践されていること。

2. 調査方法としては、次のような条件が必要である。
   - （a） データの均一な、介入群と対照群をもち、両者の事前テストと事後テストデータの収集を備えた、堅牢な実験用のデザインや疑似実験用のデザインを合理的に含むこと。
   - （b） 少なくとも 100 のサンプル数があること。
   - （c） 以下の性的行動について一つかそれ以上のプログラムの影響を計測していること。例えば、初交体験、性交の頻度、性的パートナーの人数、コンドームの使用、より一般的な避妊方法の使用、性的リスク（例えば、無防備な性交の頻度）の複合的計測、性感染症の割合、妊娠率、出生率。

(d) 少なくとも 3 か月間で急激に変化する行動（すなわち、性交の頻度や性的パートナーの人数、コンドームの使用、避妊法の使用、性的リスクを負うこと）についての影響を計測し、変化に少なくとも 6 か月間を要する行動（すなわち、性交の方法、妊娠率、性感染症の割合）や結果の影響を計測すること。

3. 1990 年以降に完結し発表された研究でなければならない。可能な限り包括的なものにするため、研究者が査読した雑誌で発表されたという基準は必要としない。

レビューの方法

可能な限りあらゆる、世界中の多くの研究を確認し入手するために、我々はいくつかの課題を完了し、いくつかの課題は基準に基づいて 2、3 年進行中である。具体的には以下のことを行った。

1. 判断規準に合致する研究の、コンピュータ化された複数のデータベースを概観すること（すなわち、PubMed（無料で公開されている医学文献検索システム）、PsychInfo（American Psychological Association）、Popline（reproductive health database）、Bireme、Dissertation Abstracts、ERIC、CHID、Biologic Abstract）。

2. 教育・研修・調査（ETR）アソシエーションによって完結している先行研究の結果を概観し、上記の明確な判断規準にかなう研究を見極めること。

3. 他者によって完結した先行研究レビューの中ですでに要約された研究を概観すること。

4. その分野において先導してきた 32 人の研究者と連絡をとり、リストアップ済みのすべての研究を概観して何らかの新しい研究を提案し提供してくれないか依頼すること。

5. 専門家の会議に出席し、論文要旨を入念に調べ、著者と話し、可能な限りいつでも研究を入手すること。

6. 関連する研究が掲載されるかもしれない 12 の雑誌の各号を入念に調べること。この方法の包括的な組み合わせによって、上

記の判断規準にかなった 109 の研究を確認した。これらの研究は 85 のプログラムを評価していた（一部のプログラムには複数の記事があった）。

　レビューチームは、性的行動への影響を示す以下の数のセクシュアリティ教育プログラムを特定した。

	開発途上国 （N=29）	アメリカ合衆国 （N=47）	他の先進国 （N=11）	すべての国 （N=87）	
初めての性交					
遅らせた	6	15	2	23	37%
有意の影響なし	16	17	7	40	63%
早めた	0	0	0	0	0%
性交頻度					
減少した	4	6	0	10	31%
有意の影響なし	5	15	1	21	66%
増加した	0	0	1	1	3%
性交経験相手の数					
減少した	5	11	0	16	44%
有意の影響なし	8	12	0	20	56%
増加した	0	0	0	0	0%
コンドームの使用					
増加した	7	14	2	23	40%
有意の影響なし	14	17	4	35	60%
減少した	0	0	0	0	0%
避妊の実行					
増加した	1	4	1	6	40%
有意の影響なし	3	4	1	8	53%
減少した	0	1	0	1	7%
性的リスクを冒すこと					
減少した	1	15	0	16	53%
有意の影響なし	3	9	1	13	43%
増加した	1	0	0	1	3%

付録V
エビデンスレビュー 2016[5] の一部として参照した研究

（*マークのついたものは、系統的レビューと質の高い評価の分析に含めた。）

*Agbemenu, K. and Schlenk, E. A. 2011. An Integrative Review of Comprehensive Sex Education for Adolescent Girls in Kenya. *Journal of Nursing Scholarship*, 43(1), pp. 54-63. doi:10.1111/j.15475069.2010.01382.x

Akpabio, I. I., Asuzu, M. C., Fajemilehin, B. R. and Ofi, A. B. 2009. Effects of School Health Nursing Education Interventions on HIV/AIDS-Related Attitudes of Students in Akwa Ibom State, Nigeria. *Journal of Adolescent Health*, 44(2), pp. 118-123.

*Amaugo, L. G., Papadopoulos, C., Ochieng, B. M. N. and Ali, N. 2014. The effectiveness of HIV/AIDS school-based sexual health education programmes in Nigeria: a systematic review. *Health Education Research*, 29(4), 633-648. doi:10.1093/her/cyu002

Borawski, E. A., Tufts, K. A., Trapl, E. S., Hayman, L. L., Yoder, L. D. and Lovegreen, L. D. 2015. Effectiveness of health education teachers and school nurses teaching sexually transmitted infections/human immunodeficiency virus prevention knowledge and skills in high school. *The Journal of School Health*, 85(3), pp. 189-196.

Browne, E. 2015. *Comprehensive Sexuality Education (GSDRC Helpdesk Research Report 1226)* Birmingham, UK: GSDRC, University of Birmingham.

Carroll, C., Patterson, M., Wood, S., Booth, A., Rick, J. and Balain, S. 2007. A conceptual framework for implementation fidelity. *Implementation Science*, 2(1), 40. doi:10.1186/1748-5908-pp. 2-40

Castro, F. G., Barrera, M., Jr. and Martinez, C. R., Jr. 2004. The cultural adaptation of prevention interventions: resolving tensions between fidelity and fit. *Prevention Science*, 5(1), pp. 41-45.

Chandra-Mouli, V., Svanemyr, J., Amin, A., Fogstad, H., Say, L., Girard, F., and Temmerman, M. 2015. Twenty Years After International Conference on Population and Development: Where Are We With Adolescent Sexual and Reproductive Health and Rights? *Journal of*

5　2008年のレビューの一部として参照した研究の完全なリストについては、初版のガイダンス（UNESCO, 2009）を参照のこと。

Adolescent Health, 56(1), S1-6. doi:10.1016/j.jadohealth.2014.09.015

Chau, K., Traoré Seck, A., Chandra-Mouli, V., and Svanemyr, J. 2016. Scaling up sexuality education in Senegal: integrating family life education into the national curriculum. *Sex Education*, 16(5), pp. 503-519. doi:10.1080/14681811.2015.1123148

Constantine, N. A., Jerman, P., Berglas, N. F., Angulo-Olaiz, F., Chou, C. P. and Rohrbach, L. A. 2015b. Short-term effects of a rights-based sexuality education curriculum for high-school students: a cluster-randomized trial. *BioMed Central Public Health*, 15, p. 293. Retrieved from http://onlinelibrary.wiley.com/o/cochrane/clcentral/articles/662/CN-01109662/frame.html doi:10.1186/s12889-015-1625-5

Denno, D. M., Chandra-Mouli, V. and Osman, M. (2012). Reaching Youth With Out-of-Facility HIV and Reproductive Health Services: A Systematic Review. *Journal of Adolescent Health*, 51(2), 106121. doi:10.1016/j.jadohealth.2012.01.004

Denno, D. M., Hoopes, A. J. and Chandra-Mouli, V. 2015. Effective strategies to provide adolescent sexual and reproductive health services and to increase demand and community support. *Journal of Adolescent Health*, 56(1 Suppl), S22-41. doi:10.1016/j.jadohealth.2014.09.012

Durlak, J. 2013. *The importance of quality implementation for research, practice and policy*. Washington, D.C. Office of the Assistant Secretary for Planning and Evaluation (ASPE). Retrieved from https://aspe.hhs.gov/basic-report/importance-quality-implementationresearch-practiceand-policy.

Edwards, S. 2015. *10 things you didn't know about the world's population*. New York, UNFPA. Retrieved from http://www.unfpa.org/news/10-things-you-didn%E2%80%99t-knowaboutworld%E2%80%99s-population

*Farb, A. 2013. The federal evaluation of the enhanced healthteacher teenage pregnancy prevention program. *Journal of Adolescent Health*, 52(2 suppl. 1), S59-s60. Retrieved from http://onlinelibrary.wiley.com/o/cochrane/clcentral/articles/680/CN-01028680/frame.html doi:10.1016/j.jadohealth.2012.10.139

*Fonner, V. A., Armstrong, K. S., Kennedy, C. E., O'Reilly, K. R., and Sweat, M. D. 2014. School based sex education and HIV prevention in low- and middle-income countries: a systematic review and meta-analysis. *PLoS One*, 9(3), e89692. doi:10.1371/journal.pone.0089692

Fraser, M. 2009. *Intervention Research: Developing Social Programs*. New York, Oxford University Press.

Gardner, F., Montgomery, P. and Knerr, W. 2015. Transporting Evidence-Based Parenting Programs for Child Problem Behavior (Age 3-10) Between Countries: Systematic Review and Meta Analysis. *Journal of Clinical Child Adolescent Psychology*, 1-14. doi:10.1080/15374416.2015.1015134

Goesling, B., Colman, S., Scott, M., and Cook, E. 2014. *Impacts of an Enhanced Family Health and Sexuality Module of the HealthTeacher Middle School Curriculum*. Princeton, NJ: Mathematica Policy Research. Retrieved from http://www.hhs.gov/ash/oah/

oahinitiatives/assets/healthteacher-impact.pdf.

*Goesling, B., Colman, S., Trenholm, C., Terzian, M., and Moore, K. 2014. Programs to reduce teen pregnancy, sexually transmitted infections, and associated sexual risk behaviors: A systematic review. *Journal of Adolescent Health*, 54(5), 499-507.

Goldacre, B. 2013. *Building evidence into education: UK Department for Education*. Retrieved from http://media.education.gov.uk/assets/files/pdf/b/ben%20goldacre%20paper.pdf

*Guse, K., Levine, D., Martins, S., Lira, A., Gaarde, J., Westmorland, W., and Gilliam, M. (2012). Interventions Using New Digital Media to Improve Adolescent Sexual Health: A Systematic Review. *Journal of Adolescent Health*, 51(6), pp. 535-543. doi: http://dx.doi.org/10.1016/j.jadohealth.2012.03.014

*Haberland, N. A. 2015. The case for addressing gender and power in sexuality and HIV education: a comprehensive review of evaluation studies. *International Perspectives on Sexual and Reproductive Health*, 41(1), pp. 31-42. doi:10.1363/4103115

Haberland, N. and Rogow, D. 2015. Sexuality Education: Emerging Trends in Evidence and Practice. *Journal of Adolescent Health*, 56(1), S15-21. doi:10.1016/j.jadohealth.2014.08.013

Harden, A., Brunton, G., Fletcher, A., Oakley, A., Burchett, H. and Backhans, M. 2006. *Young people, pregnancy and social exclusion: A systematic synthesis of research evidence to identify effective, appropriate and promising approaches for prevention and support*. London, EPPI-Centre, Social Science Research Unit, Institute of Education, University of London. Retrieved from http://eprints.ioe.ac.uk/5927/1/Harden2006Youngpeople.pdf

Herat, J., Hospital, X., Kalha, U., Alama, A., and Nicollin, L. 2014. Missing the Target: Using Standardised Assessment Tools to Identify Gaps and Strengths in Sexuality Education Programmes in West and Central Africa. Paper presented at the 20th International AIDS Conference, Melbourne.

*Hindin, M. J., Kalamar, A. M., Thompson, T.-A. and Upadhyay, U. D. 2016. Interventions to Prevent Unintended and Repeat Pregnancy Among Young People in Low- and Middle-Income Countries: A Systematic Review of the Published and Gray Literature. *Journal of Adolescent Health*, 59, S8-S15. doi:10.1016/j.jadohealth.2016.04.021

Hopewell, S., McDonald, S., Clarke, M. and Egger, M. 2007. Grey literature in meta-analyses of randomized trials of health care interventions. *Cochrane Database Systematic Review*, 2(2).

Howard, M. N., Davis, J. A. and Mitchell, M. E. 2011. Improving Low-Income Teen Health Behaviors with Internet-Linked Clinic Interventions. *Sexuality Research and Social Policy*, 8(1), pp. 50-57. doi:10.1007/s13178-011-0037-2

Hunt, F., Castagnaro, K. and Castrejón, E. 2014. *Evaluation of the Implementation of the Ministerial Declaration: From Commitment to Action – Advances in Latin America and the Caribbean*. New York, International Planned Parenthood Federation (IPPF)/Western Hemisphere Region Inc. Retrieved from https://www.ippfwhr.org/sites/default/files/Ministerial-DeclarationEvaluation-2012.PDF.

Igras, S. M., Macieira, M., Murphy, E. and Lundgren, R. 2014. Investing in very young adolescents' sexual and reproductive health. *Global Public Health*, 9(5), pp. 555-569. doi:10.

1080/17441692.2014.908230

International Planned Parenthood Federation (IPPF). *2016. Sustainable Development Goals and human rights: An introduction for SRHR advocates*. London, IPPF. Retrieved from http://www.ippfen.org/resources/sustainabledevelopment-goals-and-human-rights.

*Kennedy, C. E., Fonner, V. A., O'Reilly, K. R. and Sweat, M. D. 2014. A systematic review of income generation interventions, including microfinance and vocational skills training, for HIV prevention. *AIDS – Psychological and Socio-Medical Aspects of AIDS/HIV*, 26(6), 659673.

Kesterton, A. J. and Cabral de Mello, M. 2010. Generating demand and community support for sexual and reproductive health services for young people: A review of the Literature and Programs. *Reproductive Health*, 7, p. 25. doi:10.1186/1742-4755-7-25

Kirby, D., Laris, B. and Rolleri, L. 2006. *The impact of Sex and HIV Education Programs in Schools and Communities on Sexual Behaviors Among Young Adults*. Research Triangle Park, NC, Family Health International. Retrieved from http://www.sidastudi.org/resources/inmagicimg/dd1054.pdf.

Kivela, J., Haldre, K., Part. K., Ketting. E., Baltussen. R. 2014. Impact and cost-effectiveness analysis of the national school-based sexuality education programme in Estonia. *Sex Education*, ol. 14, Iss.1, 2014 http://www.tandfonline.com/action/showCitFormats?doi=10.1080%2F14681811.2013.813386

Lau, A. S. 2006. Making the Case for Selective and Directed Cultural Adaptations of Evidence-Based Treatments: Examples From Parent Training. *Clinical Psychology: Science and Practice*, 13(4), pp. 295-310. doi:10.1111/j.1468-2850.2006.00042.x

Leijten, P., Melendez-Torres, G. J., Knerr, W. and Gardner, F. 2016. Transported Versus Homegrown Parenting Interventions for Reducing Disruptive Child Behavior: A Multilevel MetaRegression Study. *Journal of the American Academy of Child and Adolescent Psychiatry*, 55(7), pp. 610-617. doi:http://dx.doi.org/10.1016/j.jaac.2016.05.003

Liberati, A., Altman, D. G., Tetzlaff, J., Mulrow, C., Gøtzsche, P. C., Ioannidis, J. P. A. Clarke C., Devereaux P.J., Kleijnen J. and Moher, D. 2009. The PRISMA Statement for Reporting Systematic Reviews and Meta-Analyses of Studies That Evaluate Health Care Interventions: Explanation and Elaboration. *PLoS Med*, 6(7), e1000100. doi:10.1371/journal.pmed.1000100

*Lopez, L. M., Bernholc, A., Chen, M. and Tolley, E. 2016. *School-based interventions for improving contraceptive use in adolescents*. The Cochrane Library. doi:10.1002/14651858.CD012249

Lutz, B., and Small, R. 2014. *Cash Transfers and HIV Prevention*. New York, UNDP. Retrieved from http://www.undp.org/content/undp/en/home/librarypage/hiv-aids/discussionpaper-cashtransfers-and-hiv-prevention/.

*Maness, S. B. and Buhi, E. R. 2013. A Systematic Review of Pregnancy Prevention Programs for Minority Youth in the U.S.: A Critical Analysis and Recommendations for Improvement. *Journal of Health Disparities Research and Practice*, 6(2), pp. 91-106.

*Manlove, J., Fish, H. and Moore, K. A. 2015. Programs to improve adolescent sexual and

reproductive health in the US: A review of the evidence. *Adolescent Health, Medicine and Therapeutics*, 6, pp. 47-79.

*Mason-Jones, A. J., Crisp, C., Momberg, M., Koech, J., De Koker, P. and Mathews, C. 2012. A systematic review of the role of school-based healthcare in adolescent sexual, reproductive, and mental health. *Systematic Reviews*, 1 (1) (no pagination)(49).

*Mathews, C., Aaro, L. E., Grimsrud, A., Flisher, A. J., Kaaya, S., Onya, H., Klepp, K. I. 2012. Effects of the SATZ teacherled school HIV prevention programmes on adolescent sexual behavior: Cluster randomised controlled trials in three sub-Saharan African sites. *International Health*, 4(2), 111-122. Retrieved from http://onlinelibrary.wiley.com/o/cochrane/clcentral/articles/532/CN-00895532/frame.html doi:10.1016/j.inhe.2012.02.001

*Michielsen, K., Chersich, M. F., Luchters, S., De Koker, P., Van Rossem, R. and Temmerman, M. 2010. Effectiveness of HIV prevention for youth in sub-Saharan Africa: Systematic review and meta-analysis of randomized and nonrandomized trials. *AIDS*, 24(8), pp. 1193-1202.

Mkumbo, K. A. K. and Ingham, R. 2010. What Tanzanian parents want (and do not want) covered in school-based sex and relationships education. *Sex Education*, 10(1), pp. 67-78. doi:10.1080/14681810903491396

*Napierala Mavedzenge, S. M., Doyle, A. M., and Ross, D. A. 2011. HIV Prevention in Young People in Sub-Saharan Africa: A Systematic Review. *Journal of Adolescent Health*, 49(6), pp. 568-586. doi:http://dx.doi.org/10.1016/j.jadohealth.2011.02.007

O'Connor, C., Small, S. A. and Cooney, S. M., 4. 2007. *Program fidelity and adaptation: Meeting local needs without compromising program effectiveness*. Madison, WI, University of Wisconsin-Madison/Extension. Retrieved from http://fyi.uwex.edu/whatworkswisconsin/files/2014/04/whatworks_04.pdf

*Oringanje, C., Meremikwu, M. M., Eko, H., Esu, E., Meremikwu, A. and Ehiri, J. E. 2009. Interventions for preventing unintended pregnancies among adolescents. *Cochrane Database of Systematic Reviews*, N.PAG-N.PAG. doi:10.1002/14651858.CD005215.pub2

*Picot, J., Shepherd, J., Kavanagh, J., Cooper, K., Harden, A., Barnett-Page, E., . . . Frampton, G. K. 2012. Behavioural interventions for the prevention of sexually transmitted infections in young people aged 13-19 years: a systematic review. *Health Education Research*, 27(3), 495512.

Pound, P., Langford, R. and Campbell, R. 2016. What do young people think about their school-based sex and relationship education? A qualitative synthesis of young people's views and experiences. *British Medical Journal Open*, 6(9). doi:10.1136/bmjopen-2016-011329

Pulerwitz, J., Gortmaker, S. L. and DeJong, W. 2000. Measuring Sexual Relationship Power in HIV/STD Research. *Sex Roles*, 42(7), pp. 637-660. doi:10.1023/a:1007051506972

Rogow, D., Haberland, N., Del Valle, A., Lee, N., Osakue, G., Sa, Z. and Skaer, M. 2013. Integrating gender and rights into sexuality education: field reports on using It's All One. *Reproductive Health Matters*, 21(41), pp. 154-166. doi:10.1016/s0968-8080(13)41699-3

Rohrbach, L. A., Berglas, N. F., Jerman, P., Angulo-Olaiz, F., Chou, C. P. and Constantine, N. A.

2015. A Rights-Based Sexuality Education Curriculum for Adolescents: 1-Year Outcomes From a Cluster-Randomized Trial. *Journal of Adolescent Health*, 57(4), 399-406. Retrieved from http://onlinelibrary.wiley.com/o/cochrane/clcentral/articles/910/CN-01131910/frame.html doi:10.1016/j.jadohealth.2015.07.004

Scott, S. and McNeish, D. 2013. *School leadership evidence review: using research evidence to support school improvement*. Bristol, UK, National Centre for Social Research for CUBeC and Dept for Education. Retrieved from http://www.bristol.ac.uk/medialibrary/sites/cubec/migrated/documents/evidencereview3.pdf.

*Shepherd, J., Kavanagh, J., Picot, J., Cooper, K., Harden, A., Barnett-Page, E., . . . Price, A. 2010. The effectiveness and costeffectiveness of behavioural interventions for the prevention of sexually transmitted infections in young people aged 13-19: A systematic review and economic evaluation. *Health Technology Assessment*, 14(7), 1-230.

Stanton, B., Wang, B., Deveaux, L., Lunn, S., Rolle, G., Li, X., ... Gomez, P. 2015. Assessing the effects of a complementary parent intervention and prior exposure to a preadolescent program of HIV risk reduction for mid-adolescents. *American journal of public health*, 105(3), 575-583. Retrieved from http://onlinelibrary.wiley.com/o/cochrane/clcentral/articles/998/CN-01110998/frame.html doi:10.2105/AJPH.2014.302345

Stephenson, J. M., Strange, V., Forrest, S., Oakley, A., Copas, A., Allen, E., ... Johnson, A. M. 2004. Pupil-led sex education in England (RIPPLE study): cluster-randomised intervention trial. *The Lancet*, 364(9431), pp. 338-346. doi:10.1016/S0140-6736(04)16722-6

*Sutton, M. Y., Lasswell, S. M., Lanier, Y. and Miller, K. S. 2014. Impact of Parent-Child Communication Interventions on Sex Behaviors and Cognitive Outcomes for Black/African American and Hispanic/Latino Youth: A Systematic Review, 1988–2012. *Journal of Adolescent Health*, 54(4), 369-384. doi:10.1016/j.jadohealth.2013.11.004

Svanemyr, J., Amin, A., Robles, O. J., and Greene, M. E. 2015. Creating an enabling environment for adolescent sexual and reproductive health: a framework and promising approaches. *Journal of Adolescent Health*, 56(1 Suppl), S7-14. doi:10.1016/j.jadohealth.2014.09.011

*Tolli, M. V. 2012. Effectiveness of peer education interventions for HIV prevention, adolescent pregnancy prevention and sexual health promotion for young people: a systematic review of European studies. *Health Education Research*, 27(5), 904-913. doi:10.1093/her/cys055

UNESCO. 2009. *International Technical Guidance on Sexuality Education: An evidence-informed approach for schools, teachers and health educators*. Paris, UNESCO. Retrieved from http://data.unaids.org/pub/ExternalDocument/2009/20091210_international_guidance_sexuality_education_vol_1_en.pdf.

UNESCO. 2010. *Levers of Success: Case Studies of National Sexuality Education Programmes*. Paris, UNESCO. Retrieved from http://unesdoc.unesco.org/images/0018/001884/188495e.pdf.

UNESCO. 2011. *School-based sexuality education programmes: A Cost and Cost-Effectiveness*

Analysis in Six Countries. Paris, UNESCO. Retrieved from http://www.unesco.org/new/en/hiv-and-aids/our-priorities-in-hiv/sexualityeducation/costing-study/.

UNESCO. 2015. *Emerging Evidence, Lessons and Practice in Comprehensive Sexuality Education 2015. A Global Review*. Paris: UNESCO.

UNESCO. 2016. *Education for people and planet: Creating sustainable futures for all (Global Education Monitoring Report 2016)*. Paris: UNESCO. Retrieved from http://gem-report2016.unesco.org/en/home/.

UNESCO and UNFPA. 2012. *Sexuality Education: A ten-country review of school curricula in East and Southern Africa*. Paris, UNESCO and UNFPA. Retrieved from http://unesdoc.unesco.org/images/0022/002211/221121E.pdf.

UNESCO and UN Women. 2016. *Global guidance on addressing school-related gender-based violence*. Paris: UNESCO.

UNFPA-ESA. *How effective is comprehensive sexuality education in preventing HIV?* Sunninghill. South Africa, UNFPA Eastern and Southern Africa Regional Office.

UNFPA. 2014. *UNFPA Operational Guidance for Comprehensive Sexuality Education: A Focus on Human Rights and Gender*. New York, UNFPA. Retrieved from http://www.unfpa.org/publications/unfpa-operational-guidance-comprehensivesexualityeducation

UNFPA. 2016. Upsurge in sexuality education seen in countries with high HIV rates [Press release]. Retrieved from http://www.unfpa.org/news/upsurge-sexuality-education-seencountrieshigh-hiv-rates

UNICEF. 2012. *Global Evaluation of Life Skills Education Programmes. Final Report*. New York, UNICEF.

UNICEF. 2014. *Hidden in Plain Sight: A statistical analysis of violence against children*. New York, UNICEF. Retrieved from https://www.unicef.org/publications/index_74865.html.

USAID. 2012. *Making comprehensive sexuality educaiton available at national scale: A case study about tailoring international guidance for Kenya*. Washington, DC, USAID. Retrieved from https://www.iywg.org/sites/iywg/files/lessons_learned_sexuality_education_kenya.pdf.

Underhill, K., Montgomery, P. and Operario, D. 2007. Sexual abstinence only programmes to prevent HIV infection in high income countries: Systematic review. *British Medical Journal*, Vol. 335, No. 7613, pp. 248-248. http://bmj.com/cgi/content/full/335/7613/248 (Accessed 13 August 2017).

Villa-Torres, L., and Svanemyr, J. 2015. Ensuring Youth's Right to Participation and Promotion of Youth Leadership in the Development of Sexual and Reproductive Health Policies and Programs. *Journal of Adolescent Health*, 56(1), S51-S57. doi:10.1016/j.adohealth.2014.07.022

Visser, M. J. 2005. Life skills training as HIV/AIDS preventive strategy in secondary schools: evaluation of a large-scale implementation process. *SAHARA J: Journal of Social Aspects of HIV/AIDS*, 2(1), 203-216. doi:10.1080/17290376.2005.9724843

Wang, B., Stanton, B., Deveaux, L., Li, X., Koci, V., and Lunn, S. 2014. The impact of parent involvement in an effective adolescent risk reduction intervention on sexual risk communication and adolescent outcomes. *AIDS Education and Prevention*, 26(6), 500-520.

WHO. *Pakistan Country Synthesis Report: Successful Large-Scale Sustained Adolescent Sexual and Reproductive Health Programmes*. Geneva, WHO. (unpublished)

WHO Regional Office for Europe and BZgA. 2010. *Standards for Sexuality Education in Europe. A framework for policy makers, educational and health authorities and specialists*. Cologne, BZgA.

Wight, D. 2011. The effectiveness of school-based sex education: What do rigorous evaluations in Britain tell us? *Education and Health*, 29(4), 72-78.

Wight, D., and Fullerton, D. 2013. A review of interventions with parents to promote the sexual health of their children. *Journal of Adolescent Health*, 52(1), 4-27. doi:10.1016/j.jadohealth.2012.04.014

付録VI
キーコンセプト、トピック、および学習目標（2017）を更新するためにコンタクトをとった人々および主要な情報提供者の詳細

キーコンセプト、トピック、および学習目標の章を整えるための包括的セクシュアリティ教育の内容に主に焦点を当てて「ガイダンス」改訂プロセスからの知見と推奨事項を知らせるために、合計16のインタビューが行われた。学習者と教員は、追加の専門的関係者と同様に極めて重要な関係者として位置づけられた。

ブルキナファソ、ケニア、ガーナ、アメリカ、そしてグアテマラから、10歳から18歳までの8人の初等・中等学校の学習者がインタビューを受けた。アルジェリア、ブルキナファソ、ガーナ、インドから4人の初等学校教員と1人の中等学校教員、合計5人の教員がインタビューを受けた。さらに、バングラデシュ、アルジェリア、マラウイの3人の専門家が、カリキュラムの開発、ジェンダー、ライフスキル、教育に関する専門知識をもって参加した。

主要な情報提供者とは、直接または地元の組織や連絡先を通じて、電子メールまたは電話で連絡をとった。まず情報提供者が参加することに同意すると、次にインフォームド・コンセントを交わした。未成年者の場合、18歳未満の学習者の保護者のための同意書も作成・翻訳された。当人と保護者の同意が得られると、電話の手配が行われた。回答者の各カテゴリーの質問ガイドは、英語、フランス語、スペイン語のインタビューをガイドしていた、事前に決定された質問のセットから構成された。書面に手書きで記入したものをスキャンし電子メールで返送してきた2人の情報提供者を除いて、インタビューはすべてSkypeまたは電話で行われた。Skypeと電話によるインタビューは、1〜1.5時間で行われた。回答は文書化され、調査結果は要約され、「ガイダンス」を改訂するためのレビュー案に組み込まれた。

生徒（初等・中等）

名前	年齢	国
Soubeiga	10	ブルキナファソ
Nacro	10	ブルキナファソ
Emmanuel	12	ケニア
Vacaecelia	12	ケニア
Sandra	14	ガーナ
Caleb	16	アメリカ
Madelyn	18	アメリカ
Ana	18	グアテマラ

教員

名前	学校種	国
Angela Bessah Sagoe	初等学校　教員	ガーナ
Sam Talato Sandine Nacro	初等学校　教員	ブルキナファソ
Sylvie Kansono	初等学校　教員	ブルキナファソ
Sakshi Rajeshirke	初等学校　教員	インド
Mohamed Beldjenna	中等学校　校長兼教員	アルジェリア

他の関係者

名前	肩書き	国
Joyce Carol Kasambara	カリキュラム開発上級専門家	マラウイ
Dr. Kamel Bereksi	SDHサンテ・シディ・エル・フーアリ健康協会会長	アルジェリア
Dr. Rob Ubaidur	人口評議会におけるシニアアソシエイトおよびバングラデシュカントリーディレクター（バングラデシュ生活スキル・所得・知識思春期プロジェクト協会の監督を含む）	バングラデシュ

付録Ⅶ
キーコンセプト、トピック、学習目標
（2017）の更新に使用した参考文献と
資料の一覧 [6]

デスクレビューに含まれる参考文献

Avni, A. and Chandra-Mouli, V. 2014. Empowering adolescent girls: developing egalitarian gender norms and relations to end violence. *Reproductive Health*, 11: 75. https://www.ncbi.nlm.nih.gov/pmc/articles/PMC4216358/

Bonilla, E. 2016. *National Experience of Developing and Delivering Sexuality Education, Mexico. Presentation at the Consultation on updating International Technical Guidance on Sexuality Education (ITGSE)*, Paris, October 2016. (Unpublished).

Das M., et al. 2012. *Engaging Coaches and Athletes in Fostering Gender Equity: Findings from the Parivartan Program in Mumbai, India*. New Delhi, ICRW and Futures Without Violence. https://www.icrw.org/wp-content/uploads/2016/10/Parivartan-Engaging-Coaches-and-Athletes-in-Fostering-Gender-Equity.pdf

Dupas, P. 2011. Do teenagers respond to HIV risk information? Evidence from a field experiment in Kenya. *American Economic Journal: Applied Economics*, 3(1), 1-34. http://web.stanford.edu/~pdupas/HIV_teenagers.pdf

Future of Sex Education Initiative. 2012. National Sexuality Education Standards: Core Content and Skills, K-12. http://www.futureofsexed.org/nationalstandards.html

Future of Sex Education Initiative. 2012. National Teacher Preparation Standards for Sexuality Education Standards. http://www.futureofsexed.org/documents/teacher-standards.pdf

Haberland, N. 2010. What happens when programs emphasize gender? A review of the evaluation research. Presentation at Global Technical Consultation on Comprehensive Sexuality Education, 30 November to 2 December, Bogota, Colombia.

Haberland, N. 2015. The case for addressing gender and power in sexuality and HIV education: a comprehensive review of evaluation studies. *International Perspectives Sexual and Reproductive Health*, 41(1), 31-42.

6　初版のガイダンスの開発に使用した参考文献の完全なリストについては、ユネスコ2009年を参照のこと。

Herat, J., Hospital, X., Kalha, U., Alama, A. and Nicollin, L. 2014. Missing the Target: Using Standardised Assessment Tools to Identify Gaps and Strengths in Sexuality Education Programmes in West and Central Africa. Paper for 20th International AIDS Conference, Melbourne, Australia, 20–25 July, 2014.

International Planned Parenthood Federation. 2010. *Framework for Comprehensive Sexuality Education*. London, IPPF. http://www.ippf.org/sites/default/files/ippf_framework_for_comprehensive_sexuality_education.pdf

Kirby, D., Laris, B., and Rolleri, L. 2006. *The impact of Sex and HIV Education Programs in Schools and Communities on Sexual Behaviors Among Young Adults*. New York, Family Health International (FHI). https://www.iywg.org/sites/iywg/files/youth_research_wp_2.pdf

Ministerio de Educación Nacional Republica de Colombia 2016. Modulo 2, El Proyecto Pedagógico y sus hilos conductores. http://www.colombiaaprende.edu.co/html/productos/1685/articles-172208_recurso_1.pdf

Ministerio de Educación Nacional, Republica de Colombia, et al. 2016. Ambientes Escolares Libres de Discriminación. Bogota, Ministerio de Educación Nacional. https://unicef.org.co/sites/default/files/informes/Ambientes%20escolares%20Libres%20de%20Discriminacion%20May%202016_0.pdf

Ministry of Drinking Water and Sanitation of the Government of India. 2015. Menstrual Hygiene Management National Guidelines. http://www.mdws.gov.in/sites/default/files/Menstrual%20Hygiene%20Management%20-%20Guidelines_0.pdf

Montgomery, P. and Knerr, W. 2016. Updating the United Nations International Technical Guidance on Sexuality Education: Vol. 2. Evidence and recommendations. Presentation at the Consultation on updating International Technical Guidance on Sexuality Education (ITGSE), Paris, October 2016. (Unpublished).

UNESCO. 2009. *International Technical Guidance on Sexuality Education: An Evidence-informed approach for schools, teachers and health educators*. Paris, UNESCO. http://unesdoc.unesco.org/images/0018/001832/183281e.pdf

UNESCO. 2012. *Good policy and practice in HIV and Health Education. Booklet 7: Gender equality, HIV, and education*. Paris, UNESCO. http://unesdoc.unesco.org/images/0021/002187/218793e.pdf

UNESCO. 2014a. *Good policy and practice in health education. Booklet 9: Puberty education and menstrual hygiene management*. Paris, UNESCO. http://unesdoc.unesco.org/images/0022/002267/226792e.pdf

UNESCO. 2014b. *Comprehensive Sexuality Education: The Challenges and Opportunities of Scaling–Up*. Paris, UNESCO. http://unesdoc.unesco.org/images/0022/002277/227781E.pdf

UNESCO. 2015. *Emerging Evidence, Lessons and Practice in Comprehensive Sexuality Education: A Global Review*. Paris, UNESCO. http://unesdoc.unesco.org/images/0024/002431/243106e.pdf

UNESCO. 2016. *Out in the Open: Education Sector Responses to Violence based on Sexual Orientation and Gender Identity/Expression*. Paris, UNESCO. http://unesdoc.unesco.org/

UNESCO. 2016. Review of the evidence on sexuality education. Report to inform the update of the UNESCO International Technical Guidance on Sexuality Education. Prepared by Paul Montgomery and Wendy Knerr, University of Oxford Centre for Evidence-Based Intervention. Paris, UNESCO.

UNESCO. 2016. Meeting Notes of the consultation on updating International Technical Guidance on Sexuality Education (ITGSE). Paris, October 2016. (Unpublished).

UNESCO. 2016. Survey Findings: Updating the International Technical Guidance on Sexuality Education. Presentation at the Consultation on updating International Technical Guidance on Sexuality Education (ITGSE). Paris, October 2016. (Unpublished).

UNESCO-IBE and UNESCO Office Yaoundé. 2014. *Guide pédagogique pour le développement des compétences en éducation à la santé reproductive, au VIH et au SIDA à l'usage des formateurs-trices et des enseignants-es 2014*. Switzerland, UNESCO-IBE. http://unesdoc.unesco.org/images/0022/002294/229421f.pdf

UNESCO and UN Women. 2016. *Global Guidance on Addressing School-Related Gender-Based Violence*. Paris/ UNESCO, UNESCO/UN Women. http://unesdoc.unesco.org/images/0024/002466/246651E.pdf

United Nations. 2016. *Ending the torment: tackling bullying from the schoolyard to cyberspace*. New York, Office of the Special Representative of the Secretary-General on Violence against Children. http://srsg.violenceagainstchildren.org/sites/default/files/2016/End%20bullying/bullyingreport.pdf

WHO Regional Office for Europe and BZgA.2010. *Standards for Sexuality Education in Europe. A framework for policy makers, educational and health authorities and specialists*. Cologne, WHO. http://www.oif.ac.at/fileadmin/OEIF/andere_Publikationen/WHO_BZgA_Standards.pdf

地域および国の枠組み／ガイドラインとカリキュラム

Beaumont and Maguire. 2013. *Policies for Sexuality Education in the European Union*. Brussels: Policy Department C - Citizens' Rights and Constitutional Affairs European Parliament. http://www.europarl.europa.eu/RegData/etudes/note/join/2013/462515/IPOL-FEMM_NT(2013)462515_EN.pdf

The Caribbean Community Secretariat (CARICOM) and UNICEF. 2010. *The Health and Family Life Education Regional Curriculum Framework Ages 5 Years to 12 Years Version 2.1*. Bridgetown, UNICEF. http://www.open.uwi.edu/hflecaribbean/curricula

Colectivo de Autores 2011. Orientaciones Metodológicas Educación Preescolar, Primaria y Especial. Ministerio de Educación. http://www.unesco.org/new/fileadmin/MULTIMEDIA/FIELD/Havana/pdf/Libro%20Educacion%20de%20la%20sexualidad%201.pdf

Colectivo de Autores 2011. Orientaciones Metodológicas Educación Secundaria Básica,

Preuniversitaria Técnico y Profesional y de Adultos. http://www.unesco.org/new/
fileadmin/MULTIMEDIA/FIELD/Havana/pdf/Libro%20Educacion%20de%20la%20
sexualidad%202.pdf

Ministerio de Educación Presidencia de la Nación y Consejo Federal de Educación. 2010.
Lineamientos Curriculares para la Educación Sexual Integral. http://www.me.gov.ar/me_
prog/esi/doc/lineamientos.pdf

Ministerio de Educación, El Salvador. 2014. Actualización Curricular de la Educación Integral
de la Sexualidad en el Sistema Educativo de El Salvador, con Enfoques de Genero y
Derechos Humanos (Educación parvularia, primer ciclo, segundo ciclo, tercer ciclo, y
educación media). San Salvador, Ministerio de Educación. https://www.mined.gob.sv/
index.php/noticias/item/7212-educacion-integral-de-la-sexualidad

Ministerio de Educación, Perú. 2016. Currículo Nacional de la Educación Básica. http://www.
minedu.gob.pe/curriculo/pdf/curriculo-nacional-2016-2.pdf

Ministerio de Educación Nacional, Republica de Colombia 2016. *El Proyecto Pedagógico y sus
Hilos Conductores*. Bogotá: Ministerio de Educación Nacional. http://www.
colombiaaprende.edu.co/html/productos/1685/articles-172208_recurso_1.pdf

Ministerio de Educación Nacional, Republica de Colombia, et al. 2016. *Ambientes Escolares
Libres de Discriminación*. Bogota: Ministerio de Educación Nacional. https://unicef.org.co/
sites/default/files/informes/Ambientes%20escolares%20Libres%20de%20
Discriminacion%20May%202016_0.pdf

Ministerio de Educación, Republica de Panamá 2016. Guía de Educación de la Sexualidad
para Docentes de Educación Primaria (1ºa 6º grado). http://www.prensa.com/sociedad/
Conozca-guias-sexualidad-Meduca_0_4525047519.html

Ministerio de Educación, Republica de Panamá 2016. Guía de Educación Integral de la
Sexualidad para Docentes de Educación Premedia y personal técnico de los Gabinetes
Psicopedagógicos. http://www.prensa.com/sociedad/EIS-PREMEDIA_LPRFIL20160709_
0004.pdf

Ministerio de Educación, Republica de Panamá 2016. Guía de Educación Integral de la
Sexualidad para Docentes de Educación Media y Personal Técnico de los Gabinetes
Psicopedagógicos (10mo a 12mo grado). http://www.prensa.com/sociedad/guia-EIS-
MEDIA-_meduca-panama_LPRFIL20160709_0003.pdf

Ministry of Drinking Water and Sanitation of the Government of India. 2015. Menstrual
Hygiene Management National Guidelines. http://www.mdws.gov.in/sites/default/files/
Menstrual%20Hygiene%20Management%20-%20Guidelines_0.pdf

Ministry of Education, Republic of Trinidad and Tobago. 2009. Secondary School Curriculum.
Forms 1–3 Health and Family Life Education. http://www.ibe.unesco.org/curricula/
trinidadtobago/tr_ls_lf_2009_eng.pdf

Ministry of Education and Vocational Training of the United Republic of Tanzania. 2010.
National life skills education framework in Tanzania. http://hivhealthclearinghouse.
unesco.org/sites/default/files/resources/Tanzania_National_Life_Skills_Education_

Framework_Final_Draft.pdf

Pacific Islands Forum Secretariat. 2009. Pacific Education Development Framework. http://
www.forumsec.org/resources/uploads/attachments/documents/Pacific%20Education
%20Development%20Framework%202009-2015.pdf

UNESCO-IBE and UNESCO Office Yaoundé. 2014. *Guide pédagogique pour le développement
des compétences en éducation à la santé reproductive, au VIH et au SIDA à l'usage des
formateurs-trices et des enseignants-es 2014*. Switzerland, UNESCO-IBE. http://unesdoc.
unesco.org/images/0022/002294/229421f.pdf

WHO Regional Office for Europe and BZgA. 2010. *Standards for Sexuality Education in Europe.
A framework for policy makers, educational and health authorities and specialists*. Cologne,
WHO. http://www.oif.ac.at/fileadmin/OEIF/andere_Publikationen/WHO_BZgA_Standards.
pdf

レビュー、相談、研究

Agbemenu, K. and Schlenk, E. 2011. An Integrative Review of Comprehensive Sex Education
for Adolescent Girls in Kenya. *Journal of Nursing Scholarship*, 43 (1), pp. 54-63. http://
onlinelibrary.wiley.com/doi/10.1111/j.1547-5069.2010.01382.x/abstract

Acharya, D.R., Van Teijlingen, E.R., and Simkhada, P. 2009. Opportunities and challenges in
school-based sex and sexual health education in Nepal. *Kathmandu University Medical
Journal*, 7(28), pp. 445-453. https://www.ncbi.nlm.nih.gov/pubmed/20502093

Alcántara, E. (2012). Alcántara, E. 2012. Educación sexual en la escuela como base para la
equidad social y de género. UNFPA. http://countryoffice.unfpa.org/dominicanrepublic/
drive/EstadodelaeducsexualyVBGenlasescuelas310812.pdf

Amaugo, L.G., Papadopoulos, C., Ochieng, B. and Ali, N. 2014. The effectiveness of HIV/AIDS
school-based sexual health education programmes in Nigeria: a systematic review. *Health
Education Research*, 29, 4: pp. 633-648. http://www.tandfonline.com/doi/pdf/10.1080/146
81811.2015.1123148?needAccess=true

Andrade, H., Brito de Mello, M., Sousa, M., Makuch, M., Bertoni, and N., Faúndes . 2009.
Changes in sexual behavior following a sex education program in Brazilian public schools.
Cad. Saúde Pública, Rio de Janeiro, 25(5), pp:1168-1176. http://hivhealthclearinghouse.
unesco.org/sites/default/files/resources/santiago_andrade_2009_changes_in_sexual_
behavior_in_brazil_public_schools.pdf

Chau, K., Traoré Seck, A., Chandra-Mouli, V. and Svanemyr, J. 2016. Scaling up sexuality
education in Senegal: integrating family life education into the national curriculum. *Sex
Education: Sexuality, Society and Learning*, 15 (2), pp. 204-216. http://www.tandfonline.
com/doi/full/10.1080/14681811.2015.1123148

Cheney, K. et al. Oosterhoff, P., et al. 2017. Feeling 'Blue': Pornography and Sex Education in

Eastern Africa. *IDS Bulletin*, Volume 48, Number 1.UK: Institute of Development Studies.

Chhabra, R., Springer, C., Rapkin, B., and Merchant. (2008). Differences among male/female adolescents participating in a school-based teenage education program (step) focusing on HIV prevention in India. *Ethnicity and Disease*, 18 (Spring 2008), pp. 123-127. http://www.ishib.org/ED/journal/18-2s2/ethn-18-02s2-123.pdf

Clarke, D. 2010. *Sexuality education in Asia: Are we delivering? An assessment from a rights-based perspective.* Bangkok, Plan. http://hivhealthclearinghouse.unesco.org/sites/default/files/resources/bangkok_sexualityeducationasia.pdf

DeMaria, L., Galárraga, O., Campero, L. and Walker, D. 2009. Educación sobre sexualidad y prevención del VIH: Un diagnóstico para América Latina y el Caribe. *Revista Rev Panam Salud Publica*, 26(6), pp. 485–493.

Government of Southern Australia. 2011. Cyber Safety: Keeping Children Safe in a Connected World. http://old.decd.sa.gov.au/docs/documents/1/CyberSafetyKeeping Childre.pdf

Haberland, N. and Rogow, D. 2015. Emerging trends in evidence and practice. *Journal of Adolescent Health*, 56, pp. S15eS21. http://www.jahonline.org/article/S1054-139X%2814%2900345-0/pdf

Huaynoca, S., Chandra-Mouli, V., Yaqub Jr, N., and Denno, D. 2014. Scaling up comprehensive sexuality education in Nigeria: from national policy to nationwide application. *Sex Education, Sexuality, Society and Learning*, 14(2), pp. 191-209. http://www.tandfonline.com/doi/abs/10.1080/14681811.2013.856292

Ismail, S., Shajahan A., Sathyanarayana Rao, T.S., and Wylie, K. 2015. Adolescent sex education in India: Current perspectives. *Indian Journal of Psychiatry*, 57(4), pp. 333-337. https://www.ncbi.nlm.nih.gov/pmc/articles/PMC4711229/

Ministerio de Educación Nacional, Republica de Colombia et al. 2014. Evaluación del Programa de Educación para la Sexualidad y Construcción de Ciudadanía – PESCC. https://fys.uniandes.edu.co/site/index.php/component/docman/doc_download/7-informe-evaluacion-programa-de-educacion.../

Munsi, K. and Guha, D. 2014. Status of Life Skill Education in Teacher Education Curriculum of SAARC Countries. A Comparative Evaluation. *Journal of Educaiton and Social Policy*, 1(1), pp. 93-99. http://jespnet.com/journals/Vol_1_No_1_June_2014/13.pdf

Rocha, A.C., Leal, C., and Duarte, C. 2016. School-based sexuality education in Portugal: strengths and weaknesses. *Sex Education: Sexuality, Society and Learning*, 16(2), pp. 172-183. http://dx.doi.org/10.1080/14681811.2015.1087839

Schutte, L. et al. 2014. Long Live Love. The implementation of a school-based sex-education program in the Netherlands. *Health Education Research*. 29 (4), pp. 583-597. https://doi.org/10.1093/her/cyu021

UNAIDS. 2016. *HIV Prevention among adolescent girls and young women*. Geneva: UNAIDS. http://www.unaids.org/sites/default/files/media_asset/UNAIDS_HIV_prevention_among_adolescent_girls_and_young_women.pdf

UNESCO. 2012. *Good policy and practice in HIV and Health Education. Booklet 7: Gender equality, HIV, and education*. Paris, UNESCO. http://unesdoc.unesco.org/images/0021/002187/218793e.pdf

UNESCO. 2012. *Review of Policies and Strategies to Implement and Scale Up/Sexuality Education in Asia and the Pacific*. Bangkok, UNESCO. http://unesdoc.unesco.org/images/0021/002150/215091e.pdf

UNESCO. 2014. *Developing an education sector response to early and unintended pregnancy*. Paris, UNESCO. http://unesdoc.unesco.org/images/0023/002305/230510e.pdf

UNESCO. 2015. Emerging evidence and lessons and practice in comprehensive sexuality education review. http://unesdoc.unesco.org/images/0024/002431/243106e.pdf

UNESCO and UN Women. 2016. *Global guidance on addressing School-related gender-based violence*. Paris, UNESCO http://unesdoc.unesco.org/images/0024/002466/246651E.pdf

UNESCO and Radboud University Nijmegen Medical Center. 2011. *Cost and Cost effectiveness analysis. School-based sexuality education programs in six countries*. Paris, UNESCO. http://unesdoc.unesco.org/images/0021/002116/211604e.pdf

UNESCO and UNFPA. 2012. *A ten-country review of school curricula in East and Southern Africa*. Johannesburg, UNESCO. http://unesdoc.unesco.org/images/0022/002211/221121E.pdf

UNESCO, UNFPA, PEPFAR, USAID, Health Communication Capacity Collaborative. 2015. *Comprehensive Sexuality Education in Teacher Training in Eastern and Southern Africa*. Johannesburg, UNESCO. http://hivhealthclearinghouse.unesco.org/sites/default/files/resources/cse_in_teacher_training_in_esa.pdf

UNFPA. 2010. Comprehensive Sexuality Education: Advancing Human Rights, Gender Equality and Improved Sexual and Reproductive Health. A Report on an International Consultation to Review Current Evidence and Experience. Bogotá, Columbia. http://www.unfpa.org/sites/default/files/resourcepdf/Comprehensive%20Sexuality%20Education%20Advancing%20Human%20Rights%20Gender%20Equality%20and%20Improved%20SRH-1.pdf

UNICEF. 2009. *Strengthening Health and Family Life Education in the Region. The Implementation, Monitoring, and Evaluation of HFLE in Four CARICOM Countries*. Bridgetown, UNICEF. https://www.unicef.org/easterncaribbean/Final_HFLE.pdf

UNICEF. 2012. *Global Evaluation of Life Skills Education Programmes*. New York, UNICEF. https://www.unicef.org/evaluation/files/USA-2012-011-1_GLSEE.pdf

UNICEF. 2013. Menstrual Hygiene Management in Schools in Two Countries of Francophone West Africa: Burkina Faso and Niger Case Studies. https://www.unicef.org/wash/schools/files/MHM_study_report_Burkina_Faso_and_Niger_English_Final.pdf

UNICEF. 2013. *The Status of HIV Prevention, Sexuality and Reproductive Health: Fiji, Kiribati, Solomon Islands and Vanuatu*. Suva, UNICEF. https://www.unicef.org/pacificislands/SRH_education_review_report_-_final.pdf

UNICEF and the Ministry of Education. 2011. *An Assessment of the Life-Skills Based Curriculum Project in Lao PDR*. Bangkok, UNICEF and Ministry of Education. https://www.unicef.org/

eapro/Assessment_of_the_lifeskills.pdf

UNICEF and Ministry of Education. 2016. *Review of Comprehensive Sexuality Education in Thailand*. Bangkok, UNICEF. http://hivhealthclearinghouse. unesco.org/sites/default/files/resources/comprehensivesexualityeducationthailand_en.pdf

Wood, S. and Rogow, D. 2015. *Can Sexuality Education Advance Gender Equality and Strengthen Education Overall? Learning from Nigeria's Family Life and HIV Education Program*. New York, International Women's Health Coalition. https://iwhc.org/wpcontent/uploads/2015/12/Nigeria_FLHE_FINAL-nospreads.pdf

Wood, L. and Rolleri, L. 2014. Designing an effective sexuality education curriculum for schools: lessons gleaned from the Southern African literature. *Sex Education: Sexuality, Society and Learning*, 14 (5), pp. 525-542. http://www.tandfonline.com/doi/abs/10.1080/14681811.2014.918540

付録Ⅷ
ライフスキルに基づくHIVおよび
セクシュアリティ教育をモニタリング
するために提案された指標

　すべての学校におけるライフスキルに基づくHIVおよびセクシュアリティ教育の実施に向けた進捗を評価するために、UNESCOとUNAIDSにおけるHIVと健康教育に関する共同タスクチーム（IATT）は、教育部局が「前年度にライフスキルに基づくHIVおよびセクシュアリティ教育を提供した学校の割合」の指標を測定するよう勧告した。

　この指標は、公式なカリキュラム（試験可能な独立した科目として、あるいは他のカリキュラムの科目に統合されているものとして）や課外活動の一部の中で提供されるライフスキルに基づくHIVおよびセクシュアリティ教育プログラムの「必須」および「望ましい」内容のセットを提案する（UNESCO, 2013a）。

　これらの必須および望ましい内容を以下に提示する。

トピック／内容

一般的ライフスキル	
必須のトピック	意思決定／アサーティブネス（自己主張力） コミュニケーション／交渉／拒否 人権エンパワーメント
望ましいトピック	受容、寛容、共感、差別しないこと その他の一般的なライフスキル

性と生殖に関する健康／セクシュアリティ教育	
必須のトピック	人間の成長と発達 性的解剖学および生理学 家族生活、結婚、長期的な関係性、対人関係 社会、文化、セクシュアリティ（セクシュアリティと関係した価値、態度、社会規範、メディア） 生殖 ジェンダー平等とジェンダー役割 性的虐待／望まないまたは強要されたセックスへ（性行動）の抵抗 コンドーム 性的行動（性的実践、よろこび、感情） 性感染症（STI）の感染と予防
望ましいトピック	妊娠と出産 コンドーム以外の避妊法 ジェンダーを理由とした暴力と有害な慣行や暴力の拒絶 性的多様性 性と生殖に関する健康サービスの情報源／サービスを探すこと 性と生殖に関する健康やセクシュアリティ教育に関連するその他の内容

HIVとエイズ関連の詳細な内容	
必須のトピック	HIV感染 HIV予防：コンドームの使用を含むセーファーセックスの実践 HIVの治療
望ましいトピック	HIV関連のスティグマと差別 カウンセリングや検査サービスの情報源／カウンセリング、治療、ケア、サポートのためのサービスを探すこと その他のHIVおよびAIDS関連の詳細な内容

出典：UNESCO. 2013a. Measuring the education sector response to HIV and AIDS: Guidelines for the construction and use of core indicators. Paris, UNESCO.

改訂版
国際セクシュアリティ教育ガイダンス
科学的根拠に基づいたアプローチ

　国連「国際セクシュアリティ教育ガイダンス」は、学校・教師・健康教育者のためのエビデンスに基づくアプローチとして2009年に初版が発行された。それ以降セクシュアリティ教育の分野では大きな変革が起こり、国連の共同発行パートナーも拡大した。そしてこの度、若い学習者の現代的ニーズに適切に対応し、また、そのニーズに応えようとする教育システム・実践者を支援するため、内容を再考、更新したものを出版した。

　「国際セクシュアリティ教育ガイダンス（改訂版）」は、包括的セクシュアリティ教育の中に含むべきトピックや学習内容の紹介、効果的な包括的セクシュアリティ教育プログラムのための計画・実施・モニタリングの仕方の紹介など、効果的に包括的セクシュアリティ教育（CSE）プログラムを実施するための実用的なアドバイスを提供している。

　この改訂版においては、セクシュアリティ教育を人権、ジェンダー平等というフレームワークの中で再認識したうえで、若者にとっての利益が最大となる、「性と人間関係」についてのポジティブで肯定的な、確立された学びを推進している。これは世界中から集められた、最新の学術的研究、授業の実践から得られた知見の調査をベースにつくられている。また改訂版のガイダンスは、セクシュアリティ教育が、SDGsのいくつか、具体的には目標3の「すべての人に健康と福祉を」、目標4の「質の高い教育をみんなに」、目標5の「ジェンダー平等を実現しよう」の実現に貢献するものであることを示している。

「国際セクシュアリティ教育ガイダンス」をいかすために

田代美江子

はじめに——「性の権利」としての包括的セクシュアリティ教育

　包括的セクシュアリティ教育がすべての人々に保障されることは、普遍的人権をその基礎に置く「性の権利」として位置づけられている。1999年、第14回世界性科学学会（WAS）において採択された「性の権利宣言（Declaration of Sexual Rights）」の中で、「性の権利（セクシュアル・ライツ）は、望みうる最高の性の健康（セクシュアル・ヘルス）を実現するために不可欠のもの」であり、「性の健康が達成され維持されるためには、すべての人々の性の権利が尊重され、保護され、満たされなければならない」と述べられている[1]。

　「性の権利」保障の実現において、UNESCOを中心に開発され、2009年に発表された、包括的セクシュアリティ教育の理念と全体像を示す「国際セクシュアリティ教育ガイダンス」（以下「ガイダンス」）は、「性の権利」保障の実現において重要な位置を占めるものである。なぜなら、人権が尊重され、権利が保障される社会構築において、教育は最も重要な手段であり、確かな基盤となるからである。

　最初の「ガイダンス」が出された約10年後の2018年1月に出された「改訂版　国際セクシュアリティ教育ガイダンス」（以下「改訂版ガイダンス」）は、2009年と同様、英語、中国語、フランス語、スペイン語、タイ語、ミャンマー語、ポルトガル語、ロシア語の8カ国語でダウンロードが可能となっている。「改訂版ガイダンス」は、2009年以降の国際的動向と、最新の研究および実践の成果を踏まえて出されたものであるが、その構造は大きくは変化していない。ただ、2009年度版の「ガイダンス」では、「セクシュアリティ教育の論理的根拠」を展開する第Ⅰ部とセクシュアリティ教育の「内容項目（トピック）」と「学習目標」を具体的に示す第Ⅱ部に分けられていたが、「改訂版ガイダンス」では、全体が一つにまとめられ、「ガイダンス」の第Ⅰ部で展開されていた内容が、第1〜4章、第6章、第7章に、第Ⅱ部の内容が第5章に示されている。

　以下では、「ガイダンス」からの変化も含めた「改訂版ガイダンス」の特徴を確認し、日本における包括的セクシュアリティ教育の実現に向けての可能性を展望したい。

　なお以下では、「ガイダンス」と「改訂版ガイダンス」の両者を示す場合は、「」を付さずにガイダンスと表記する。また、（　）は本書

のページを表している。

人権・権利を基盤とする「改訂版ガイダンス」

　「ガイダンス」で真っ先に強調されていたことは、「AIDSが蔓延する世界」に対する挑戦ということであり、公衆衛生的、社会防衛的な面が強く押し出されていたように思う。しかし、「改訂版ガイダンス」では、その冒頭で「最も脆弱な人々のニーズが満たされ、誰も置き去りにされていない公正で公平、寛容、オープンで社会的に包摂的な世界を達成するため」の「果敢で変革的な開発アジェンダ」であるSDGs（持続可能な開発目標）について取り上げ、「持続可能な開発のための2030アジェンダ」の目標4「すべての人々への包摂的かつ公正な質の高い教育を提供し、生涯学習の機会を促進する」ことを実現させるための方策の一つとして包括的セクシュアリティ教育を位置づけている。国際的な人権に関する文書を「確固たる基盤」としていることも強調されており、その意味で、「改訂版ガイダンス」は、より人権課題としての包括的セクシュアリティ教育の意義が意識されている。

　この立場は、包括的セクシュアリティ教育の具体的内容にも反映されており、例えば、包括的セクシュアリティ教育の特徴として、「基本的人権を基盤にしていること」「ジェンダー平等を基盤にしていること」が挙げられ、さらに、包括的セクシュアリティ教育の軸は、「人権尊重、ジェンダー平等と多様性を含む肯定的な価値観、そして、安全で健康的で肯定的な関係性を構築するための態度とスキルである」と述べられている。包括的セクシュアリティ教育が提供される方法としても、「人権的アプローチに基づいていること」「ジェンダー平等を基盤にしていること」が示され、「包括的セクシュアリティ教育は子どもや若者の権利も含む普遍的人権と、健康、教育、情報における平等と非差別に対するすべての人の権利の理解に基づき、またその理解を促進するものである」としている（p.30）。

若者を取り巻く環境

　「ガイダンス」では、若者が劣悪なメディア、インターネットからの情報に晒されていることが問題にされ、それを放置するのか、それとも包括的セクシュアリティ教育に挑戦するのかと問いかけられてい

た。「改訂版ガイダンス」でも、この10年の間に、「新たな考慮すべき事柄は次々と生まれている」とし、その一つとして、「インターネットやソーシャルメディアの影響およびそれらへのアクセスの増大」が問題にされている（p.25）。

「若者がネットやメディアを通じてあからさまな性的情報に過剰に晒されている」という状況は、「HIVや性感染症、若年での意図しない妊娠、ジェンダーに基づく暴力といった劣悪な性の健康状態」を若者にもたらすとされ、「若者がかれらの人生の中で責任ある選択をする知識とスキルを保障することの重要性を認識する国々は増えている」という。包括的セクシュアリティ教育は、こうした若者たちの「脆弱性を減少させる」役割を担い、「思春期にある若者の健康の改善に介入する重要な要素の一つ」として認識されるようになったと述べられている。このことは、包括的セクシュアリティ教育の枠組みとして新たに「暴力と安全確保」が設けられ、そこで情報通信技術（ICTs）に関する学習課題が位置づけられていることに反映されている。

学校における包括的セクシュアリティ教育の重視と国の責任

ガイダンスは、学校において包括的セクシュアリティ教育が実践されることを重視し、これを国レベルでサポートする責任と役割を強調している。「改訂版ガイダンス」でも、「包括的セクシュアリティ教育プログラムは、整えられた学校環境の中で、十分なトレーニングを受け支援された教員により提供されるべきである」（p.21）とされ、それによって、若者たちが性的に活発になる前の適切な時期に、しかも極めて多くの子ども・若者たちに包括的セクシュアリティ教育を届けられるとしている。

もちろん、若者、保護者、地域、専門家、保健機関などとの連携は随所で強調されている。しかし、「学校を中心とした」包括的セクシュアリティ教育の実現を重視しており、そのためのサポート体制が重要だとしている。ガイダンスが出された目的にも、「教育に携わる各省庁・政府機関に対し、地域や学校レベルの包括的セクシュアリティ教育のためのサポート体制をどのように構築するかの指針を示すこと」（p.23）とあり、学校における包括的セクシュアリティ教育を国

レベルで推進し、サポートする国の責任が強調されている。

科学的根拠に基づいているということ

　ガイダンスは、その副題に"An evidence-informed approach"（科学的根拠に基づいたアプローチ）とあるように、科学的根拠に基づいているということが強調され、重視されている。「改訂版ガイダンス」では、この10年間の研究成果から導き出された新しい科学的根拠について、2008年段階の研究レビューと共に、第4章で丁寧に展開されている。「ガイダンス」でも明らかにされていた、「学校内外にかかわらず、セクシュアリティ教育は、性行為やリスクの高い性的行動、または性感染症やHIVの罹患率を増加させない」こと、セクシュアリティ教育が、「若者の知識の向上や、性と生殖に関する健康にかかわる態度と行動の向上を含む、ポジティブな効果がある」こと、「禁欲のみを促進するプログラムは、初交年齢を遅らせたり、頻繁な性行為を減少させたり、パートナーの数を減少させるのに効果がない」ことといった結果が再確認され、強化されている。これらは、未だになくならない、「寝た子を起こす」的なセクシュアリティ教育への偏見に抗するだけでなく、私たちのセクシュアリティ教育実践を励ますものである。

「包括的（comprehensive）」ということ

　「改訂ガイダンス」では、包括的セクシュアリティ教育を「セクシュアリティの認知的、感情的、身体的、社会的諸側面についてのカリキュラムをベースにした教育と学習のプロセス」と定義している（p.28）。

　また、国の政策やカリキュラムによって、包括的セクシュアリティ教育を表現するとき、「関係性とセクシュアリティ教育」「ライフスキル教育」といった別の言葉を使用する場合があるということについても言及し、重要なことは、包括的セクシュアリティ教育が何を実現するかということだとしている。「『包括的』とは、ポジティブなセクシュアリティ観と満足のいく性と生殖に関する健康を実現するための学習者の知識とスキル、態度の発達を意味している」と述べられており、さらに、包括的セクシュアリティ教育プログラムの核となる要素

として、「人権という確固たる基盤」「人間の発達の自然な要素としての幅広いセクシュアリティ概念」という共通点をもつのだという（p.22）。

2010 年に、WHO ヨーロッパ地域事務所とドイツ連邦健康教育センターによって「ヨーロッパにおけるセクシュアリティ教育スタンダード（Standards for Sexuality Education in Europe：A framework for policy makers, educational and health authorities and specialists）」（以下「スタンダード」）が出されており、ここでは「holistic（全体的・総体的[2]）」という用語が使われている。「スタンダード」では、セクシュアリティ教育プログラムのあり方を三つのカテゴリーに分類し[3]、「ホリスティック・セクシュアリティ教育」は、包括的セクシュアリティ教育を含む上位概念として示されている。しかし、包括的セクシュアリティ教育とホリスティック・セクシュアリティ教育の境界は厳密ではないとされており、そこで前提とされているセクシュアリティ理解や、それに基づいたセクシュアリティ教育の目的や枠組みにも多くの共通点が見出される。

包括的セクシュアリティ教育の特徴

「改訂版ガイダンス」では、包括的セクシュアリティ教育の特徴として、正確な科学的知識に基づいていること、継続的に段階を経ながら進むカリキュラムであることなど、10 項目が挙げられている（pp.28-31）。これらの特徴について、いくつか確認しておきたい。

第 1 に、「年齢・成長に即していること」という特徴は、何歳で何をやるべきといった硬直的な段階を主張するものではないということである。それは、「徐々に進展すること」という特徴として、「幼少期に始まる継続的な教育であり、それまでの学習に新しい情報を積み上げていく」（p.28）とされていることからも明らかである。「年齢・成長に即している」ということは、その段階で学習する必要のある内容だとしても、それ以前の課題がクリアされていなければ、学習はその前から始められなければならない。包括的セクシュアリティ教育において重要なことは、その社会の個々の子どもたちの学習課題、発達要求を見極め、必要な学習が展開されるということである。

第 2 に、「カリキュラムを基盤にしている」とあるように、包括的

セクシュアリティ教育は、単発的なものではなく、教育目的に合わせて教育内容と学習支援が総合的に計画されたものでなくてはならないということである。しかもそれは、段階を経ながら進むものであり、「スパイラル型カリキュラムのアプローチを用いるものである」(p.28)という表現がされている。

第3に、「文化的関係と状況に適応させること」が特徴として挙げられているが、これは、単にその地域の文化に迎合させることを意味しない。もし、それが「人権侵害、あるいはかれらの脆弱性やリスクを高める」ようなものである場合は、「反省的に認識し、取り組む必要性」があるとしている (p.167)。

第4に、学習者に「変化をもたらす」という特徴は、包括的セクシュアリティ教育において極めて重要である。それは、「健康的な選択のためのライフスキルを発達させる」という特徴とも関連し、包括的セクシュアリティ教育では、安全で、強制や暴力なしに責任をもって性的な行動選択を可能にすること、まさに若者たちの行動変容が目指されているということである。

包括的セクシュアリティ教育の枠組み

これまで見てきた「改訂版ガイダンス」の特徴を最も端的に反映しているのが、包括的セクシュアリティ教育の枠組みだといえる。「ガイダンス」では、6つのキーコンセプトで構成されていたセクシュアリティ教育の具体的学習目標が、「改訂版ガイダンス」では以下のように8つになった。第5章では、このキーコンセプトごとに、5〜18歳（以上）の子ども・若者を対象に、学習課題と目標が示されている。

〈2008 年版〉	〈2018 年版〉
1：人間関係	1：人間関係
2：価値観、態度、スキル	2：価値観、人権、文化、セクシュアリティ
3：文化、社会、人権	3：ジェンダーの理解
4：人間の発達	4：暴力と安全確保
5：性的行動	5：健康とウェルビーイング（幸福）のためのスキル
6：性と生殖に関する健康	6：人間のからだと発達
	7：セクシュアリティと性的行動
	8：性と生殖に関する健康

年齢の段階は「ガイダンス」と共通しており、5〜8歳、9〜12歳、

12 〜 15 歳、15 〜 18 歳以上となっている。

　これら8つのキーコンセプトは、独立して存在するのではなく、「同等に重要で、相互に補強し合い、それぞれのコンセプトは他のコンセプトと一緒に教えられるよう意図されている」とされている。また、それぞれのキーコンセプトごとに二つから五つのトピックが挙げられ、年齢グループごとのキーアイデアと知識、態度、スキルを基盤とした学習目標が設定されている。トピックは、「スパイラル型カリキュラムアプローチを使って、複合性を増し、事前の学習に積み上げながら幾度となく繰り返される」とあるように、一つの枠組み、年齢段階で完結せず、他の学習課題と関連させ、発展的に学んでいくことが目指されている。また、ここで示されている学習目標は、「規範的、網羅的なものではなく」、あくまでも事例であり、強制されるものではないことが強調されている（p.69）。

学習の3領域「知識・態度・スキル」

　さらに、トピックごとに、知識、態度、スキルを基盤とした学習目標が設定されている。「知識」は、「学習者にとって重要な基礎」であり、第5章の学習目標を見ると、「〜を説明する」「〜を明らかにする」「〜を議論する」といった形で示されている。ここで求められていることは、単に知識を身につけることではなく、主体的に考え、議論し、そこから明らかにしたことを理解するといった、能動的なプロセスである。

　「若者が自分自身やセクシュアリティ、世界の理解を形成する手助けとなる」とされている「態度」は、「〜であることを認識する」「〜に気づく」といった表現が多くなされている。日本の学習指導要領では「主体的に学習に取り組む態度」をはじめ、「〜に取り組む態度」といった表現が多くなされており、それは「心構え」「姿勢」といった意味合いが強い。しかし、ガイダンスのいう「態度」は、物事に対する考え方を意味しており、だからこそ、自分自身や社会を理解する手助けとなるのである。

　スキルは、「〜を実際にやってみる」「〜を見極める」といった表現に見られるように、「コミュニケーションをとること、聞くこと、拒否すること、意思決定すること、交渉すること」であり、「学習者が

行動を起こすことを可能にする」ものであり、「具体的には、対人関係、批判的思考、自意識の形成、共感する力の発達、信頼できる情報あるいはサービスへのアクセス、スティグマや差別への挑戦、権利のための主張である」とされている。知識、態度、スキルのどの領域においても、学習者の主体性が重視されていることがわかる。

　また、この学習の３領域は、「必ずしも段階的なものではなく、むしろ、相互的で互いに補強し合うプロセス」であるとされ、「多様な学びの機会を学習者に提供すること」を示すものであるとしている（p.69）。

新たに加わった包括的セクシュアリティ教育の枠組み

　「改訂版ガイダンス」では、「ジェンダーの理解」と「暴力と安全確保」が新たな項目として立てられ、さらに、「セクシュアリティ」という用語も新たに使われている。

　ジェンダーについての内容は、「ガイダンス」においても「価値観・態度・スキル」と「文化、社会、人権」の中に組み込まれていたが、別立てされたことによって、包括的セクシュアリティ教育の内容において、ジェンダーについての学習がより重要な要素として位置づけられたことになる。

　このことは、「改訂版ガイダンス」の目的に、「月経やジェンダー平等といった、文化的状況によってはセンシティブなこととしてみなされがちな問題についての認識を、包括的セクシュアリティ教育はどのように高めることができるのかを提示すること。包括的セクシュアリティ教育はまた、児童・早期・強制婚（CEFM）や女性性器切除／切断（FGM/C）といった慣習が、有害であるという認識を高めることができる」という新たな内容が加えられたことにも表れている（p.23）。「ガイダンス」においては、「文化や宗教との対立」の問題として、「少女や若い女性に対する社会的規範や有害な慣習」と曖昧に表現されていたものを、改訂版では「児童・早期・強制婚（CEFM）や女性性器切除／切断（FGM/C）といった慣習」と明確に示し、それが「ジェンダーに基づく暴力」であると位置づけている。前述したSDGsなど、国際的な動向を踏まえたジェンダー平等の実現を意識したものとなっていることがわかる。

もう一つの新たな項目「暴力と安全確保」には、「ガイダンス」の
コンセプト「文化、社会、人権」の中で扱われていた虐待やいじめ、
性暴力の内容が集約され、さらに、先で見た若者を取り巻く今日的な
状況を踏まえ、情報通信技術（ICTs）の内容が新たに加えられている。
「改訂版ガイダンス」の第3章では、包括的セクシュアリティ教育の
前提となる、若者の性と生殖に関する健康におけるニーズと、若者の
健康とウェルビーイング（幸福）に影響する重要課題について述べら
れており、そこで「性的行動に対する、情報通信技術の影響」が強調
され、具体的な問題として、「ネットいじめ」「セクスティング」の問
題が挙げられている（p.48）。日本でも同様の課題があり、取り組みが
進められつつあるが、それは「情報モラル教育」として展開されてい
る。情報通信技術に関する学習が、人権や科学を基盤とする包括的セ
クシュアリティ教育に含まれるといった認識は重要である。

日本における包括的セクシュアリティ教育の現実

　「ガイダンス」の「はじめに」において、UNAIDS（国連合同エイズ計
画）のエグゼクティブディレクターは、包括的性教育が若者に保障さ
れるために、政策立案者が「先導し、思いきった措置をと」ること、
そして、包括的性教育を必要不可欠なものとするために、国家として
取り組み「ガイダンス」を使用するようにと述べている。しかし、日
本の教育政策・教育行政において、「ガイダンス」は無視されてきた。
　2010年に出された子どもの権利委員会（以下、委員会）による第3
回総括所見[4]では、「学校カリキュラムにリプロダクティブ・ヘルス
教育を含めることを確保」すること、「10代の妊娠およびHIV/AIDS
等の性感染症の予防を含む自己のリプロダクティブ・ヘルスに関する
権利についての情報を十分に提供」することなどが勧告されていた。
それに対し、2016年にようやく出された「児童の権利に関する条約
第4・5回日本政府報告」（以下「政府報告」）[5]では、「学校における
性・エイズに関する指導は、児童生徒が性に関する科学的知識を確実
に身につけ、適切な行動をとることができるようにすることを目的に
実施しており、学習指導要領に則り、学校教育活動全体を通じて行わ
れている」とし、「学校カリキュラムにおいてはリプロダクティブ・
ヘルス教育という用語は使用していないものの、これに関する内容は

含んで」いるとしている。

　しかし、性交について扱うこと、中学生に避妊や中絶を教えることを抑制し、人間の性を位置づけない学習指導要領の中で、リプロダクティブ・ヘルスの内容を子ども・若者に教えているといえるのだろうか。2018年3月には、東京都議会文教委員会で、足立区の中学校の「性の学習」実践が、中学3年生に避妊と中絶を教えているということで、「不適切な性教育の指導がなされている」と問題にされた[6]。包括的セクシュアリティ教育を推進するどころか、学校現場を萎縮させ、その実践を抑制するこうした攻撃が未だになくならないというのが日本の現実である。

　日本性教育協会が定期的に実施している「青少年の性行動全国調査」の結果[7]にも、こうした現実が表れている。例えば、2011年から2017年にかけて、高校生の性教育の既習内容についてみると、セックス（性交）、人工妊娠中絶、男女平等の問題については減少している[8]。さらに、中学生男子では、学校性教育が「非常に役に立つと感じた」「役に立つと感じた」と答えた割合が減少し、中学生女子では「あまり役に立たないと感じた」という率が増加しているという。大学生の結果も同様で、「役に立たないと感じた」「ぜんぜん役に立たないと感じた」とする回答が増加し、2017年調査では否定的な評価が、肯定的な評価を上回っている[9]。

　こうした状況から考えれば、先の「政府報告」に対する委員会からの総括所見[10]が2019年2月に出され、そこでも再度、性感染症の罹患率など日本の若者の状況に懸念が示され、「思春期の児童の性と生殖に関する健康について包括的政策をとるとともに、早期妊娠および性感染症の防止に特に焦点を当て、思春期の女子および男子を対象とした性と生殖に関する教育が学校の必修カリキュラムの一部として一貫して実施されることを確保すること」が改めて勧告されたことは当然の結果である。

おわりに——日本における包括的セクシュアリティ教育実現の可能性

　足立区の中学校に対する攻撃は、むしろセクシュアリティ教育の必要性を訴える動きを引き起こし、当初「指導する」との態度をとった東京都教育委員会も、当該中学校と教員を指導することなく、実践を

認めることとなった。東京都はこの動きをきっかけに、「性教育の手引」を14年ぶりに改訂した。七生養護学校事件後に出された前回の「性教育の手引」と比較すれば、すぐれた実践を「不適切」とし、それを抑制するような文言はなくなったものの、多くの課題が残されている[11]。その中でも、「学校における性教育の内容」として「生物学的側面」「心理的側面」「社会的側面」の前に「生命尊重」が位置し、「指導事例」の多くが道徳教育として示されている点は、この手引の本質的な問題である。結果、子どもたちの「主体的」な「意思決定や行動選択」を励ます、科学的根拠に基づいた知識や態度、スキルの習得にはなっておらず、画一的な「道徳的態度」を押しつける、包括的セクシュアリティ教育とは対極にあるものとなっている。「改訂版ガイダンス」では、包括的セクシュアリティ教育において「道徳的判断をしないこと」が前提とされている。

　こうした東京都の「性教育の手引」の本質的な問題を考えると、日本の子ども・若者たちに「性の権利」としての包括的セクシュアリティ教育を保障するまでの道のりは遠く感じる。しかし、攻撃を機にセクシュアリティ教育の必要性が広く認識されるようになった今だからこそ、「改訂版ガイダンス」から学び、ジェンダー平等と多様性を前提とする人権を基盤とした包括的セクシュアリティ教育を推進するチャンスにしなければならない。「改訂版ガイダンス」は、私たちに包括的セクシュアリティ教育の理論的な基盤を提供し、その学習課題を広く捉えることを示している。

　セクシュアリティ教育を包括的なものとして捉え、あらゆる教科、あらゆる場面での実践づくりに挑戦すること、「改訂版ガイダンス」に照らし、これまで積み重ねてきた実践の意義を再確認するとともに、その実践をさらにバージョンアップすることは、包括的セクシュアリティ教育を実現する確かな道のりである。また、「改訂版ガイダンス」を共に学び共有することで、包括的セクシュアリティ教育実現のための協働を進めることは、さまざまな問題を抱える学校での実践を支えることにつながる。それは同時に、学校が子どもにとって安全で安心できる場となり、信頼できるおとなと出会える場になることでもあり、そのためには、子どものみならず学校の中のすべての教職員の人権もまた大切にされる必要がある。その意味で、包括的セクシュアリティ

教育実現への挑戦は、日本における教育の基盤に人権を位置づけ、「性の権利」保障がなされる社会の構築のための挑戦だといえる。

注 ────

1）2014年3月に改訂版が性の健康世界学会（WAS）諮問委員会により承認された。日本語訳は以下、http://www.worldsexology.org/wp-content/uploads/2014/10/DSR-Japanese.pdf（2019年2月10日アクセス）

2）森脇裕美子「欧州におけるセクシュアリティ教育充実への取組み」、JASE『現代性教育研究ジャーナル』2012、No.15、pp.1-7。森脇は、この論考の中でホリスティックを「総体的」と訳している。また池谷壽夫は「『ヨーロッパにおけるセクシュアリティ教育スタンダード』──その背景と特徴」一般社団法人 "人間と性" 教育研究協議会『季刊セクシュアリティ』No. 65、エイデル研究所、2014、pp.92-101の中で「ホリスティック・セクシュアリティ教育」としている。

3）スタンダードでは、セクシュアリティ教育のプログラムのタイプを三つに分けており、①結婚前の性交を控えさせる "how to say no"（ノーという）プログラム、あるいは "abstinence only"（禁欲のみ）プログラム、②禁欲をオプションとして含むが、避妊と安全なセックスに配慮した包括的セクシュアリティ教育、③②の要素を含み、人間性、性的発達と成長といった幅広い視点にたったプログラムとしている。WHO Regional Office for Europe and BZgA Standards for Sexuality Education in Europe: A framework for policy makers, p.15、https://www.bzga-whocc.de/fileadmin/user_upload/WHO_BZgA_Standards_English.pdf（2020年2月1日アクセス）

4）子どもの権利・教育・文化全国センター『ポケット版子どもの権利ノート』（10改訂版、2010）を参照した。

5）https://www.nichibenren.or.jp/library/ja/kokusai/humanrights_library/treaty/data/child_report_45_ja.pdf（2019年2月10日アクセス）

6）一般社団法人 "人間と性" 教育研究協議会『季刊セクシュアリティ』No. 89、エイデル研究所、2019、参照。

7）日本性教育協会『「若者の性」白書　第8回青少年の性行動全国調査報告』小学館、2019。

8）中澤智惠「知識・態度・行動の観点からみた性教育の現状と今後の課題」前掲『「若者の性」白書　第8回青少年の性行動全国調査報告』pp.93-94。

9）片瀬一男「第8回『青少年の性行動全国調査』の概要」前掲『「若者の性」白書　第8回青少年の性行動全国調査報告』p.22。

10）児童の権利委員会「日本の第4回・第5回政府報告に関する総括所見」（CRC/C/JPN/CO/4-5）政府仮訳　https://www.mofa.go.jp/mofaj/files/000464155.pdf（2019年2月19日アクセス）

11）一般社団法人 "人間と性" 教育研究協議会『季刊セクシュアリティ』No. 92、エイデル研究所、2020、参照。

参考文献

浅井春夫「『国際セクシュアリティ教育ガイダンス（改訂版）』の全体像——改訂版の意義、目的、特徴、活用方法を考える」一般社団法人 "人間と性" 教育研究協議会『季刊セクシュアリティ』No.94、エイデル研究所、2020、pp.14-21

渡辺大輔「改訂版ガイダンスの柱となるキーコンセプト 8 項目」一般社団法人 "人間と性" 教育研究協議会『季刊セクシュアリティ』No.94、エイデル研究所、2020、pp.22-25

288

訳者あとがき
　〜希望を胸に抱いて、包括的セクシュアリティ教育を拓く

　ようやくみなさんのお手許に『国際セクシュアリティ教育ガイダンス【改訂版】』をお届けすることができました。初版の翻訳書『国際セクシュアリティ教育ガイダンス』(明石書店)の刊行は 2017 年 6 月でしたので、3 年の間を置いて改訂版の翻訳を出すことができました。初版の 4 人の訳者に、改訂版ではもう 1 人が加わっての翻訳作業となりました。改訂版の原文を国連関連の五つの国際団体が共同で公表したのは 2018 年 1 月ですので、今回は 2 年半で翻訳書を出版することができました。

　改訂版については、UNESCO のオードレ・アズレ事務局長が発表に際して「最新の科学的証拠に基づいて、国際セクシュアリティ教育ガイダンスは、人権とジェンダー平等の枠組みの中にセクシュアリティ教育が位置づくことを再確認」[1]したことをコメントしています。

　初版のサブタイトルは「教育・福祉・医療・保健現場で活かすために」でしたが、改訂版のサブタイトルは「科学的根拠に基づいたアプローチ」となっています。

　初版は体系的で包括的なセクシュアリティ教育の実践と取り組みのあり方を世界に向けて、初めて公表・提起した内容でした。その後の 9 年間、世界の国々・地域・学校などで初版を活用して取り組んできた実践的蓄積を踏まえて、理論的な発展と教訓をまとめたのが「改訂版ガイダンス」の内容です。

　初版発行から現在までの約 10 年あまりの歳月は、包括的セクシュアリティ教育が各国において確実に子ども・若者の賢明な性行動の判断の基礎に位置づく、あるいは参考にされる歩みとなり、それぞれの国における創造的なセクシュアリティ教育の発展プロセスともなりました。同時に、内容を読んでいただくとわかるように、この間の「科学的根拠に基づいたアプローチ」によって理論的な深化が進みました。その点に関しては、「『国際セクシュアリティ教育ガイダンス』をいかすために」に詳しく書かれています。当然のことですが、各国におい

て性教育を進める運営基盤の拡充と専門職の質的な養成も進められています。

そうした国際的な動向が明確であるにもかかわらず、日本においては旧態依然とした性教育政策と性教育の現場管理の実態が改善されていない現状があります。率直にいえば、日本の性教育政策は国際的スタンダードから逸脱した実態にあるといわざるを得ません。

セクシュアリティ教育は「寝た子を起こす」という事実誤認から出発した性教育政策の抜本的変革が必要であることは明らかです。現在、文部科学省は戦後から一貫して抑制的な性教育政策をとっており、科学・人権・自立・共生の性教育には残念ながら背を向けたままです[2]。実質的には子どもたちの性的発達の過程で出くわす局面への対応能力と豊かな共生を育む学びには程遠いのが実際です。

具体的には、2017年3月告示の学習指導要領における小学5年生理科で「人の受精に至る過程は取り扱わないものとする」、また中学1年生の保健においては「妊娠の経過は取り扱わないものとする」という規定などが残されたままになっています。時代の現実と子どもの発達要求を踏まえて、改訂版ガイダンスに則して、いわゆる“はどめ規定”は撤廃すべきです。

さらには、「思春期になると……（略）……異性への関心が芽生える」（小学校、体育（保健））といった異性愛中心的な記述も変更がされていません。学習指導要領と教科書への必要な加筆・修正が進められることも重要な課題でもあります。

今後のわが国における性教育の展望についてふれておきますと、第一に、学校教育におけるセクシュアリティ教育の内容を「改訂版ガイダンス」を活かした実践内容にしていく課題があります。文部科学省が本ガイダンスを積極的に活かして、わが国の性教育政策を推進していくことです。次の改訂版が出されるまでに、できるだけ早くこの課題を実現することが求められています。

第二に、ガイダンスは5～8歳を第1年齢グループとして学習目標が設定されていますが、0～4歳までの乳幼児期の包括的セクシュアリティ教育の学習目標を整理していくことは重要な研究課題となっています。合わせて社会教育の中で性を学ぶことは成人教育の大きな課題です。

第三として、学校にかかわる教員、保護者、地域の専門家たちが、性について共に学び合うことを通して、包括的セクシュアリティ教育の組織・運営のあり方を考えていきたいものです。その課題をサポートしていくことは文部科学省、教育委員会などの役割でもあります。

　初版翻訳書の「訳者による解説と提言」の最後に書かれていることは「学校を子どもにとって信頼できるおとなと出会える場に」というものでした。私たちの実感でいえば、セクシュアリティ教育を研究し実践している学校現場はそうした子どもと教員が出会える場として発展・変化を生み出しています。学校を軸に、地域で子どもの権利と発達を保障することに尽力している団体・機関・個人が連携していくことで、地域が信頼できるおとなと出会える場になるはずです。それはおとな・専門職が包括的セクシュアリティ教育を学び、語ることのできる存在であることが求められます。学校・地域・保護者・おとなが変わっていく大切な歩みであり、学校と地域を人間的な仕組みに変えていくプロセスでもあるのです。

　SDGsの目標年である2030年までに、上記のことを実現するために、日本の包括的セクシュアリティ教育が子どもたちの性に関する現実と発達要求を正面から受け止め、「改訂版ガイダンス」に則した運営と実践内容になることを、心から願っています。

　また、多くの人たちが本書を手にし、それぞれの持ち場で創造的に活かしていただけることを願っています。

　最後になって恐縮ですが、初版と同様に明石書店の深澤孝之さん、岡留洋文さんには丁寧な編集作業をしていただきました。記して感謝を申し上げます。

　　　2020年2月20日　　　　　　　　　　　　訳　者　一　同

注

1）UNESCO "UN urges Comprehensive Approach to Sexuality Education" 2018年1月10日、https://en.unesco.org/news/urgcs-comprchensive approach-sexuality-education

2）一般社団法人 "人間と性" 教育研究協議会『季刊セクシュアリティ』No. 92、同No. 94、同No. 95、同No. 96を参照されたい。

訳者紹介 (五十音順)

浅井春夫 (あさい　はるお)

一般社団法人 "人間と性" 教育研究協議会代表幹事、立教大学名誉教授

専門：児童福祉論、セクソロジー（人性学）

著書：『性教育はどうして必要なんだろう？——包括的性教育を進めるための50のQ&A』（共編、大月書店、2018年）、『子ども家庭支援論』（共編、建帛社、2019年）、『子どもの未来図』（自治体研究社、2020年）、『包括的性教育』（大月書店、2020年）ほか

艮　香織 (うしとら　かおり)

宇都宮大学教育学部教員、一般社団法人 "人間と性" 教育研究協議会幹事

専門：性教育、人権教育

著書：『性教育はどうして必要なんだろう？——包括的性教育を進めるための50のQ&A』（共編、大月書店、2018年）、『教科書にみる世界の性教育』（共著、かもがわ出版、2018年）、『新版　子ども家庭福祉』（共編、建帛社、2019年）ほか

田代美江子 (たしろ　みえこ)

埼玉大学教育学部教員、一般社団法人 "人間と性" 教育研究協議会代表幹事、『季刊セクシュアリティ』（エイデル研究所）編集長

専門：ジェンダー教育学、近現代日本における性教育の歴史、ジェンダー・セクシュアリティ平等と教育

著書：『こんなに違う！世界の性教育』（共著、メディアファクトリー、2011年）、『ハタチまでに知っておきたい性のこと』（編著、大月書店、2014年）、『教科書にみる世界の性教育』（編著、かもがわ出版、2018年）ほか

福田和子 (ふくだ　かずこ)

ヨーテボリ大学大学院公衆衛生専攻、世界性の健康学会ユースイニシアティブ委員、#なんでないのプロジェクト代表。2020年版のSheDecides 25×25に選出

専攻：公衆衛生、ジェンダー

渡辺大輔 (わたなべ　だいすけ)

埼玉大学基盤教育研究センター教員、一般社団法人 "人間と性" 教育研究協議会幹事

専門：教育学、ジェンダー／セクシュアリティ教育、セクシュアルマイノリティ支援

著書・論文：『マンガワークシートで学ぶ多様な性と生』（子どもの未来社、2019年）、『性の多様性ってなんだろう？（中学生の質問箱）』（平凡社、2018年）、「教育実践学としてのクィア・ペダゴジーの意義」（『クィア・スタディーズをひらく1』晃洋書房、2019年）ほか

国際セクシュアリティ教育ガイダンス【改訂版】
——科学的根拠に基づいたアプローチ

2020 年 8 月 10 日　初版第 1 刷発行
2024 年 3 月 15 日　初版第 4 刷発行

編　者　　　ユ　ネ　ス　コ
訳　者　　　浅　井　春　夫
　　　　　　艮　　　香　織
　　　　　　田　代　美　江　子
　　　　　　福　田　和　子
　　　　　　渡　辺　大　輔
発行者　　　大　江　道　雅
発行所　　　株式会社明石書店
〒101-0021 東京都千代田区外神田 6-9-5
電　話　03（5818）1171
Ｆ Ａ Ｘ　03（5818）1174
振　替　00100-7-24505
http://www.akashi.co.jp
組版 / 装丁　　　明石書店デザイン室
印刷 / 製本　　　モリモト印刷株式会社

ISBN978-4-7503-5048-6
日本国内印刷　　　　　　（定価はカバーに表示してあります）

その指導、子どものため？ おとなのため？

ユニセフ「子どもの権利とスポーツの原則」実践のヒント

日本ユニセフ協会
「子どもの権利とスポーツの原則」起草委員会 [編]

◎A5判／並製／148頁　◎1,500円

高校野球の球数制限の議論やバスケットボールの「暴力暴言根絶」など、近年スポーツにおける子どもの健康面への配慮や安心・安全な環境づくりが急速にすすんでいる。それを受け、スポーツ関係者が日々直面するであろう課題解決のヒントを、「原則」に則し解説する。

【内容構成】

I 「子どもの権利とスポーツの原則」とは？

1 「子どもの権利とスポーツの原則」誕生の背景と概要[日本ユニセフ協会広報・アドボカシー推進室]／2 スポーツ界から見た「子どもの権利とスポーツの原則」[山崎卓也・高松政裕]／3 「子どもの権利とスポーツの原則」から見た運動部活動の安全と課題[内田良]／4 インクルーシブとダイバーシティを謳う「子どもの権利とスポーツの原則」[マセソン美季]

II 「子どもの権利とスポーツの原則」実践のヒント

5 限られた時間の練習で大丈夫？：全国有数のバスケットボール強豪校の顧問に聞く[飯田研吾]／6 「うちの子が、なぜ試合に出られないか」にどう応える？[土屋裕睦]／7 「投球制限」だけじゃない[石川智雄]／8 指導者にルールはないのか？[野瀬清喜]／column 勝利至上主義から子どもの将来を一番に考えた指導へ[阪長友仁]／9 企業だからできること：株式会社アシックス担当者に聞く[日本ユニセフ協会広報・アドボカシー推進室]／10 こんなやり方でもエリートは育つ：ノルウェーとニュージーランドからの報告[山崎卓也・飯田研吾]／column 相手をたたえるセレモニー：全国スポーツ少年団ホッケー交流大会の取り組み[日本ホッケー協会スポーツ少年団部会]

III ［対談］スポーツには勝利より重要な価値がある

[鈴木大地×筒香嘉智×大滝麻未／モデレーター:山崎卓也]

〈価格は本体価格です〉

LGBTQの子どもへの学校ソーシャルワーク

エンパワメント視点からの実践モデル

寺田千栄子 著

■A5判／上製／216頁 ◎3300円

日本の学校現場において性的マイノリティの子どもの権利は保障されているのか。小・中・高校の養護教諭へのアンケート調査、当事者学生への聞き取りを行い、エンパワメントの視点から学校ソーシャルワークによるLGBTQ支援の道すじを探る貴重な研究成果。

子どもの権利ガイドブック【第2版】

日本弁護士連合会子どもの権利委員会編著

◎3600円

子どもの虐待防止・法的実務マニュアル【第7版】

日本弁護士連合会子どもの権利委員会編

◎3200円

子どものいじめ問題ハンドブック

発見・対応から予防まで
日本弁護士連合会子どもの権利委員会編

◎2400円

子どもの性的問題行動に対する治療介入

エリアナ・ギル、ジェニファー・ショウ著
高岸幸弘監訳　井出智博、上村宏樹訳

保護者と取り組むバウンダリー・プロジェクトによる支援の実際

◎2700円

子どもアドボケイト養成講座

子どもの声を聴き権利を守るために
堀正嗣著

◎2200円

DV・性暴力被害者を支えるための　はじめてのSNS相談

社会的包摂サポートセンター編

◎1800円

女性の視点でつくるジェンダー平等教育

社会科を中心とした授業実践
國分麻里編著

◎1800円

トランスジェンダー問題

議論は正義のために
ショーン・フェイ著
高井ゆと里訳　清水晶子解説

◎2000円

〈価格は本体価格です〉

「国際セクシュアリティ教育ガイダンス」活用ガイド

包括的性教育を
教育・福祉・医療・保健の現場で
実践するために

浅井春夫、谷村久美子、
村末勇介、渡邉安衣子 [編著]

◎A5判／並製／280頁　◎2,600円

性教育発展の国際的スタンダードである『国際セクシュアリティ教育ガイダンス』の翻訳書を、日本の教育・福祉・医療・保健等の現場で活動する執筆者たちが読解・論議を重ねて解説。子ども・若者と語りあう包括的性教育を実践するためのヒントいっぱいの案内書。

〈価格は本体価格です〉